肩水金關漢簡字形編

第伍冊

黄艷萍 張再興 編著

學苑出版社

肩水金關漢簡字形編·卷十下

恖

1522

T23:899B

73EJD:69

熒

1523

T09:244

T10:213A

T14:011B

T21:175B

T21:336

T22:009

T23:606

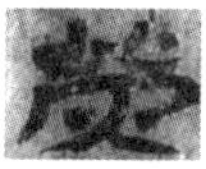

T24:023A

T24:023B

T24:952

T37:078

T37:247

T37:633

T37:702A

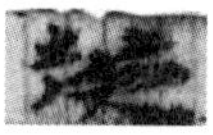

T37:856

T37:991

73EJF3:253

73EJD:52

73EJD:244

72EJC:15B

72EJC:26

72EJC:120

炙

1524

T37:151

赤

1525

T07:124

T21:012

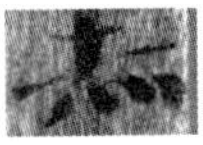
T22:011C

T22:048

T23:027

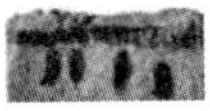
T23:541

T23:765

T23:966

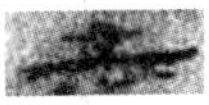
T24:046

T30:094A

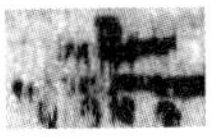
T37:918

T37:921

T37:963

73EJC:429

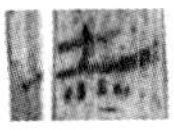
73EJC:468

73EJC:550

大

1526

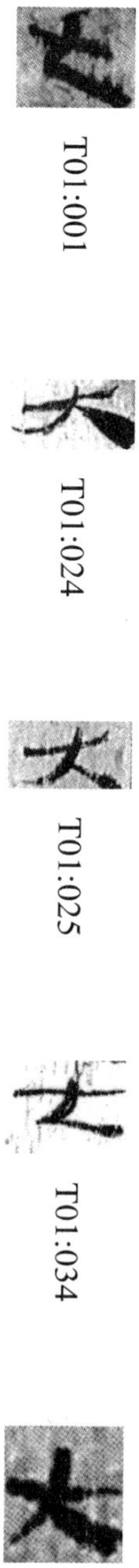

T01:001 T01:024 T01:025 T01:034 T01:045

T01:060 T01:068 T01:120 T01:208 T01:282 T02:003

T02:023 T02:057 T02:077 T02:090 T02:100 T03:101

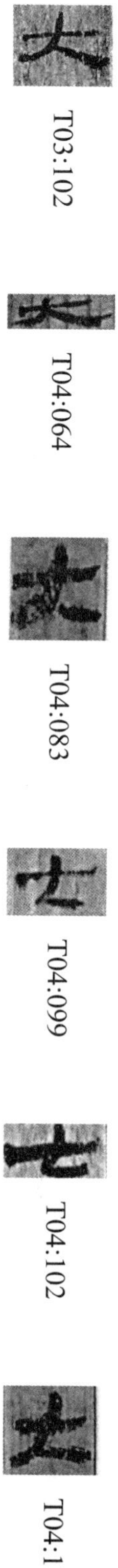

T03:102 T04:064 T04:083 T04:099 T04:102 T04:112

T04:137 T05:008A T05:019 T05:027 T05:035 T05:048

T05:052 T05:061 T05:078 T05:086 T05:106 T06:025

T06:031

T06:041A
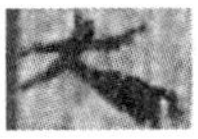
T06:151

T07:005

T07:009

T07:035

T07:079

T07:116B

T08:018

T08:019

T08:035
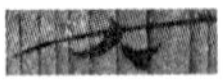
T08:051A

T08:051A

T08:052A

T08:078

T09:028

T09:042

T09:044

T09:044
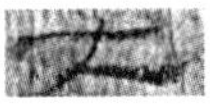
T09:078

T09:085

T09:090
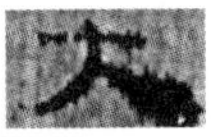
T09:093

T09:098
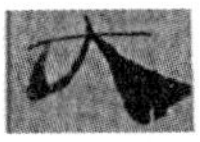
T09:122

T09:134

T09:183A

T09:212B
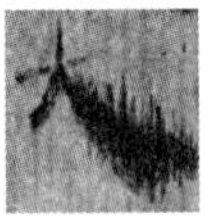
T09:217
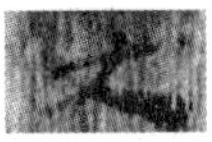
T09:227

T09:229

T09:253

T10:064
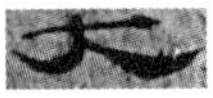
T10:120A

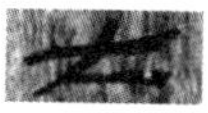
T10:122
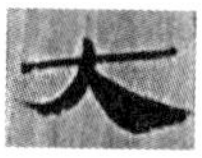
T10:178

T10:181

T10:210A

T10:288

T10:313A

T10:401
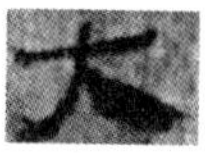
T10:414

T14:015
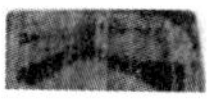
T14:028

T15:004

T15:020

T15:026
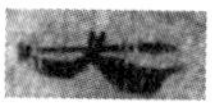
T21:059

T21:099
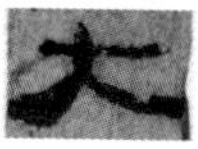
T21:125A

T21:145

T21:226

T21:229
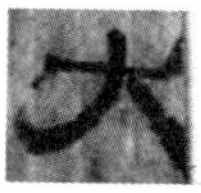
T21:295A

T21:372
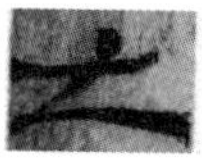
T21:378
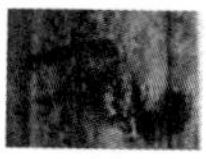
T21:414
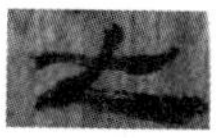
T21:420

T21:438

T22:009

T22:015
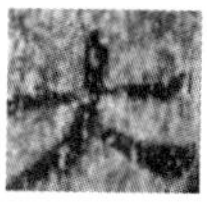
T22:053

T22:056
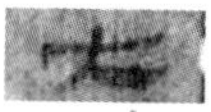
T22:137

T23:018
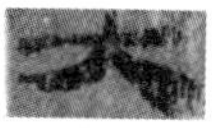
T23:057
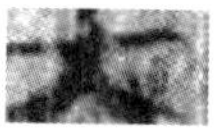
T23:131
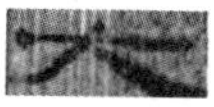
T23:147
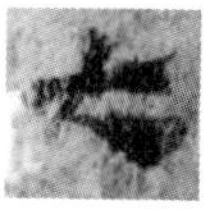
T23:172B

T23:244

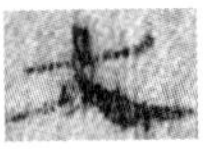
T23:259

T23:302B

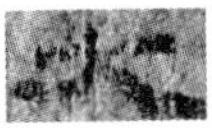
T23:317

T23:328

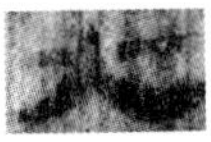
T23:388

T23:496

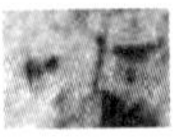
T23:507

T23:610A

T23:619

T23:620

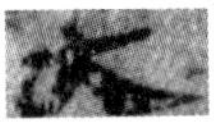
T23:634

T23:675

T23:696

T23:725

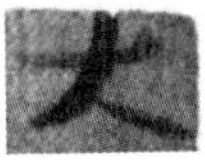
T23:731B

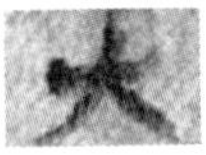
T23:733A

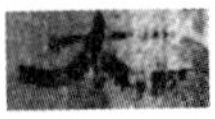
T23:767

T23:774

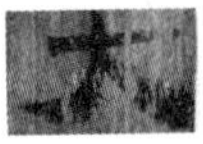
T23:804A

T23:810

T23:818

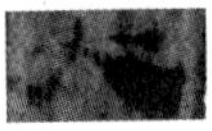
T23:874

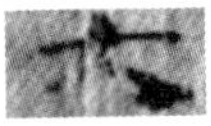
T23:878

T23:878

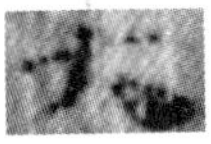
T23:878

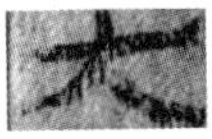
T23:896A

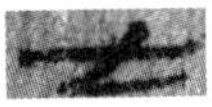
T23:924

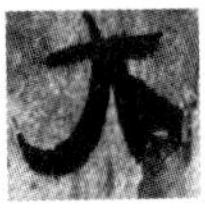
T23:967

T23:968

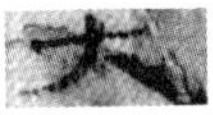
T23:975

T24:030

T24:036

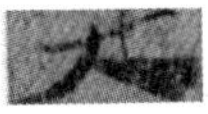
T24:041

T24:047

T24:048

T24:050
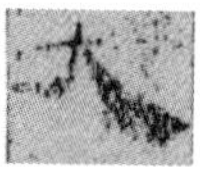
T24:059
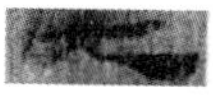
T24:099
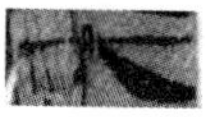
T24:131

T24:149

T24:169

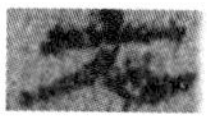
T24:249

T24:258

T24:259

T24:266A
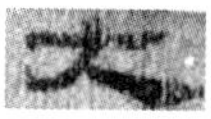
T24:268B
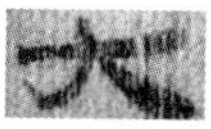
T24:268B

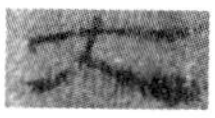
T24:275A

T24:424
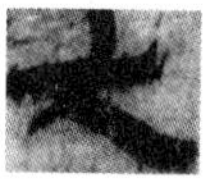
T24:501
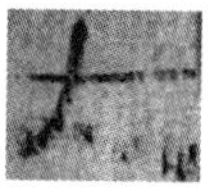
T24:534

T24:543
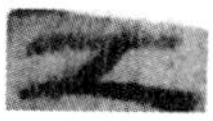
T24:550

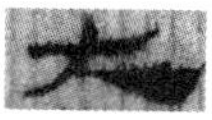
T24:551

T24:586

T24:725
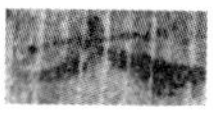
T24:850

T24:954
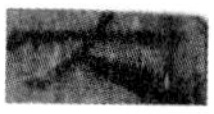
T24:967

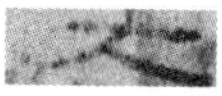
T24:968
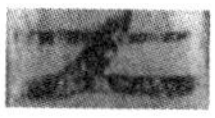
T24:974
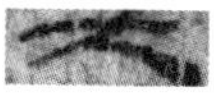
T24:990
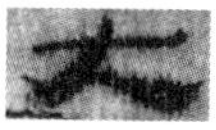
T25:005

T25:006
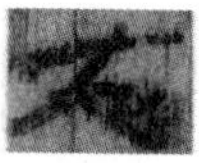
T25:026

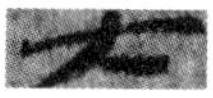
T25:055
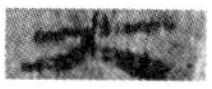
T25:164

T26:024
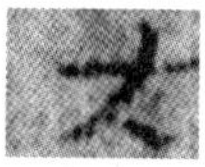
T26:087

T26:118
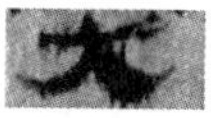
T26:120

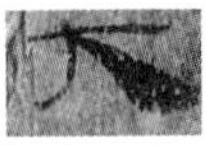
T26:233A
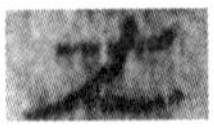
T27:014

T27:019
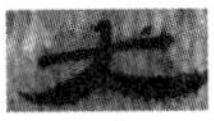
T27:019
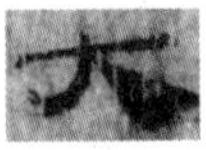
T27:048
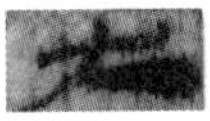
T27:059

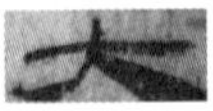
T28:008A
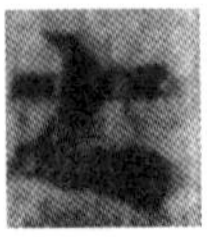
T28:061
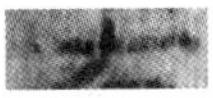
T28:078

T29:001

T29:051

T29:076

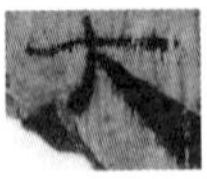
T29:082
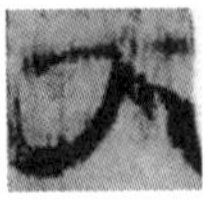
T29:090

T29:100
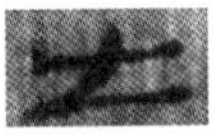
T29:100
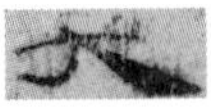
T29:125B

T30:022

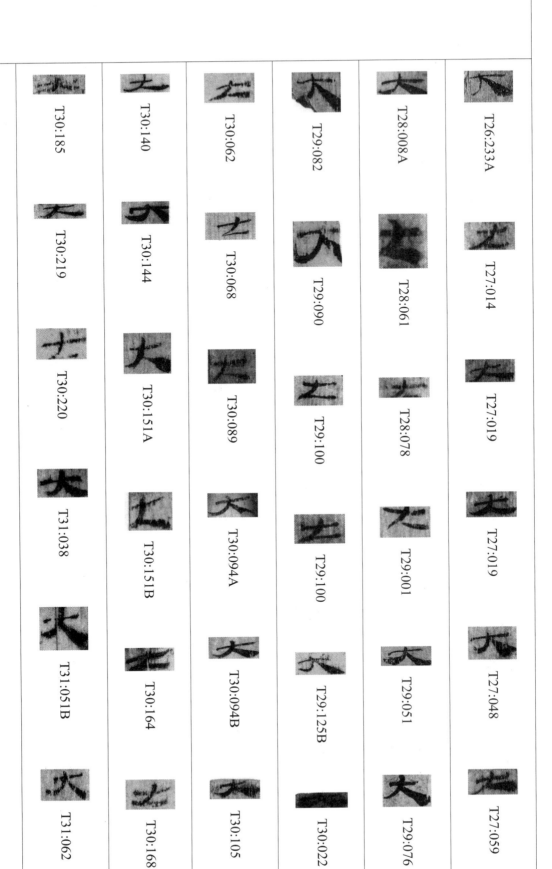

T30:062

T30:068
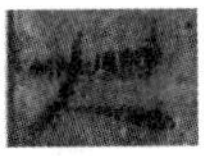
T30:089
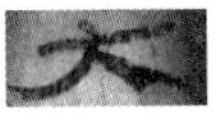
T30:094A

T30:094B
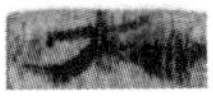
T30:105

T30:140

T30:144
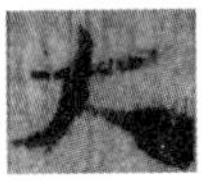
T30:151A

T30:151B
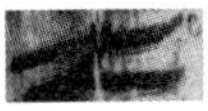
T30:164

T30:168

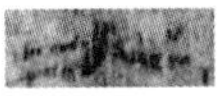
T30:185

T30:219
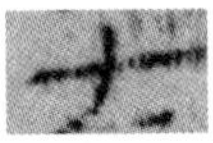
T30:220
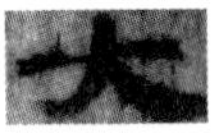
T31:038
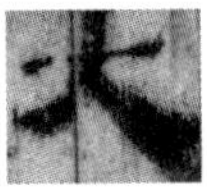
T31:051B

T31:062

T31:093
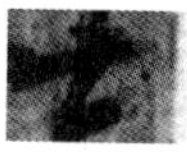
T31:114A

T31:131
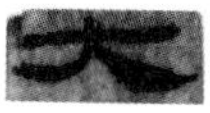
T31:149

T31:200

T32:002
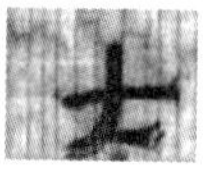
T33:020
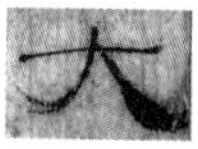
T33:071B

T34:006A

T35:005

T35:012

T35:016

T35:016

T37:028A
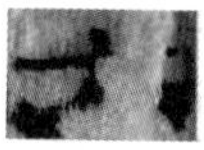
T37:040

T37:057
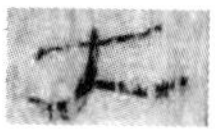
T37:064
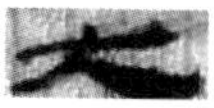
T37:076
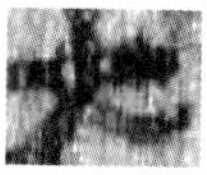
T37:097

T37:102

T37:105

T37:132
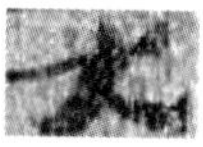
T37:175

T37:178

T37:260

T37:267
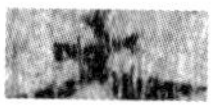
T37:352

T37:384

T37:393

T37:427

T37:455

T37:519A
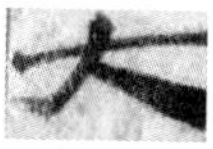
T37:520A
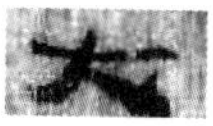
T37:521
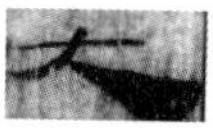
T37:521

T37:522A

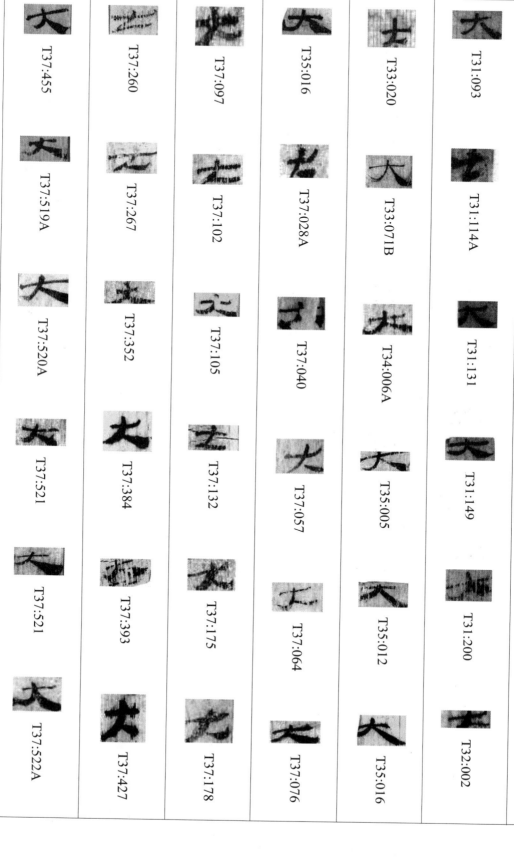

T37:522A

T37:524

T37:543

T37:548

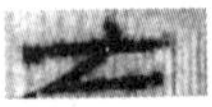
T37:553

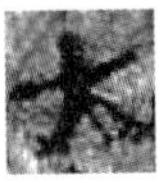
T37:615

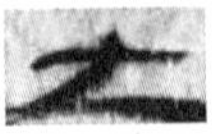
T37:713

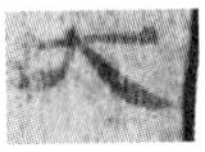
T37:726

T37:743

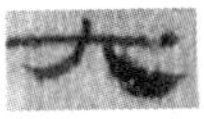
T37:745

T37:750

T37:756

T37:757

T37:758

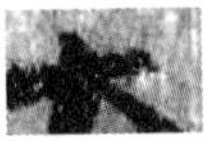
T37:758

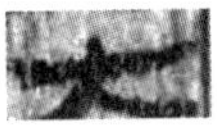
T37:761

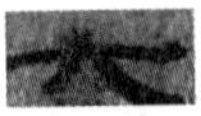
T37:762

T37:762

T37:767

T37:780

T37:780

T37:797

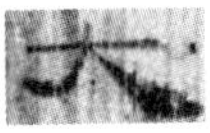
T37:805A

T37:827

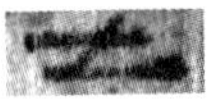
T37:849

T37:855

T37:855

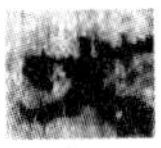
T37:859

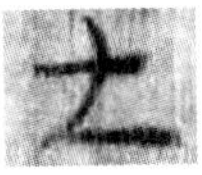
T37:874

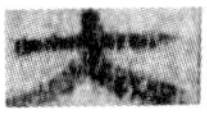
T37:920

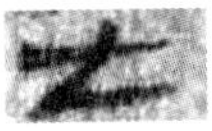
T37:986

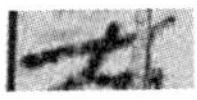
T37:987

T37:993

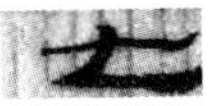
T37:994

T37:995

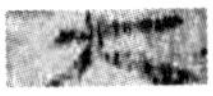
T37:1000

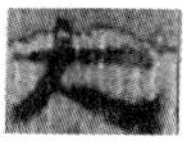
T37:1001

T37:1007

T37:1022

T37:1084

T37:1111

T37:1113

T37:1120

T37:1161

T37:1167B

T37:1209
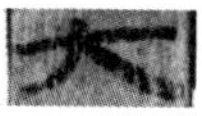
T37:1222

T37:1325
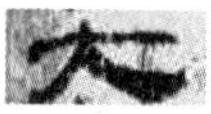
T37:1328
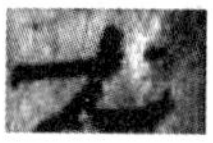
T37:1359

T37:1391

T37:1405

T37:1427

T37:1499A

T37:1501

T37:1530

T37:1539

T37:1582

H01:003A

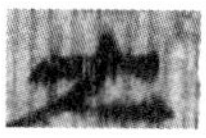
H01:023
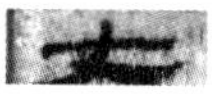
H01:039

H01:050
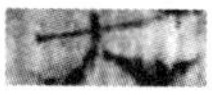
H02:012
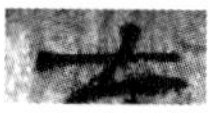
H02:017

H02:046

H02:089

H02:095

F01:001

F01:002

F01:004

F01:004

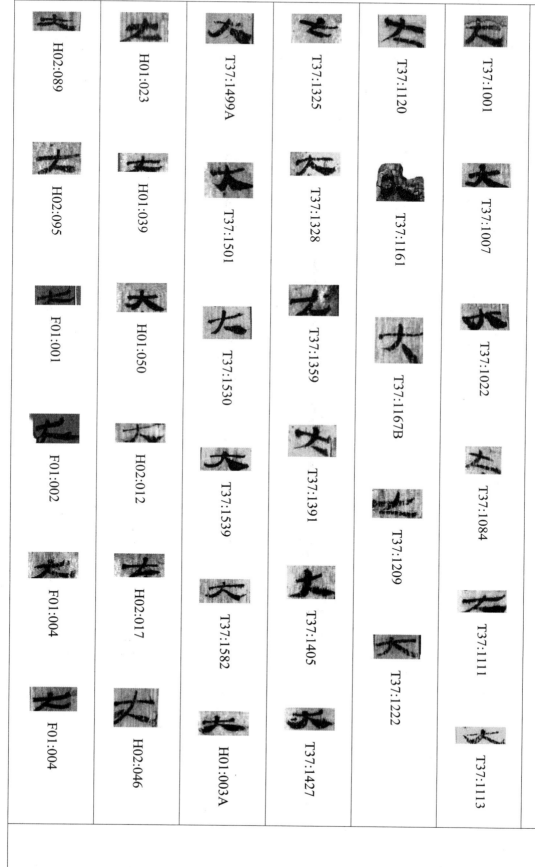

F01:012

F01:013

F01:026
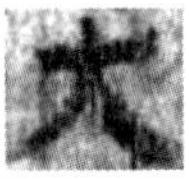
F01:088
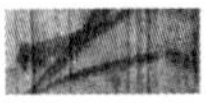
73EJF2:4

73EJF2:8

73EJF3:90

73EJF3:101

73EJF3:106
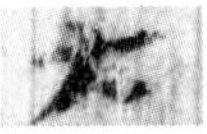
73EJF3:115

73EJF3:116B

73EJF3:130

73EJF3:131

73EJF3:139

73EJF3:141

73EJF3:142
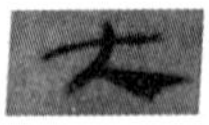
73EJF3:154

73EJF3:172

73EJF3:178A
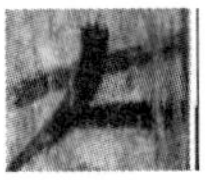
73EJF3:267
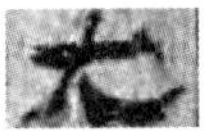
73EJF3:311

73EJF3:326

73EJF3:326

73EJF3:346

73EJF3:368

73EJF3:369

73EJF3:370

73EJF3:371

73EJF3:372

73EJF3:373

73EJF3:405

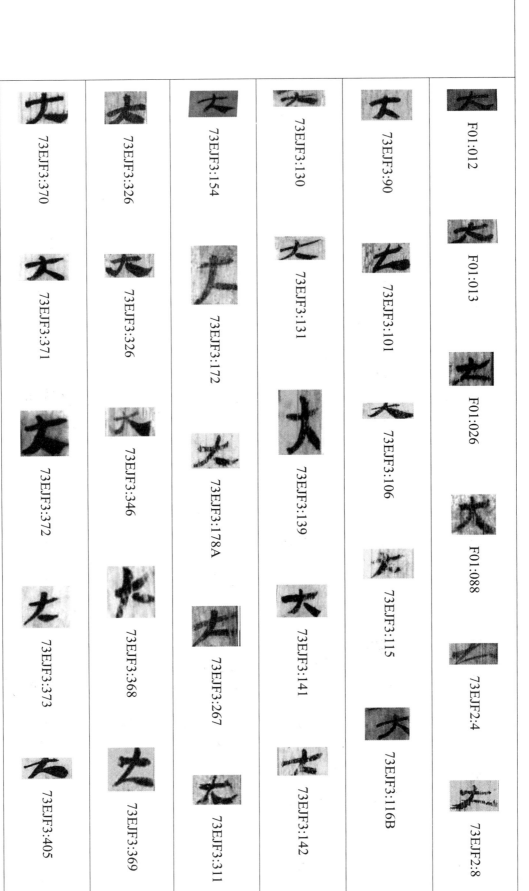

73EJF3:477

73EJF3:527

73EJF3:628
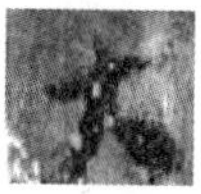
73EJT4H:89B

73EJD:10
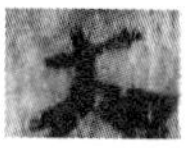
73EJD:33A
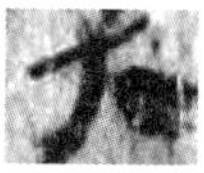
73EJD:33A

73EJD:34
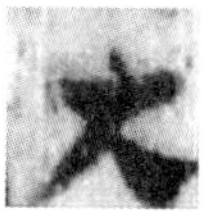
73EJD:35
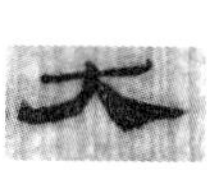
73EJD:45
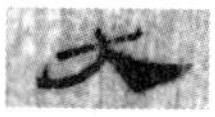
73EJD:45
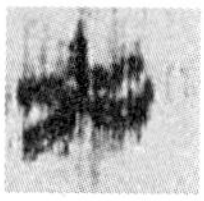
73EJD:55B
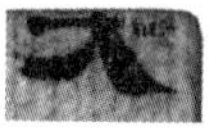
73EJD:57
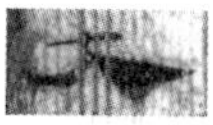
73EJD:57

73EJD:186A

73EJD:199
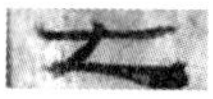
73EJD:207

73EJD:221

73EJD:236
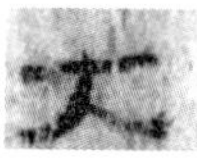
73EJD:236
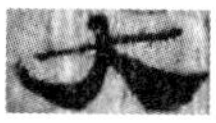
73EJD:247
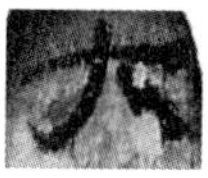
73EJD:286B
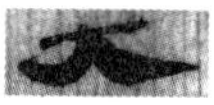
73EJD:293
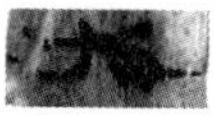
73EJD:335

73EJD:378

72EJC:51

72EJC:79B
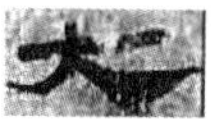
72EJC:95
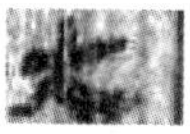
72EJC:119

72EJC:157

73EJC:318

73EJC:359

73EJC:414

73EJC:419

73EJC:424

73EJC:529A

73EJC:531A

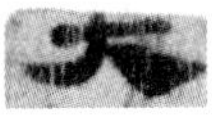
73EJC:562

73EJC:575

73EJC:600

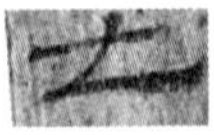
73EJC:600

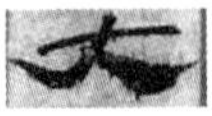
73EJC:608

73EJC:652

夾

1527

73EJC:379

奄

1528

T37:1512

夷

1529

T06:060

T23:493

T23:666

T23:776

T23:777

亦

1530

吳

1531

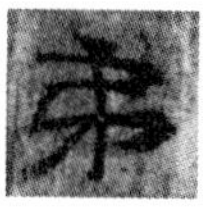
T24:523

T24:989

T30:262

T32:060

73EJF3:46

73EJC:407

H02:022

F01:010

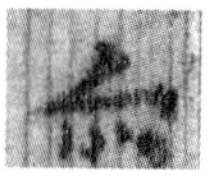
73EJF3:618

T01:043

T04:098A

T04:100

T08:106B

T09:238

T21:455

T22:001

T22:078

T23:768

T23:811A

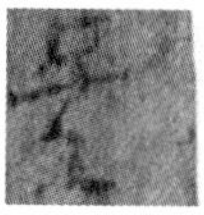
T23:885A

T24:146

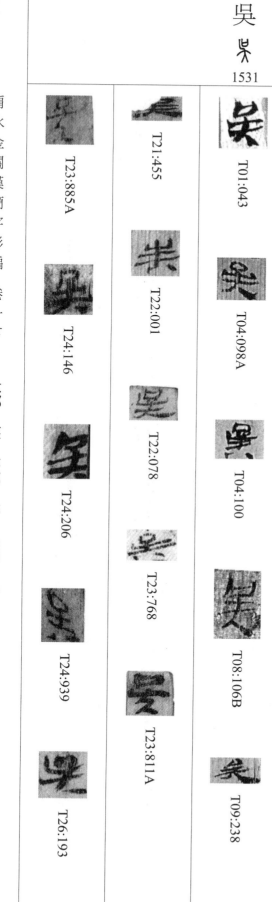

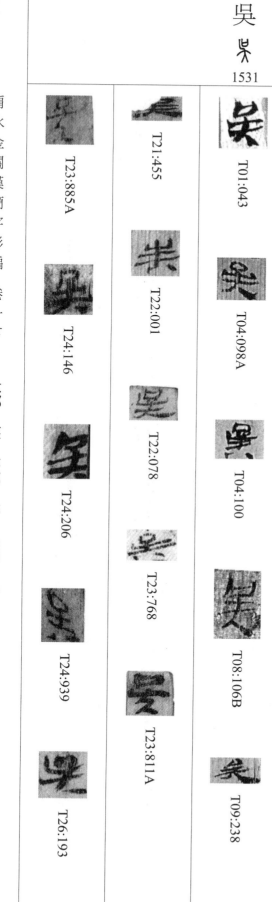

T24:206

T24:939

T26:193

T31:059A

T33:091

T37:006

T37:105

T37:348

T37:571

T37:846

T37:1317

H02:002

73EJF3:124A

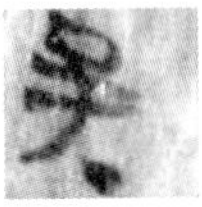
73EJC:410

喬

1532

T05:036

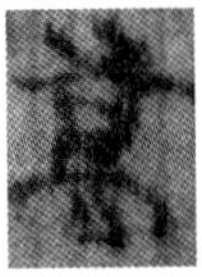
T32:032B

交

1533

T05:008A

T22:137

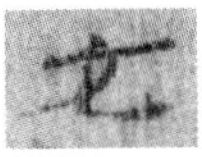
T25:059

壺

1534

T23:765

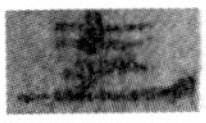
T23:922

H01:050

F01:122

壹

1535

T23:027

T23:807

T23:991

T24:046

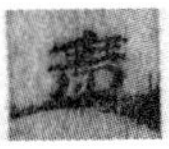
T28:054

幸

1536

73EJF3:147

T03:054B

T04:110B

T04:123

T06:067A

T07:088

T09:013

T09:061A

T10:301

T15:001A

T21:073B

T21:244

T21:463

T22:043

T22:051

T23:066A

T23:139A

T23:328

T23:406A

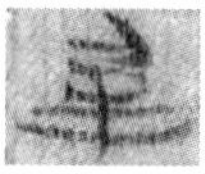
T23:502B

T23:788B

T23:807

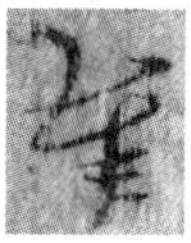
T23:899B

T23:917A

T23:976A

T23:976A

T24:142
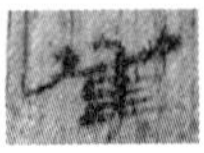
T24:142

T24:142
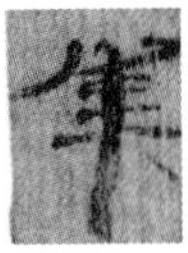
T24:142

T24:417B

T24:455
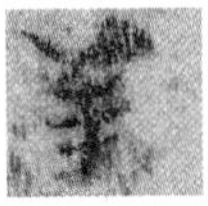
T24:512B

T24:597

T24:790
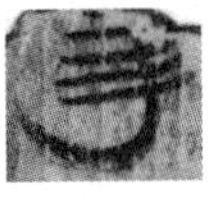
T24:989

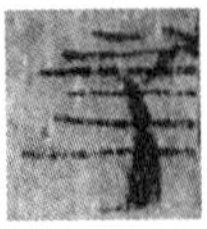
T26:284

T29:100

T29:114A

T29:114B

T29:127

T30:028A

T30:028A

T30:028A

T30:049B

T31:075

T31:103

T31:165
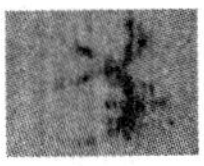
T32:045A

T37:786A

T37:786B

T37:1149

H01:014

H01:073B

H02:047A
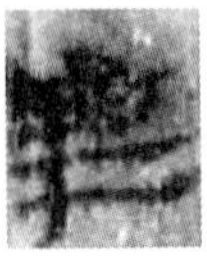
H02:047A

睪

1537

H02:048A

H02:048A

H02:048A

H02:048B

H02:075

73EJF3:60

73EJF3:159A

73EJF3:159B

73EJF3:159B

73EJF3:182A

73EJF3:182A

73EJF3:183B

73EJF3:213

73EJF3:431

73EJD:337

72EJC:158B

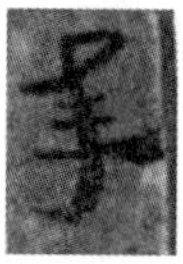
73EJC:464

73EJC:621

T03:015

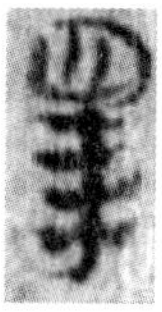
T37:784A

執

1538

T07:025

T07:076

T07:200

T21:096

T21:149

T23:289

T23:408

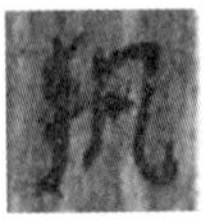
T23:426

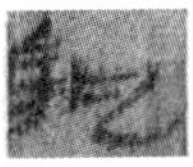
T23:491A

T23:697

T24:138

T26:005B

T26:054

T28:048

T28:113

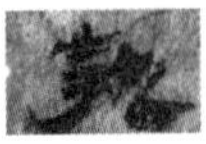
T30:085

T37:179A

73EJF3:315A

73EJC:418

72ECC:1+2A

圉

1539

T10:290

T21:221

T21:313

T21:425

73EJF3:57A

報

1540

T01:002

T01:191

T03:021

T03:060

T06:067A

T06:118A

T06:178

T07:025

T07:116A

T09:264B

T10:049

T10:304
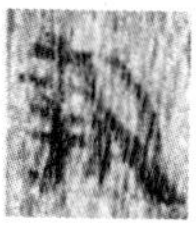
T10:453

T21:102A

T22:011D

T22:086

T23:136
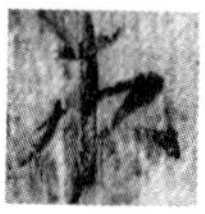
T23:364B

T23:412

T23:620

T23:658

T23:797B
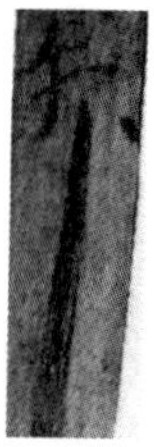
T23:886

T23:978

T24:142

T24:555

T24:859

T25:069

T29:116
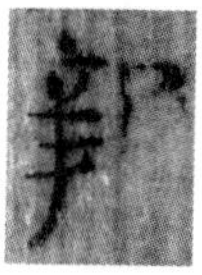
T31:133

T37:743

T37:1052B

T37:1151B
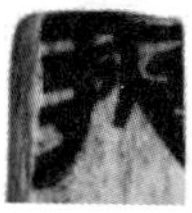
H01:043

H01:053

H01:060

H02:048A

H02:080

73EJF3:124B
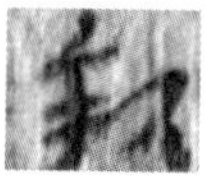
73EJD:26A

73EJD:45

73EJD:88A

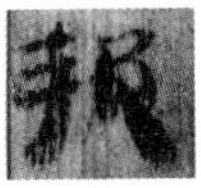
73EJD:107B

72EJC:261B

73EJC:556B

73EJC:592B

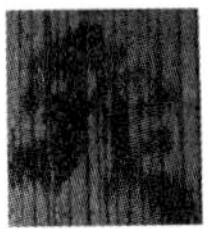
72ECC:26

亢

1541

T31:044A

T31:044A

奏

1542

T01:002

T04:108B

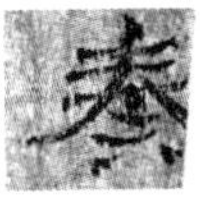
T08:046

T09:212A

T21:114

T23:362

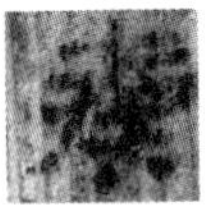
T23:388

T23:604

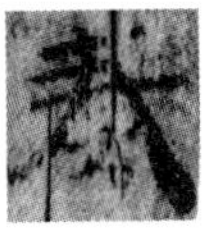
T24:189

T30:028A

T31:051B

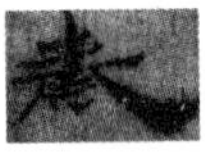
T31:192

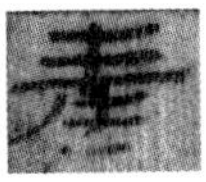
T31:226

T37:1052A

73EJF3:39A

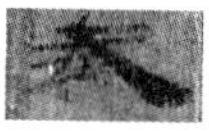
73EJF3:478

73EJD:74

73EJD:76

73EJD:293

73EJC:291

昦
1543

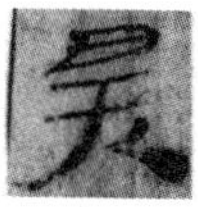
T30:154

奘
1544

73EJF3:136+266

奚
1545

T08:089A

夫
1546

T01:002

T01:018

T01:047

T01:066

T01:190

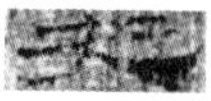
T02:003

T02:057

T02:077

T02:098

T03:055

T03:055

夫部 夫

T03:073

T03:098

T03:101

T04:050

T04:089

T04:098A

T04:147

T05:007

T05:019

T05:027

T05:035

T05:086

T05:106

T06:031

T06:038A

T06:151

T07:009

T07:081
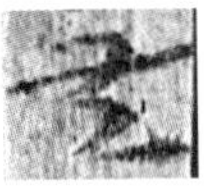
T07:148

T08:008
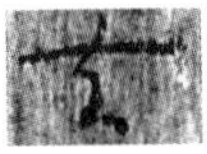
T08:031

T08:051B

T08:112

T09:019B
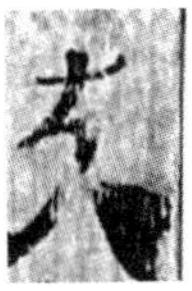
T09:029A

T09:030

T09:054
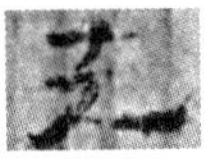
T09:090

T09:092A
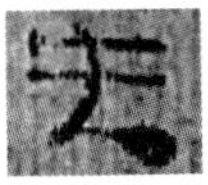
T09:093

T09:098

T09:120

T10:120A

夫部 夫

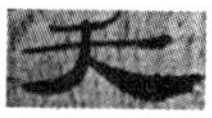
T10:120A

T10:122

T10:135

T10:140

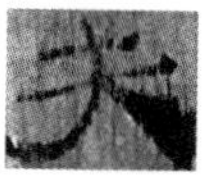
T10:163A

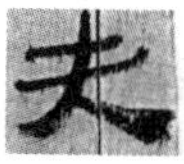
T10:211

T10:213A

T10:288

T10:313A

T10:401

T10:406

T11:001

T11:031A

T14:035

T14:036

T15:015

T15:018

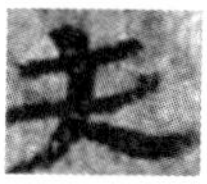
T21:060A

T21:064

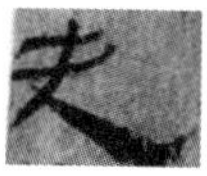
T21:169

T21:287

T21:291

T21:295A

T21:310

T21:342A

T21:379

T21:383

T21:420

T21:438

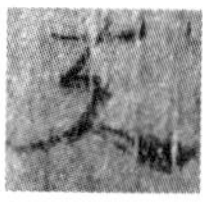
T21:463

T22:056

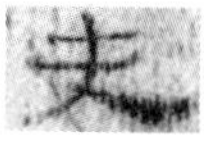
T22:078

T22:127

T23:024

T23:041

夫部 夫

T23:066A

T23:079A

T23:217B
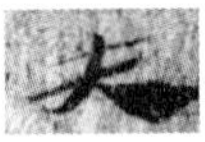
T23:290

T23:328

T23:353

T23:382

T23:405
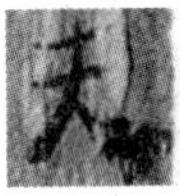
T23:587

T23:629A

T23:637B
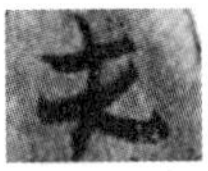
T23:653

T23:675

T23:686

T23:694B

T23:708A
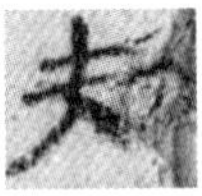
T23:797B
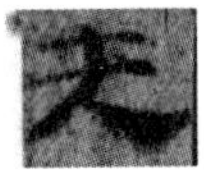
T23:883
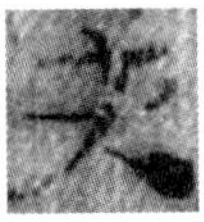
T23:897A

T23:897B
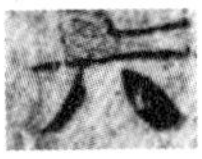
T23:936
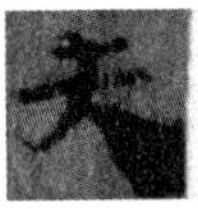
T24:009A

T24:015A

T24:037

T24:041

T24:048

T24:050

T24:077

T24:113A

T24:249

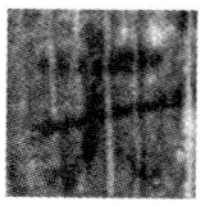
T24:339A

T24:464

T24:954

T25:005

T25:055

T25:164

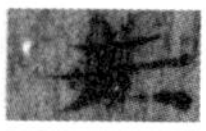
T26:047

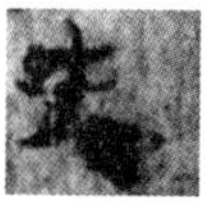
T26:087

T26:087

T26:118

T26:120

T26:236

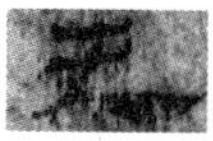
T27:014

T27:019

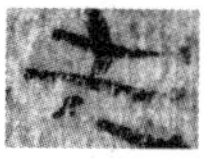
T29:028A

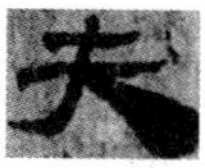
T29:076

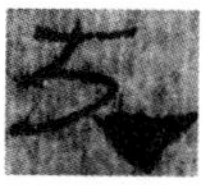
T29:100

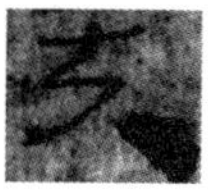
T29:100

T30:020

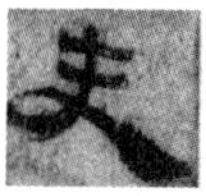
T30:064

T30:065

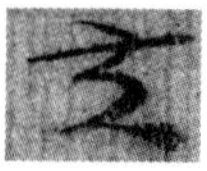
T30:068

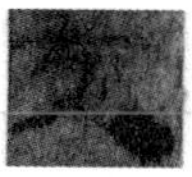
T30:089

T30:140

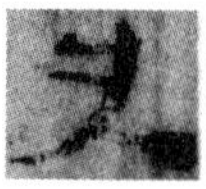
T30:154

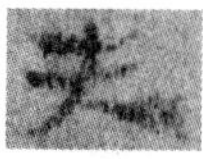
T30:168

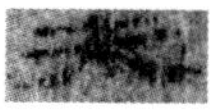
T30:185

T30:219

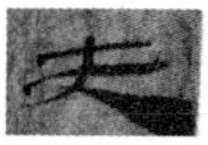
T30:240

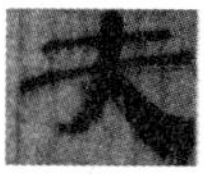
T31:038

T31:093

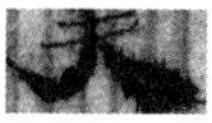
T32:002

T33:039

T33:040A

夫部 夫

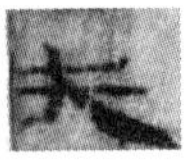
T33:058
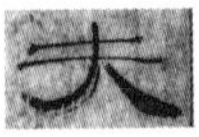
T33:071B
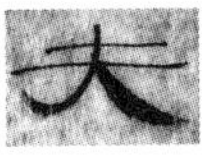
T33:071B

T34:004B
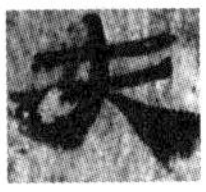
T34:027

T34:039

T35:005

T37:003A

T37:028A

T37:052

T37:059
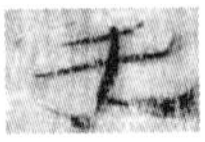
T37:064

T37:073B

T37:076

T37:105

T37:120

T37:129
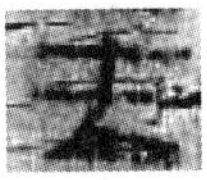
T37:132

T37:162

T37:228

T37:267

T37:308

T37:345

T37:352

T37:384

T37:521

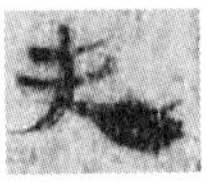
T37:523A

T37:524

T37:526
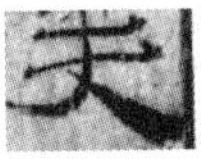
T37:527

T37:530

T37:548

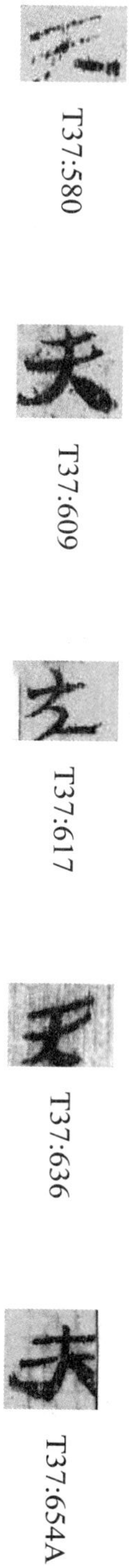
T37:580
T37:609
T37:617
T37:636
T37:654A

T37:713
T37:745
T37:750
T37:753
T37:765
T37:785

T37:788A
T37:806+816
T37:827
T37:835A
T37:849

T37:852
T37:871
T37:920
T37:962A
T37:986
T37:987

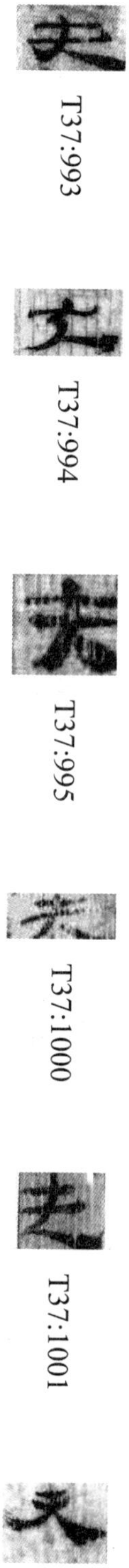
T37:993
T37:994
T37:995
T37:1000
T37:1001
T37:1013

T37:1052A
T37:1061B
T37:1076A
T37:1084
T37:1100

夫部 夫

T37:1105
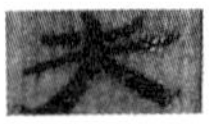
T37:1107

T37:1111

T37:1113
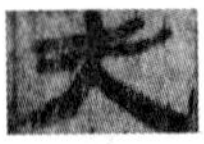
T37:1118

T37:1134
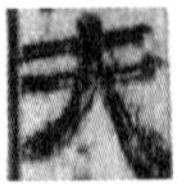
T37:1189

T37:1209

T37:1325

T37:1328

T37:1375A
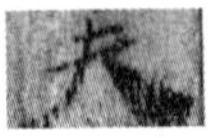
T37:1406

T37:1427

T37:1451A

T37:1491

T37:1499A

T37:1519

T37:1523
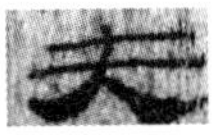
T37:1582

H01:022B

H01:023

H01:024

H01:039
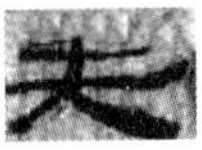
H01:050

H02:002

H02:017
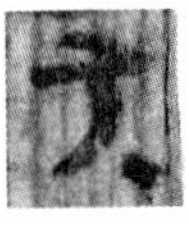
H02:034

F01:015

F01:018

F01:025

F01:117

73EJF2:8

73EJF2:28

73EJF3:93

73EJF3:120B

73EJF3:130

73EJF3:132

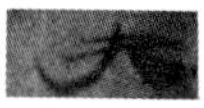
73EJF3:153

73EJF3:164

73EJF3:178A

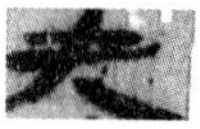
73EJF3:344

73EJF3:344

73EJF3:370

73EJF3:378

73EJF3:382A

73EJF3:384A

73EJF3:384A

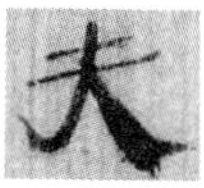
73EJF3:436A

73EJF3:550

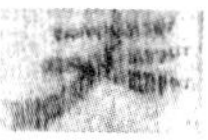
73EJT4H:44A

73EJD:19A

73EJD:36B

73EJD:37A

73EJD:39B

73EJD:141

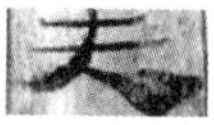
73EJD:207

72EJC:2A

72EJC:2B

72EJC:7

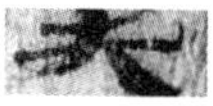
72EJC:51

72EJC:145

72EJC:147B

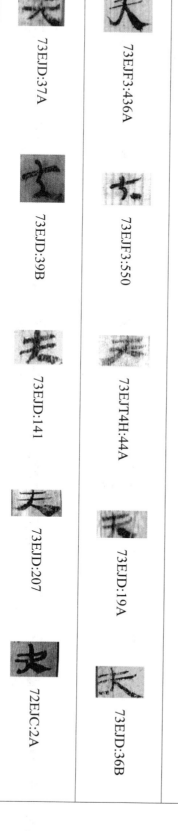

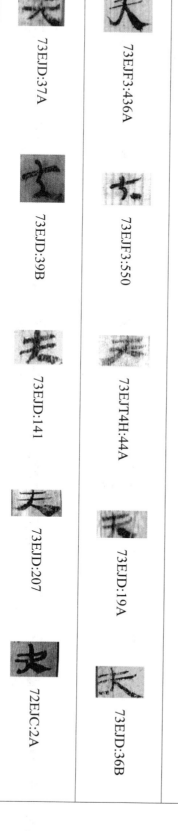

夫

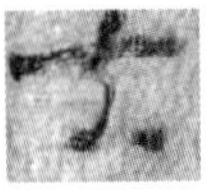
72EJC:147B

72EJC:157

72EJC:158B

72EJC:164

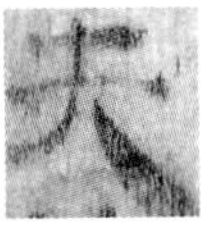
72EJC:245A

72EJC:267A

73EJC:299

73EJC:316A

73EJC:414

73EJC:424

73EJC:480

73EJC:519

73EJC:575

73EJC:589

73EJC:592A

73EJC:652

72ECC:35

扶

1547

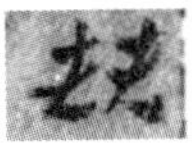
T23:420

立

1548

T04:077

T07:023

T09:255

T10:281

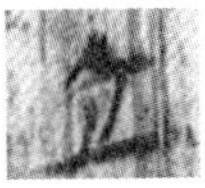
T23:789B

T24:058A

T24:984

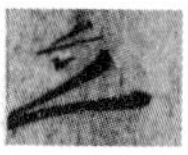
T30:081B

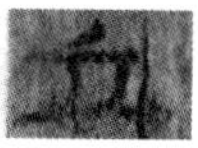
T32:040

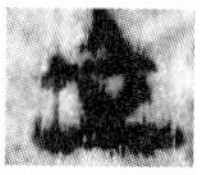
T37:401B

T37:483A

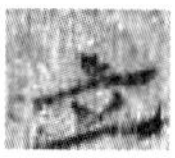
T37:517

T37:548

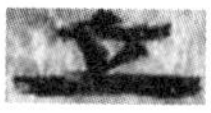
T37:675

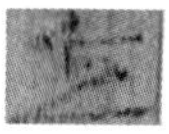
T37:708B

T37:1061A

T37:1473

F01:004

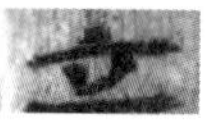
F01:004

F01:026

73EJF3:2

73EJF3:8

73EJF3:28

73EJF3:118A

73EJF3:361

73EJF3:446

73EJF3:514B

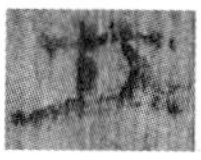
73EJT4H:30A

73EJD:311B

端

1549

T01:061

T06:069

T21:177

T24:211

73EJC:359

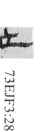

竝

竝

1550

T04:041A

T04:065

T07:105B

T10:156

T21:060A

T22:135

T23:091

T23:406A

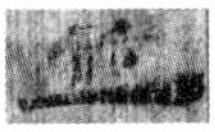
T23:810

T24:304

T24:399

T30:007+019

T30:074

T37:007

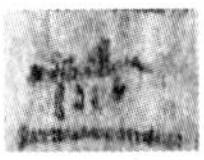
T37:067

T37:345

T37:418

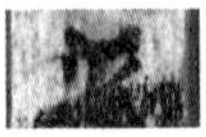
T37:639

T37:762

T37:787

T37:927

T37:1033

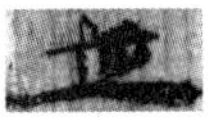
T37:1088

T37:1462

T37:1588

73EJF2:16

73EJF3:92

73EJF3:95

73EJF3:167

73EJF3:183A

73EJF3:183B

73EJF3:255

73EJF3:295A

73EJF3:328B

73EJF3:335

73EJF3:366

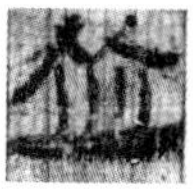
73EJF3:554

73EJF3:556

73EJD:39A

73EJC:547

72ECC:20A

思

1551

T22:078

T30:135

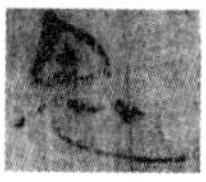
T30:212B

H01:058

73EJF2:34

73EJC:593

73EJC:593

慮

1552

T24:802

心

1553

T01:168

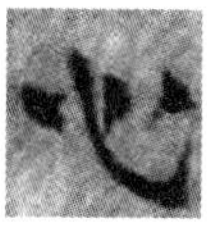
T23:359A

T31:104A

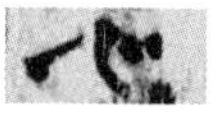
T37:103

H02:022

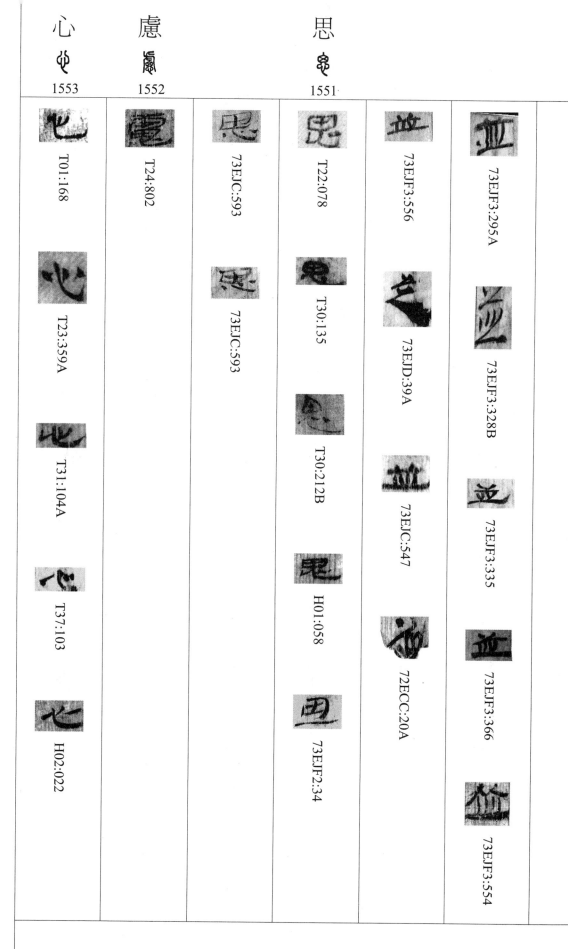

73EJD:107B
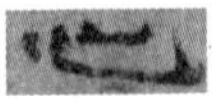
73EJC:291

73EJC:607

息
1554

T10:047B

T10:047B

T21:047

T21:073B

T23:797B

T23:797B

T30:010

T30:163

T31:094

T37:1405

F01:011
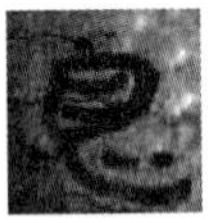
F01:011

73EJF3:137

73EJD:281A

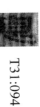

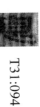

志
1555

T01:121

T33:091

T37:670

意
1556

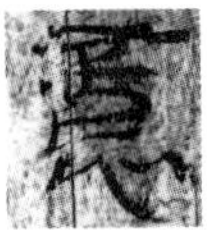
T01:070

T01:132

T07:088

T08:079

T09:250

T10:221A

T21:137

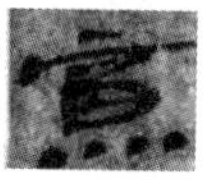
T21:423

T22:013

T23:581

T23:731A

T24:052

T24:073A

T24:723

T24:752

T26:086

T26:230A

T30:204

T33:065A

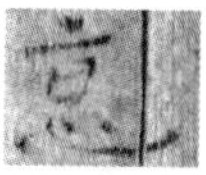
T33:065A

T37:628

T37:847

T37:1119

T37:1151B

T37:1210

T37:1318

T37:1367A

H01:078

H02:016

H02:048B

73EJF3:2

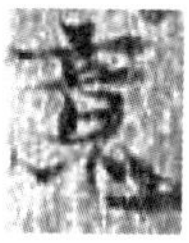
73EJF3:273+10

73EJF3:86

73EJF3:152

73EJF3:213

73EJF3:318

73EJF3:376

73EJF3:522

應

1557

T01:014A

T05:071

T23:040A

T23:619

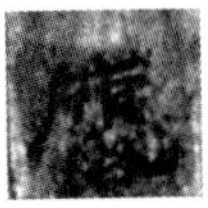
T24:419

T26:103

T29:125B

T30:158

T37:813

T37:1481

H02:102

73EJD:52

73EJD:260A

72EJC:131

72EDIC:1

慎

1558

T33:089

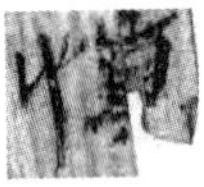
H02:047A

73EJF3:127A

73EJF3:152

72ECC:42A

忠

1559

T02:016

T02:016

T02:036

T03:055

T03:114

T06:031

T06:052

T06:083A

T06:102

T07:022A
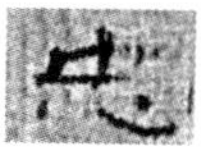
T07:042

T07:164

T09:104

T10:222

T21:275

T21:342A
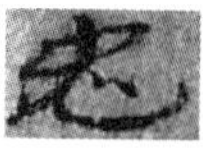
T21:438
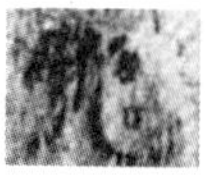
T22:053
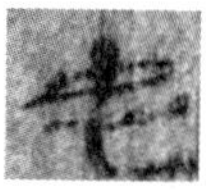
T22:111A

T23:267

T23:481B

T23:784

T23:944

T24:028

T24:515

T24:637

T30:032

T30:062
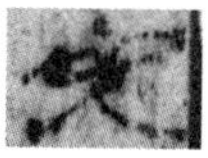
T31:155

T33:047

T33:077

T37:055

T37:112

T37:116

T37:151

T37:451

T37:459

T37:524

T37:707B

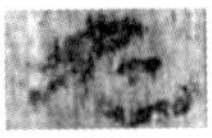
T37:710

T37:753

T37:843

T37:871

T37:958

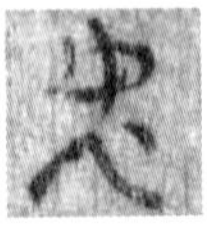
T37:1070

T37:1213

T37:1255

T37:1260

T37:1397A

T37:1447

T37:1450

T37:1493

T37:1528

H02:050

73EJF3:107

73EJF3:248

73EJD:37A

73EJD:37A

73EJD:44

73EJD:79B

72EJC:33

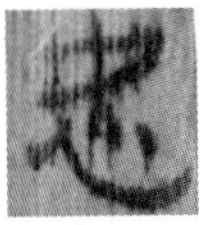
73EJC:294

73EJC:296

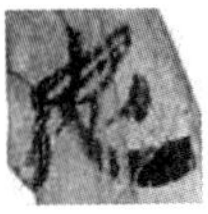
73EJC:347A

73EJC:435

快

1560

T30:028A

念

1561

T23:237A

T23:412

73EJF3:522

73EJC:593

73EJC:607

73EJC:607

憲

1562

T06:091

T10:128

T23:797B

T23:885A

T23:894A

T24:015A

T24:015A

T24:141

T24:983

T37:530

T37:530

T37:531

T37:758

T37:788A

T37:962A

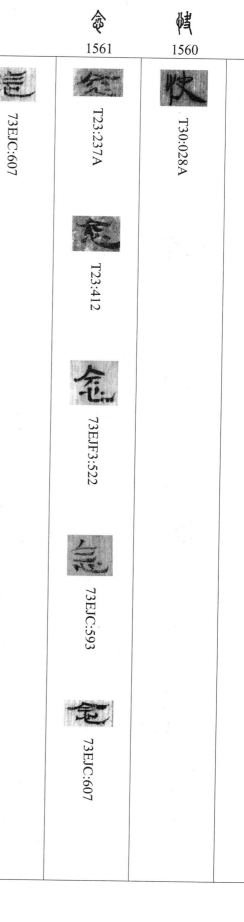

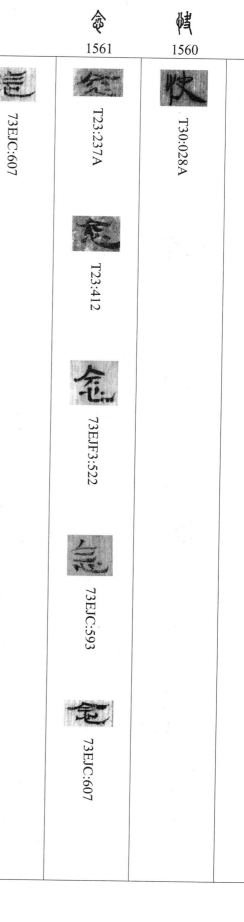

T37:1134

T37:1375A

T37:1423A

T37:1514

H02:041

F01:015

73EJF3:3

73EJF3:132

73EJF3:138

73EJF3:142

73EJF3:170

73EJD:19A

73EJD:150

惲

1563

T03:064

T21:410A

T23:222

T23:279A

T23:323A

T23:765

T23:784

T24:009A

T24:143

T30:204

T37:756

T37:899

T37:997

T37:1458A

T37:1502B

73EJF3:107

73EJF3:137

73EJF3:328A

73EJF3:370

73EJF3:371

73EJF3:463

73EJF3:569

73EJT4H:5A

73EJT4H:5A

72EJC:39

恬

1564

73EJF3:404

恢

1565

T24:117

73EJD:308

恭

1566

T21:219

T24:147

T28:009A

T37:061A

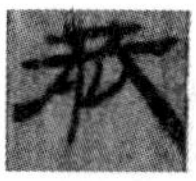
T37:797

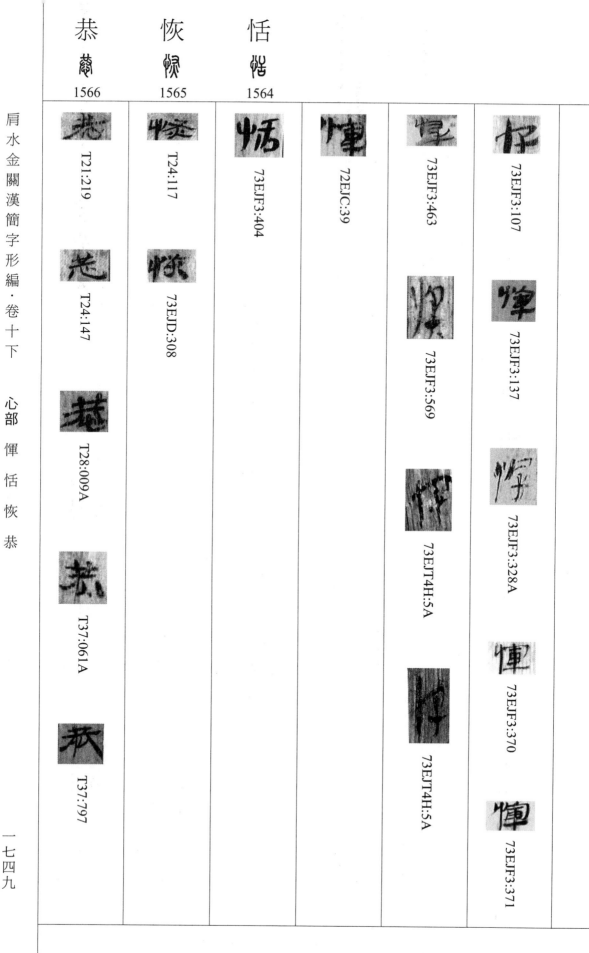

T37:1135

T37:1537B

F01:111

73EJF3:5

73EJF3:177

73EJF3:239

73EJF3:362

73EJF3:523

73EJF3:541

73EJD:45

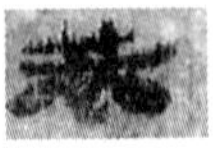
73EJD:107A

73EJD:107B

73EJC:296

73EJC:296

恕 1567

T10:220A

H01:046

慈 1568

T30:018

恩 1569

T02:077

T07:013A

T09:008

T09:061B

T09:103A

T23:073B

T23:356

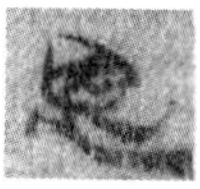
T23:502B

T23:708A

T24:513B

T30:094B

T30:094B

T30:162

T31:114A

T37:086

T37:692

T37:855

73EJF3:84

73EJF3:124A

73EJD:107B

73EJD:135A

慶

1570

T02:098

T03:044

T07:003

T07:030

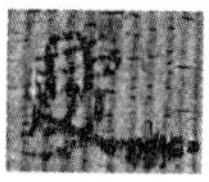
T10:222

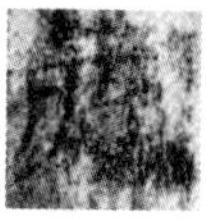
T23:177B

T23:287A

T23:635

T23:776

T23:878

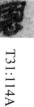

T23:878

T30:072

H02:088

73EJF3:19

73EJF3:414

72EJC:238

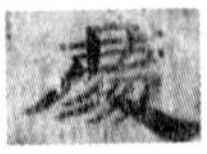
73EJC:307

懷

1571

T09:033

T23:356

72ECC:1+2B

想

1572

T09:264A

73EJF2:34

悟

1573

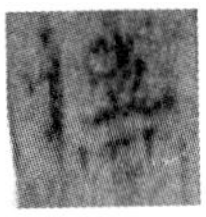
T37:085

急

1574

T03:054A

T04:110B

T10:409

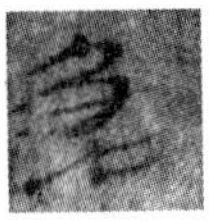
T21:131A

T21:131A

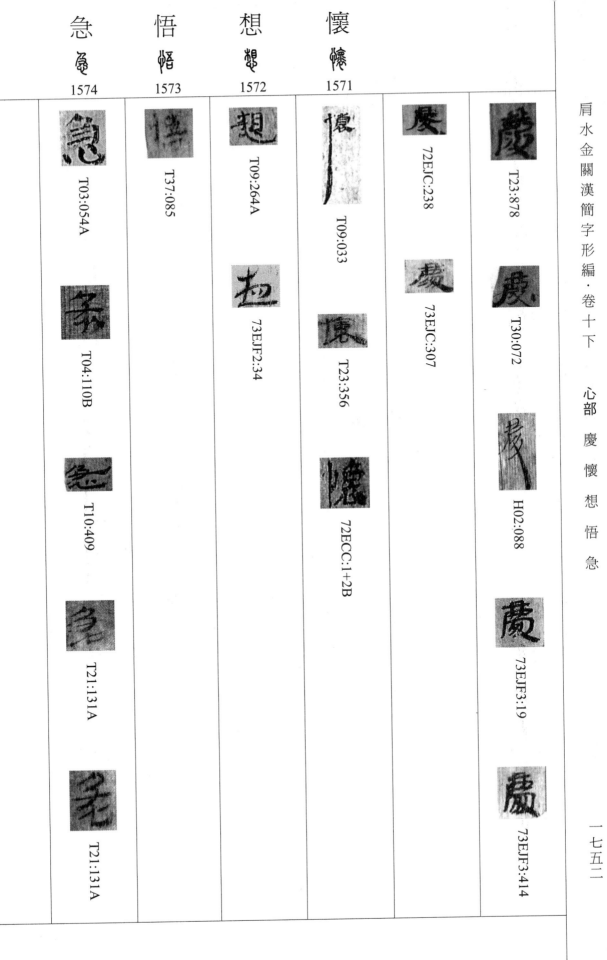

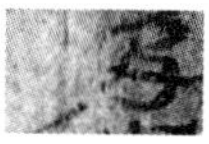
T21:176

T23:141B

T23:610B

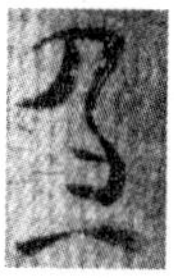
T23:731B

T23:882

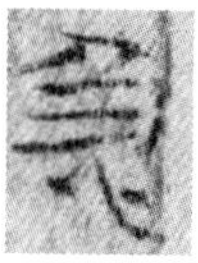
T24:010A

T24:065A

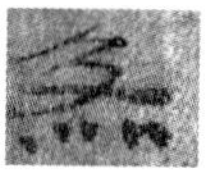
T24:268B

T24:533B

T24:829

T24:921

T28:011

T30:097

T30:134

T33:028

T33:037

T35:006

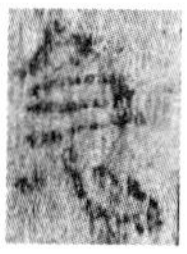
T37:595

T37:1438

H02:048A

H02:048A

73EJF3:392B

73EJF3:392B

73EJD:39A

72EJC:171

73EJC:599A

1575		1576	1577		1578
愚 		戇 	忽 		忘 
 T23:256	 73EJF3:430B+263B	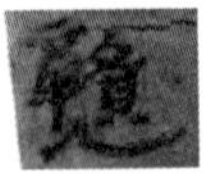 F01:007	 T21:103	 T24:473	 T10:102
 T23:788A	 73EJD:182A		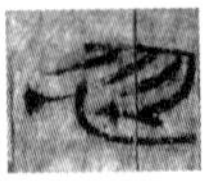 T21:158A	 T28:026	 T22:005
 T23:808B			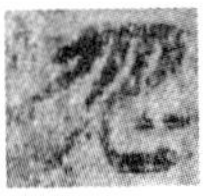 T23:279A	 T29:075	 T23:239
 T24:339B			 T23:581	 T33:089	 T23:633
			 T23:620	 T37:786B	 T23:965
					 T24:121

T24:728A

T24:775

T37:1143B

T37:1199B

73EJD:139

忌

1579

T23:316
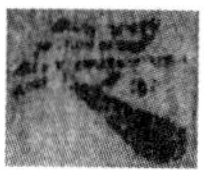
T29:106

忿

1580

T37:081

恚

1581

T10:221A

怒

1582

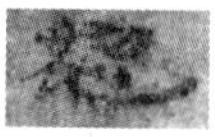
T21:021

T23:153
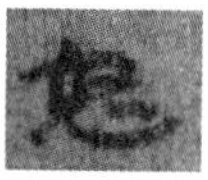
T29:114B

T31:075

T37:985

73EJF3:146

73EJF3:147

73EJF3:355

73EJF3:633

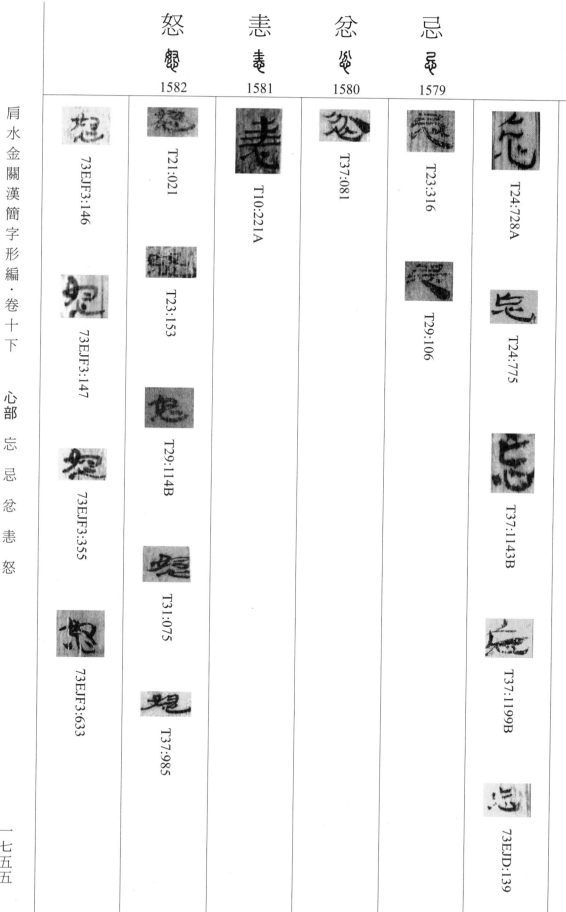

惡

1583

T04:086

T28:030

H02:048A

73EJD:116A

73EJD:191

72ECC:1+2B

恨

1584

T23:896B

T37:786B

悔

1585

T31:044A

按：疑字形有訛。

悲

1586

T21:438

73EJD:26A

惜

1587

F01:046A

恙

1588

T04:108A

T04:201

T07:100B

T10:208

T10:231B

T10:343B

T23:239

T23:302A

T23:359A

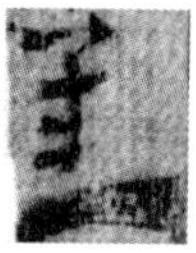
T23:829

T23:919A

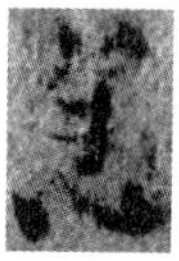
T23:919A

T24:011

T24:015A

T24:065A

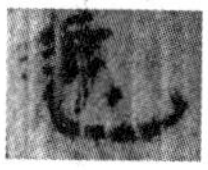
T24:073B

T24:077

T26:020B

T26:180

T27:094

T29:012

T29:094

T30:028A

T30:169

T33:065A

T37:1299A

T37:1367B

H02:047A

H02:047B

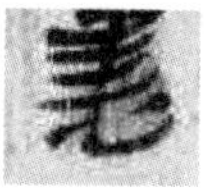
H02:048A

F01:112

73EJF3:124A

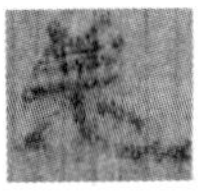
73EJF3:127A

73EJF3:182A

73EJF3:315A

73EJD:49A

72EJC:17

73EJC:599B

患

1589

T21:064

T24:417B

T37:1057A

恐

1590

T05:067

T06:035

T07:094

T23:237A

T23:476

T23:731B

T24:011

T24:521

H02:022

惶

1591

73EJC:679　按：左殘。

憐

1592

T10:220A

T24:635

T28:106

T37:054

T37:627

T37:1029

H02:046

忍

1593

T06:024

T10:220A

T15:008A

T37:054

T37:627

73EJD:124B

悎

1594

T37:988

恒

1595

T24:348

⿰忄爭

1596

T10:243

⿰忄興

1597

T24:348

肩水金關漢簡字形編・卷十一上

水

1598

T01:003

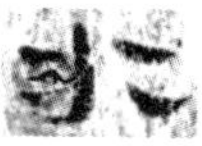
T01:018

T01:036

T01:036

T01:097

T01:174D

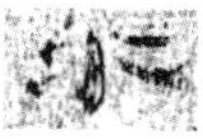
T01:180

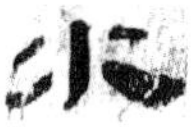
T01:221

T02:023

T02:024

T02:083

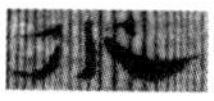
T03:002

T03:005

T03:022A

T03:057

T03:104

T03:109

T03:113

T04:069

T04:077

T04:084

T05:068A

T05:071

T05:075

水部

水

T05:076

T05:077

T06:001B

T06:004

T06:006

T06:007

T06:009

T06:010

T06:026

T06:040

T06:045A

T06:122

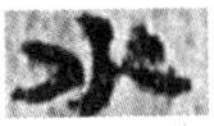
T06:124

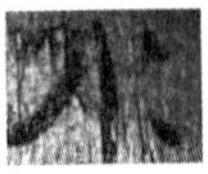
T06:132A

T07:003

T07:020

T07:022A

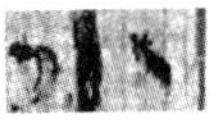
T07:026B

T07:029

T07:089A

T07:102

T07:118

T08:008

T08:016

T08:031

T08:051A

T09:013

T09:015

T09:035

T09:047A

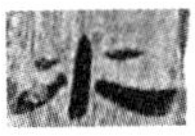
T09:060

T09:089

T09:122

T09:215A

T09:228

T09:336

 T10:099	 T10:131	 T10:141	 T10:142	 T10:143	 T10:144
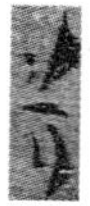 T10:145	 T10:146A	 T10:163A	 T10:166	 T10:179	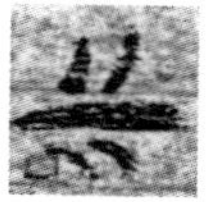 T10:208
 T10:323A	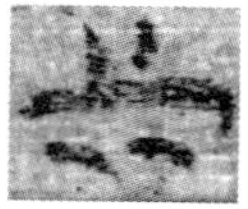 T10:366	 T10:378	 T10:400	 T14:014	 T15:006
 T15:013	 T21:010	 T21:019	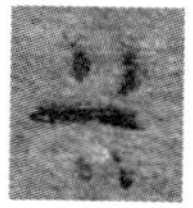 T21:019	 T21:021	 T21:036
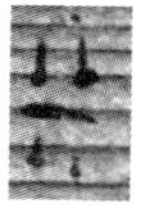 T21:039	 T21:041	 T21:042A	 T21:047	 T21:069A	 T21:098
 T21:102A	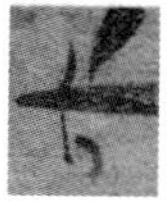 T21:103	 T21:109A	 T21:176	 T21:224	 T21:288

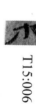

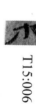

水部

水

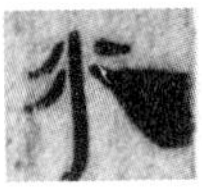
T21:308

T21:355

T22:002

T22:002

T22:011D

T22:022

T22:028

T22:029

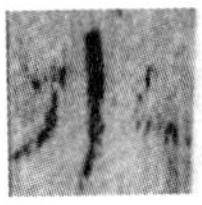
T22:066

T22:099

T22:137

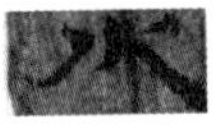
T23:015A

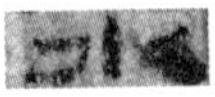
T23:051

T23:052

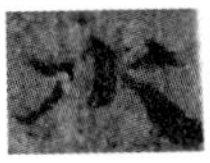
T23:079A

T23:094

T23:178

T23:203

T23:215

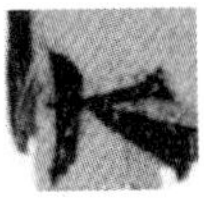
T23:217A

T23:268

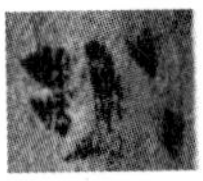
T23:275

T23:290

T23:302B

T23:311

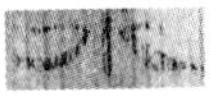
T23:327

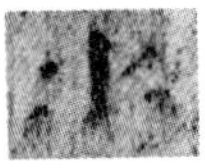
T23:330

T23:335

T23:335

T23:339

T23:340

T23:381

T23:478

T23:480

T23:496

水部 水

T23:503
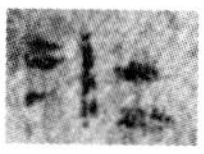
T23:540
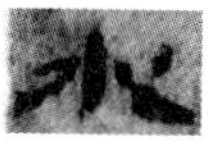
T23:563

T23:569B
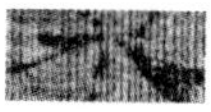
T23:617

T23:620

T23:620

T23:622

T23:629A
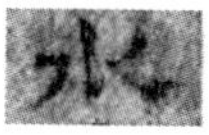
T23:642
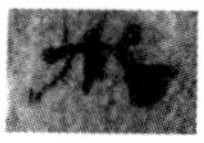
T23:668

T23:726

T23:732

T23:738

T23:761

T23:762A

T23:786

T23:853

T23:856

T23:884
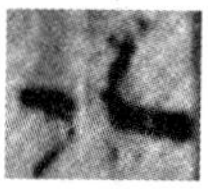
T23:890

T23:899A

T23:925

T23:930A

T23:933

T23:933
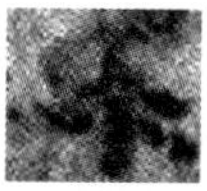
T23:938

T23:963

T23:964

T23:966
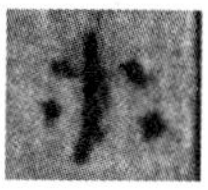
T23:969
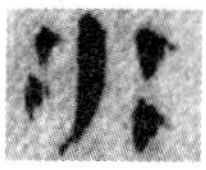
T23:980
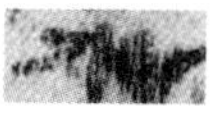
T24:007
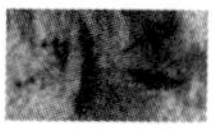
T24:007

T24:009A

 T24:019	 T24:026	 T24:028	 T24:032	 T24:036	 T24:130
 T24:139	 T24:149	 T24:197	 T24:265	 T24:274	 T24:304
 T24:398	 T24:510	 T24:514	 T24:516A	 T24:523	 T24:573
 T24:586	 T24:764	 T25:047	 T25:065A	 T25:108	 T26:001A
 T26:011	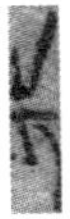 T26:027	 T26:047	 T26:055	 T26:058	 T26:072
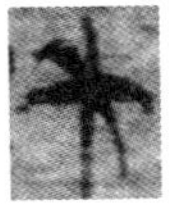 T26:087	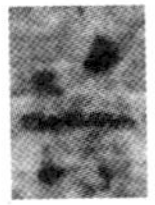 T26:088A	 T26:088A	 T26:120	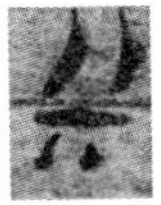 T26:219	

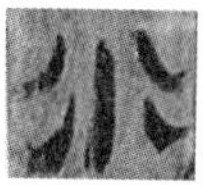
T26:237B

T27:008

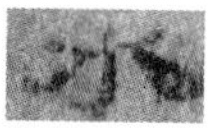
T27:082

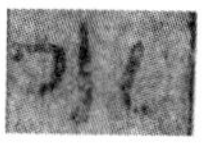
T28:013B

T28:072

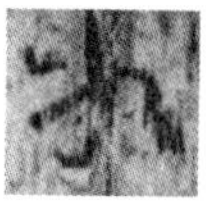
T28:102

T29:029

T29:078

T29:081

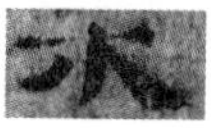
T29:097

T29:119

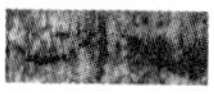
T29:121

T30:144

T30:167A

T30:204

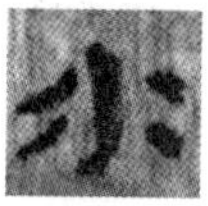
T30:206

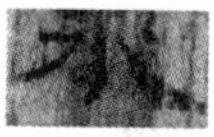
T31:041

T31:064

T31:114B

T31:114B

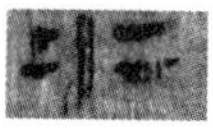
T31:148

T32:041

T32:075

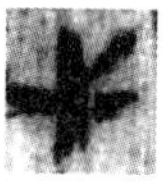
T33:011

T33:042

T33:051

T33:054B

T33:071A

T33:073

T34:003A

T34:004A

T35:001

T35:003

T35:009A

T37:002

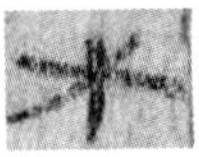
T37:023A

T37:046

T37:047A

T37:048

T37:052

T37:056

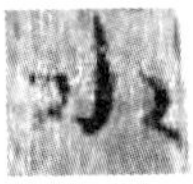
T37:061A

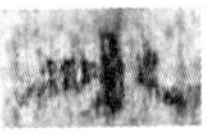
T37:067

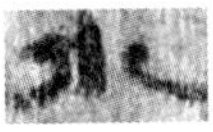
T37:067

T37:085

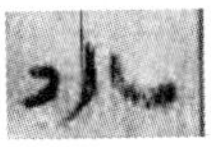
T37:085

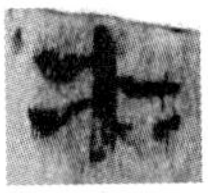
T37:087

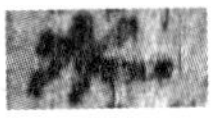
T37:097

T37:204

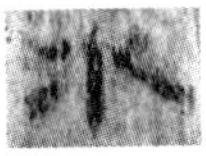
T37:242

T37:382A

T37:451

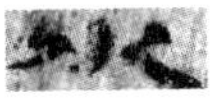
T37:456

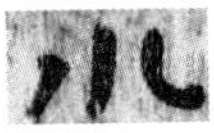
T37:466

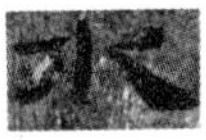
T37:469

T37:520A

T37:520A

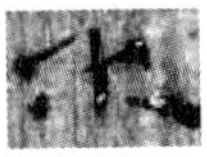
T37:521

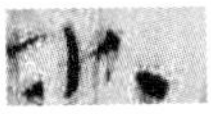
T37:521

T37:522A

T37:524

T37:528

T37:529

T37:534

T37:547

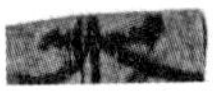
T37:630

T37:638

T37:671

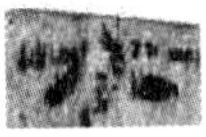
T37:673

T37:678

T37:690

T37:707A

T37:707A

T37:714

T37:716A

T37:718

T37:738A

T37:743

T37:760

T37:770A

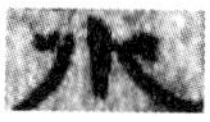
T37:779

T37:783A

T37:788A

T37:795

T37:803A

T37:835A

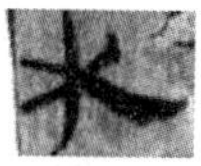
T37:875

T37:877

T37:907

T37:913A

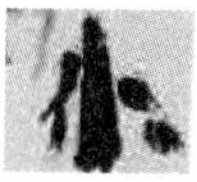
T37:919

T37:962A

T37:972

T37:975

T37:1020A

T37:1055

T37:1056

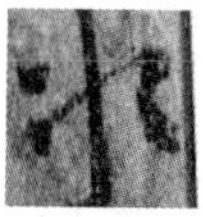
T37:1061A

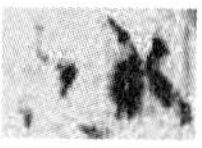
T37:1068

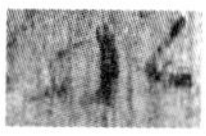
T37:1092

T37:1100

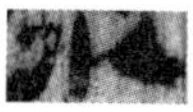
T37:1117

T37:1159

T37:1160

水部　水

T37:1172
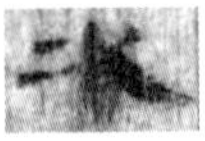
T37:1175

T37:1311
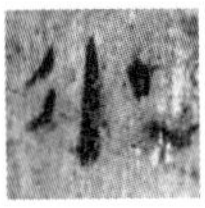
T37:1363

T37:1374

T37:1381

T37:1406

T37:1407
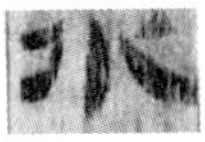
T37:1423A
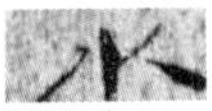
T37:1432

T37:1441A

T37:1472

T37:1502A
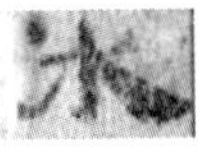
T37:1503A
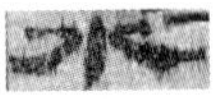
T37:1518

T37:1535A

T37:1545

H01:011

H02:012
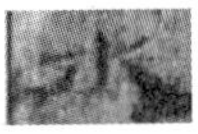
H02:045
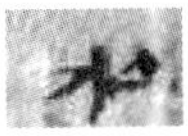
H02:053A

F01:014

F01:015

F01:025
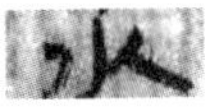
F01:026

F01:081

73EJF3:31

73EJF3:39A

73EJF3:41B

73EJF3:41B

73EJF3:54

73EJF3:78+623
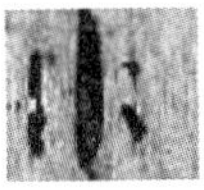
73EJF3:101

73EJF3:106
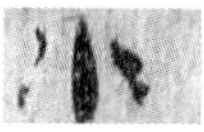
73EJF3:107
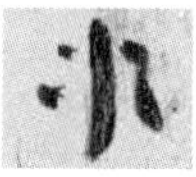
73EJF3:117A
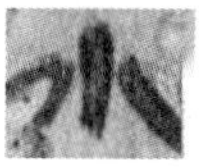
73EJF3:120A

73EJF3:123A

73EJF3:125A

73EJF3:150A

73EJF3:153

73EJF3:155A

73EJF3:155A

73EJF3:170
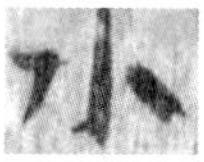
73EJF3:179B
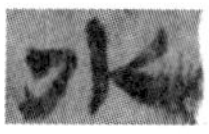
73EJF3:184A

73EJF3:192

73EJF3:244

73EJF3:249

73EJF3:310

73EJF3:327

73EJF3:327

73EJF3:354

73EJF3:379

73EJF3:382A

73EJF3:405

73EJF3:451

73EJF3:452

73EJF3:463

73EJF3:499

73EJF3:520

73EJF3:556
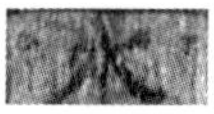
73EJT4H:73

水部 水

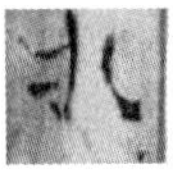
73EJD:30

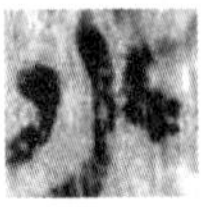
73EJD:33A

73EJD:33A

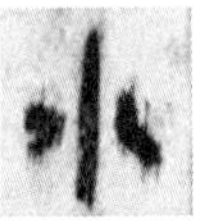
73EJD:34

73EJD:36A

73EJD:36A

73EJD:42

73EJD:42

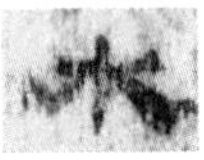
73EJD:43A

73EJD:72

73EJD:75B

73EJD:99

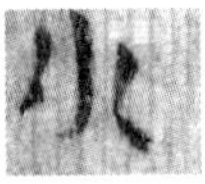
73EJD:230

73EJD:290

73EJD:291

73EJD:292

73EJD:308

73EJD:360

73EJD:366

72EJC:1

72EJC:2A

72EJC:4

72EJC:4

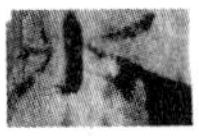
72EJC:23

72EJC:24

72EJC:29

72EJC:59

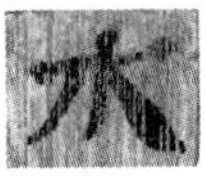
72EJC:76

72EJC:113

72EJC:141

72EJC:218

72EJC:242

72EJC:243

72EJC:244A

72EJC:244B

72EJC:245A

72EJC:245B

72EJC:289

73EJC:316A

73EJC:316A

73EJC:358

73EJC:415

73EJC:440

73EJC:444

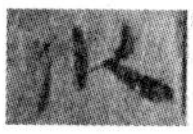
73EJC:446A

73EJC:477

73EJC:490

73EJC:519

73EJC:537

73EJC:542A

73EJC:547

73EJC:589

73EJC:591

73EJC:595A

73EJC:596

73EJC:598

73EJC:604

73EJC:605

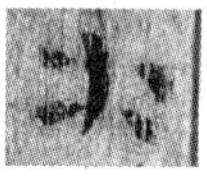
73EJC:673

73EJC:673

河

1599

T01:001

T01:006

T01:016

T01:029

T01:115

T01:128

T01:131

T01:155

T02:042

T02:100

T03:006

T03:050

T03:055

T03:083

T04:008

T04:019

T04:052

T04:060

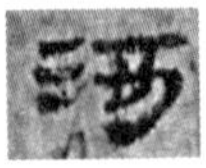
T04:101

T04:129

T06:081A

T06:090

T07:003

T07:033

T07:041
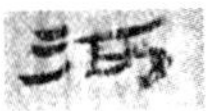
T07:097

T08:024

T08:032

T08:089A

T09:074

T09:082

T09:137

T09:241

T09:247

T10:125

T10:148

T10:157

T10:176

T10:182

T10:290

T14:005

T14:006
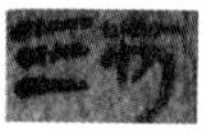
T21:049

T21:096

T21:104

T21:120

T21:177

T21:177

T21:441

T22:026
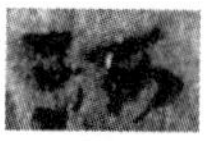
T23:016

T23:134A

T23:229A

T23:267

T23:307

T23:568

T23:621

T23:657
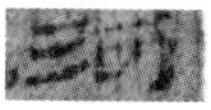
T23:732

T23:732
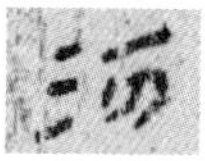
T23:857A

T23:867

T23:897A

T23:974

T23:980
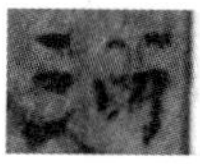
T24:009A

T24:034

T24:127

T24:148

T24:155

T24:171

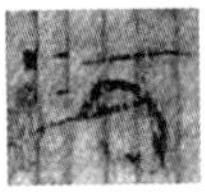
T24:186

T24:240A

T24:241

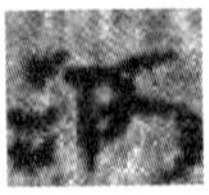
T24:243

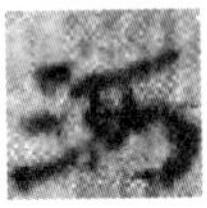
T24:243

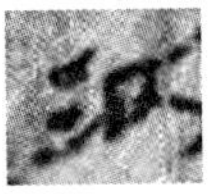
T24:243

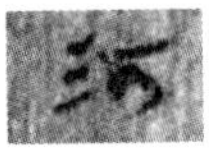
T24:243

T24:250

T24:258

T24:267A

T24:269A

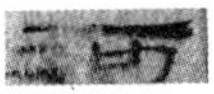
T24:270

T24:405

T24:550

T24:637

T24:725

T24:774

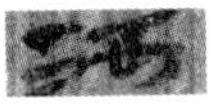
T24:897

T24:968

T24:968

T24:974

T25:005

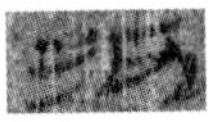
T25:015A

T25:090

T25:094

T25:186

T26:034

T26:035

T27:020

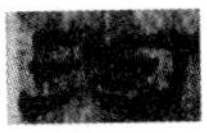
T27:029

T28:061

T29:074

T29:102

T30:028A

T30:034A

T30:105

T30:200

T30:266

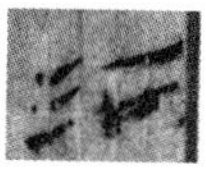
T31:021

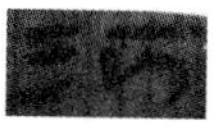
T31:038

T31:062

T31:066

T31:147

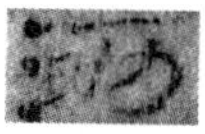
T32:004

T32:067

T33:039

T33:052

T33:083

T34:006A

T34:006A

T35:011

T37:005

T37:014

T37:064

T37:078

T37:132

T37:241

T37:284

T37:361

T37:408

T37:452

T37:519A

T37:519A

T37:524

T37:525

T37:526

T37:527

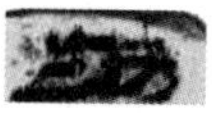
T37:564

T37:573

T37:633

T37:703

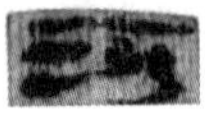
T37:713

T37:720

T37:761

T37:764

T37:766

T37:778

T37:780

T37:792

T37:812

T37:830

T37:852

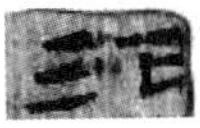
T37:859

T37:870

T37:975

T37:982

T37:991

T37:1006

T37:1070

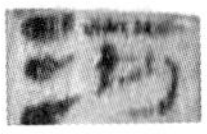
T37:1084

T37:1109

T37:1132

T37:1176

T37:1184

T37:1216

T37:1386

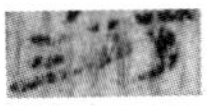
T37:1415

T37:1416

T37:1445

T37:1450

T37:1459

T37:1476

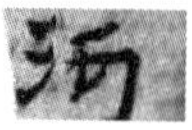
T37:1491

T37:1587

H02:040

F01:076

73EJF3:35

73EJF3:160

73EJF3:178A

73EJF3:181

73EJF3:265

73EJF3:276

73EJF3:284A

73EJD:16B

73EJD:37A

73EJD:42

73EJD:64

73EJD:199

73EJD:204

73EJD:233

73EJD:247

73EJD:256

73EJD:307B

72EJC:26

72EJC:40

72EJC:141

72EJC:182

72EJC:196

72EJC:238

73EJC:303

73EJC:360

73EJC:362

73EJC:369A

73EJC:447B

73EJC:643

72ECC:7

72ECC:13

72EBS7C:1A

江 1600

T09:104

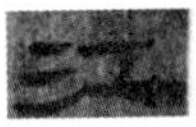
T21:044

T23:379

T23:981

T24:726

T32:041

73EJF3:183A

73EJF3:260

73EJF3:423

沱 1601

T01:001

溫 1602

T01:155

T03:015

T04:019

T09:064

T09:074

T09:082

T09:093

T09:144A

T10:236A

T21:104

T21:219

T23:056

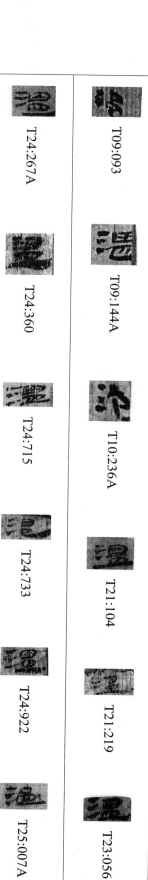

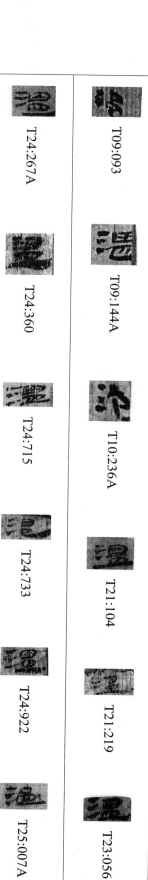

T24:267A

T24:360

T24:715

T24:733

T24:922

T25:007A

T25:094

T26:035

T26:075

T28:061

T28:110

T29:068

T29:115A

T30:200

T37:785

T37:785

T37:871

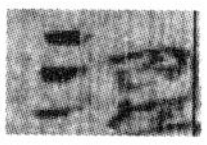
H02:005A

H02:050

73EJC:643

72ECC:6A

72ECC:19

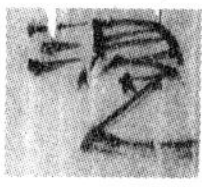
72ECC:77

沮 1603

T06:099

涂 1604

T26:013

T26:014

溺 1605

T27:015B+016B

73EJC:369A

涇 1606

T03:057

T23:919A

T23:919A

T23:919A

72EJC:36

渭 1607

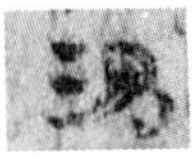
T37:1064

漢 1608

T01:033

T02:003

T03:053

T04:109

T05:076

T05:078

T07:109

T09:035

T09:041

T09:149

T09:243

T10:036

T10:072

T10:359

T10:401

T11:011

T14:001

T21:127

T21:381

T21:389

T21:401

T22:119

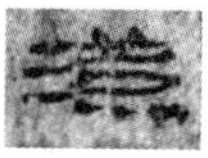
T23:004

T23:091

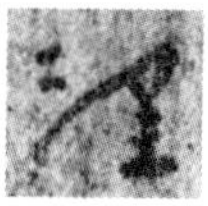
T23:289

T23:392

T23:532

T23:628

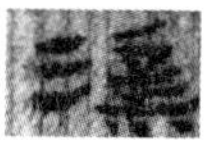
T23:773

T23:774

T23:815

T23:975

T24:099

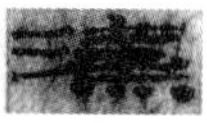
T24:113A

T24:118

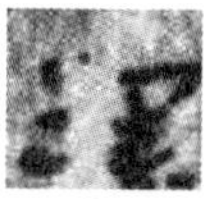
T24:243

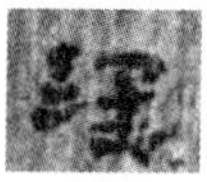
T24:243

水部 漢

T24:333

T24:372

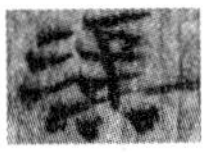
T24:951

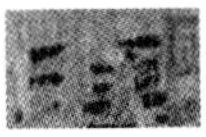
T29:001

T31:020A

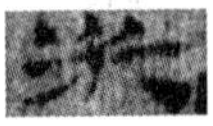
T31:066

T31:146

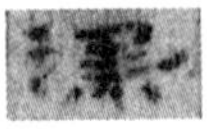
T31:160

T33:040A

T34:019

T37:006

T37:082

T37:105

T37:225

T37:669

T37:784A

T37:812

T37:1130

T37:1331

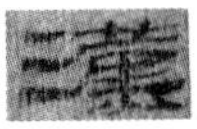
H02:016

H02:066

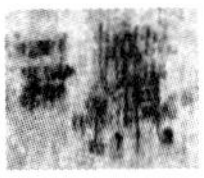
H02:067

73EJF3:462

73EJD:49A

73EJD:210

73EJD:218

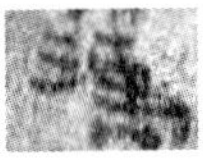
73EJC:437

73EJC:482

沔
1609

T01:040

漆
1610

T14:010

73EJD:207

洛
1611

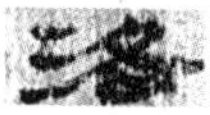
T07:016

T07:143

T24:441

T30:200

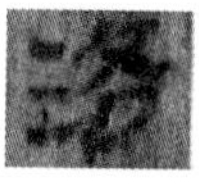
73EJD:26A

汝
1612

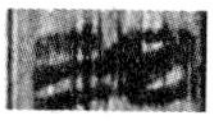
T01:008

T08:006

T24:117

73EJD:313A

汾
1613

T03:050

T23:635

T23:657

T25:094

蕩
1614

T03:083

灌

1615

T21:024

T21:024

泠

1616

T02:032

T33:041A

T34:008

深

1617

T04:077

T06:077A

T07:013A

T09:069

T23:310

T24:073A

T37:086

T37:087

T37:1539

73EJF3:522

73EJD:8A

72EJC:92

淮

1618

T01:031

T01:100

T02:002

T02:071

T02:072

T02:074

T04:015

T07:007

T07:096

T09:083

T09:113

T09:253

T10:118A

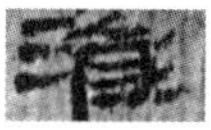
T10:294

T21:248

T21:260

T21:265

T21:313

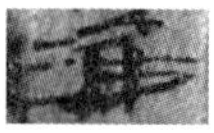
T21:425

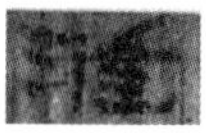
T21:468

T22:018

T22:093

T22:098

T23:259

T23:259

T23:259

T23:259

T24:021

T24:238

T24:404

T24:956

T24:966

T25:091

T26:009

T26:172

T27:048

T28:030

T30:003

T30:008

T30:012

T30:013

T30:014

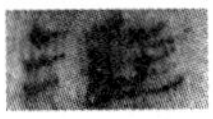
T30:015

T30:025

T30:102

T30:118

T30:119

T30:135

T30:140

T30:154

T30:262

T30:263

T30:267

T31:145

T33:085

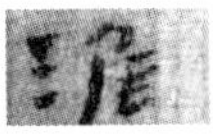
T37:090B

T37:126

T37:670

T37:738B

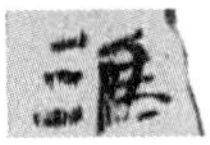
T37:866

T37:1244

T37:1251

T37:1319

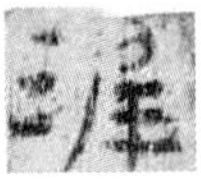
T37:1496

72EJC:33

72EJC:49

73EJC:291

72EDIC:5

泄

1619

T01:256

T06:187

T21:047

淩 1620

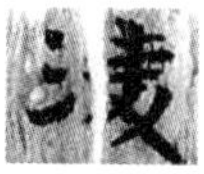
73EJF3:633

濼 1621

T06:050

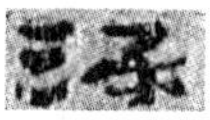
T07:104

T23:506

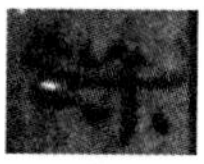
T23:969

73EJD:7

濕 1622

T37:933

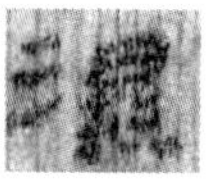
73EJF3:127A

泗 1623

T01:009 按：右殘。

治 1624

T02:079

T03:050

T04:001

T09:033

T10:125

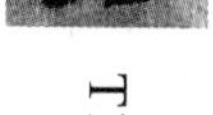
T14:034

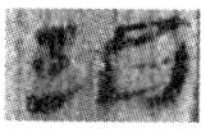
T21:022

T21:059

T21:097

T21:177

T21:431

T23:018

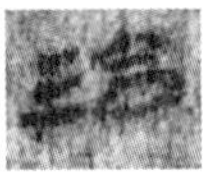
T23:214

T23:301

T23:694A
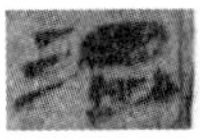
T23:769A

T24:010A

T24:705

T25:018

T25:212

T26:034
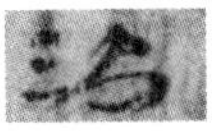
T26:088A

T26:144

T28:005

T28:010

T28:093
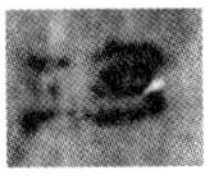
T28:107

T28:107

T28:107

T29:042

T29:098

T29:114B

T29:123
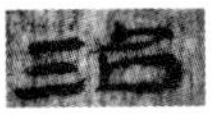
T29:124

T30:193

T31:070

T32:072

T33:026

T33:070

T37:252

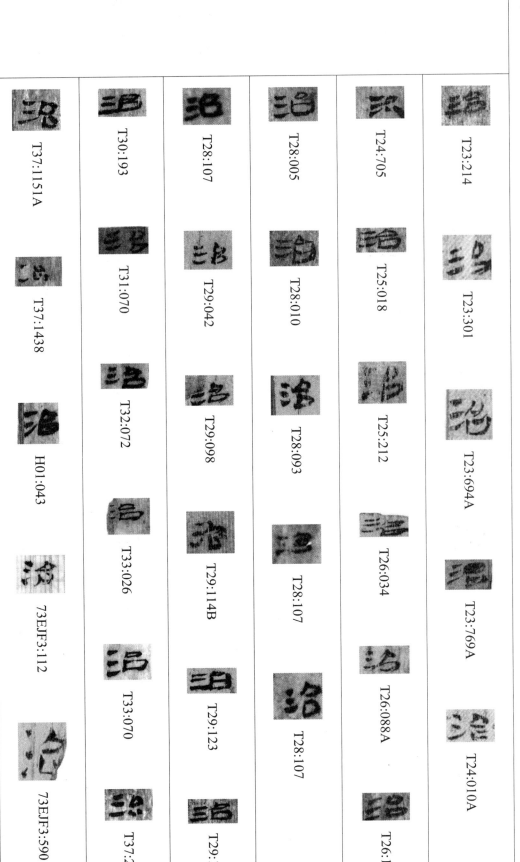

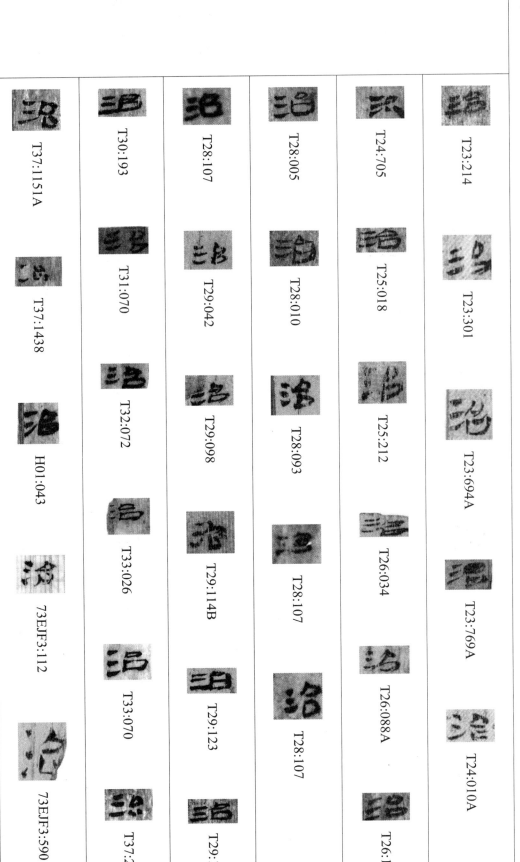

T37:1151A
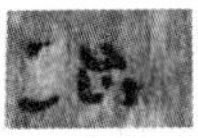
T37:1438

H01:043

73EJF3:112

73EJF3:590

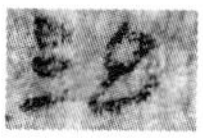
73EJT4H:20B

73EJD:65

73EJD:171

73EJD:233

73EJD:295

73EJD:296

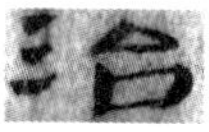
73EJD:301

73EJD:306A

73EJD:317A

72EJC:216

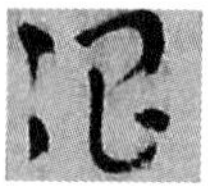
72ECC:36

浸

1625

F01:005

濟

1626

T06:138

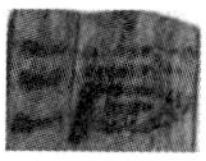
T21:051

T21:202

T21:269

T21:421

T23:696

T24:041

T24:328

T25:020

T25:164

T30:113

T32:041

濟 (continued)

T33:061

T34:040

T37:076

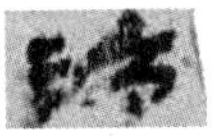
T37:306

T37:985

T37:987

T37:1320

H01:018

濡

1627

T31:140

沽

1628

T24:275B

H01:029

泥

1629

72ECC:70

海

1630

T23:787

T26:088A

H02:077

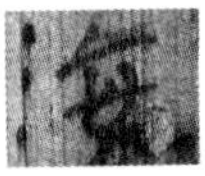
73EJF2:4

73EJF3:149

73EJF3:149

73EJF3:402

衍 1631

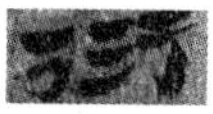
T03:049

T27:009

泫 1632

T04:020

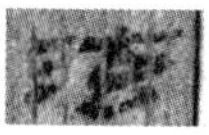
T23:034

汪 1633

T26:035

73EJF3:131

73EJF3:133

況 1634

T23:288

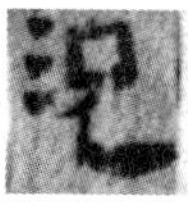
T23:698

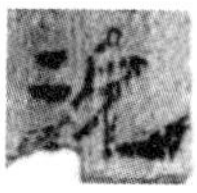
T23:819

T24:248

T37:560

T37:1286

T37:1502A

T37:1503A

73EJF2:7

73EJF3:326

73EJF3:326

浩 1635

72EJC:10

波 1636

T21:229

浮 1637

F01:005

氾 1638

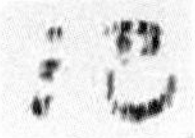
T33:063

73EJF3:290+121

清 1639

T04:147

T06:134

T10:128

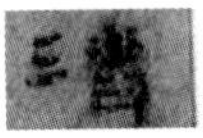
T11:005

T24:520

73EJD:247

73EJD:274

73EJC:419

淵

1640

T06:077A

T10:131

73EJF3:374

73EJF3:404

滿

1641

T06:062A

T06:134

T07:090

T09:020

T22:080

T23:359A

T23:405

T24:062

T24:132

F01:033

72EJC:288

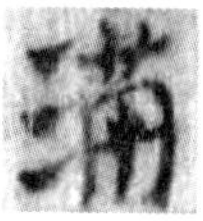
73EJC:338

滑

1642

T08:034

73EJC:298

澤

1643

T01:073

T07:013A

T23:122

T23:287A

T23:287A

T23:414

T23:932

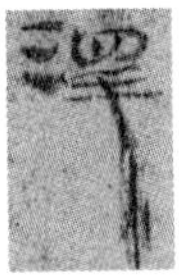
T26:003

T31:009

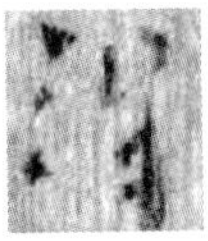
T37:086

T37:719

73EJF2:7

73EJF3:348A

73EJF3:413

73EJF3:528

淺

1644

T37:039A

T37:972

涅

1645

T23:920

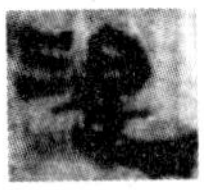
H02:001

浥

1646

T24:249

沙

1647

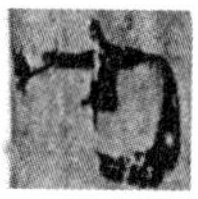
T02:048

T04:011

T05:071

T09:119

T21:083

T23:137B

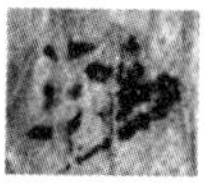
T23:624

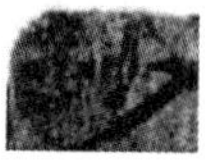
T23:672

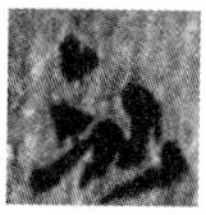
T23:804B

T23:933

T23:938

T24:026

T24:028

T24:108

T24:277

T24:627A

T26:003

T26:039

T28:028

T33:068

T37:026

T37:582

T37:754

T37:1113

T37:1540

H01:019

73EJF3:77A

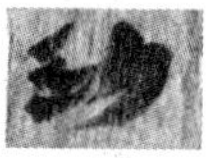
73EJF3:460A

73EJF3:586

73EJF3:592

浦

1648

T30:106

汜

1649

T01:165

T24:966

T37:742

滎

1650

T10:148

72EJC:267A

72EJC:267B

潢

1651

T26:136

湖

1652

F01:004

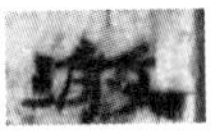
F01:117

按：第一形右殘。第二形形體特殊，存疑。

洫

1653

73EJC:291

溝

1654

T22:098

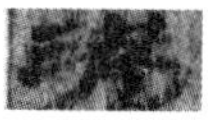
T28:036

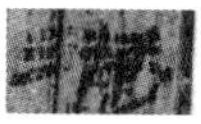
T29:040

T30:202

T37:670

73EJF3:400

渠

1655

T01:144

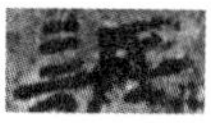
T03:050

T03:053

T03:057

T05:068A

T07:033

T07:041

T11:003

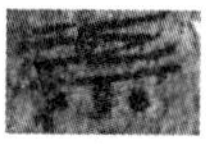
T21:142

T22:024

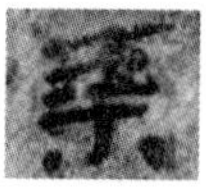
T23:979

T25:043

T26:034

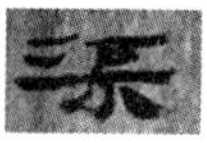
T30:202

T31:034A

T31:070

T37:100

T37:647

T37:1171

T37:1397A

73EJF2:7

73EJF3:108

73EJD:233

72EJC:1

決

1656

T10:416

T23:140

T23:896B

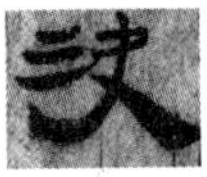
T28:008A

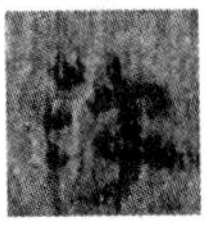
T29:114A

T30:028A

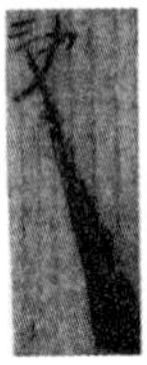
T31:099

H02:047A

73EJD:116A

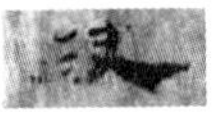
73EJC:300

72ECC:3

72ECC:10

注

1657

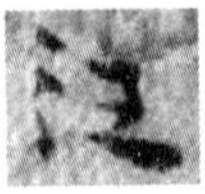
T23:359A

F01:050

津

1658

T01:029

T03:006

T03:055

T04:101

T04:129

T06:081A

T09:247

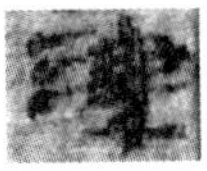
T21:104

T21:176

T22:137

水部　津

T23:110

T23:134A
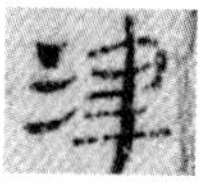
T23:621
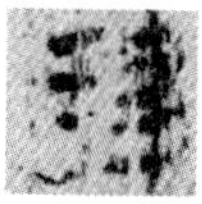
T23:857A
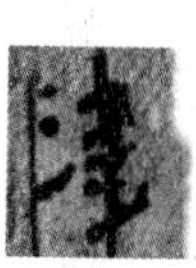
T23:890

T23:897A

T23:929

T24:009A
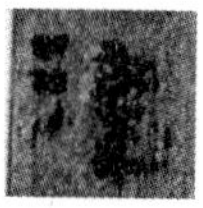
T24:127

T24:240A

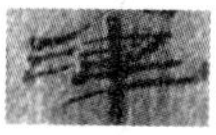
T24:269A

T24:532A

T24:801

T25:015A
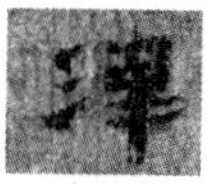
T26:081

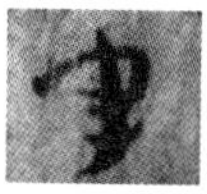
T26:087

T30:016
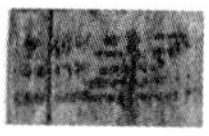
T30:051

T31:062
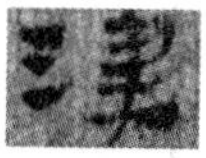
T31:066

T33:039

T34:006A

T34:006A

T34:044

T37:005

T37:007
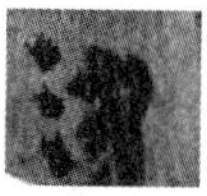
T37:284
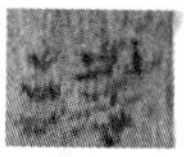
T37:303

T37:519A

T37:519A

水部 津

T37:524

T37:525

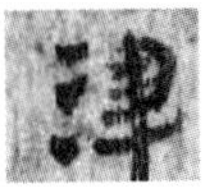
T37:526

T37:573

T37:680

T37:692

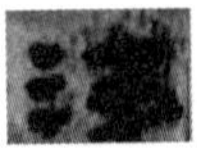
T37:693

T37:720

T37:749A

T37:778

T37:780

T37:782

T37:975

T37:1132

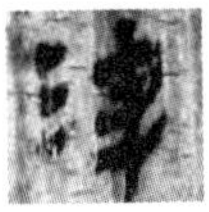
T37:1176

T37:1184

T37:1216

T37:1416

T37:1453

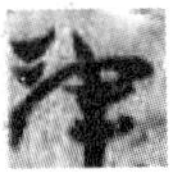
T37:1491

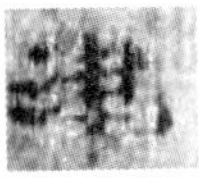
T37:1500

T37:1501

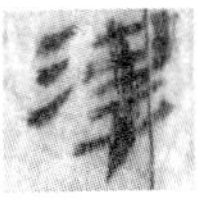
F01:076

73EJF3:118A

73EJF3:181

73EJF3:293

73EJF3:294

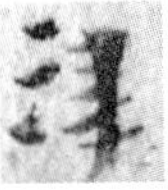
73EJF3:328A

73EJF3:519

73EJF3:611

73EJD:8A

73EJD:37A

73EJD:40A

73EJD:64

73EJD:307B

73EJC:360

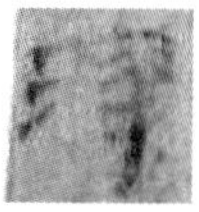
73EJC:445A

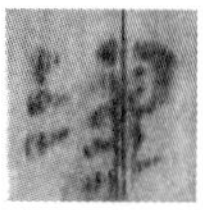
73EJC:529A

73EJC:590

72EBS7C:1A

泭

1659

T04:017

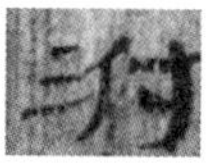
T25:070B

T37:150

T37:1146

73EJC:328

渡

1660

T21:056

T21:245

T24:204A

T26:196

73EJF3:265

73EJC:369A

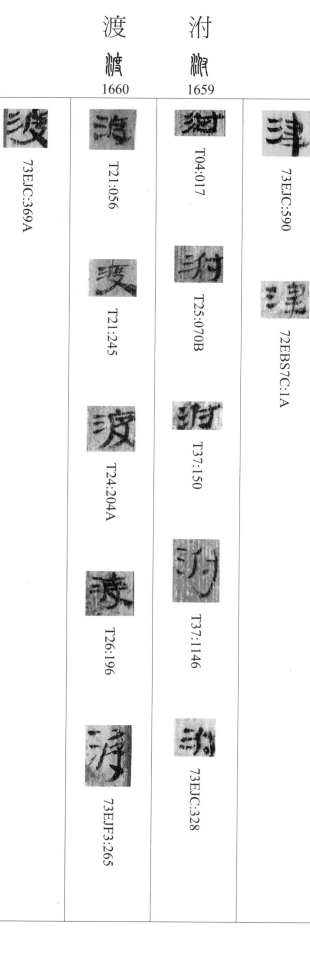

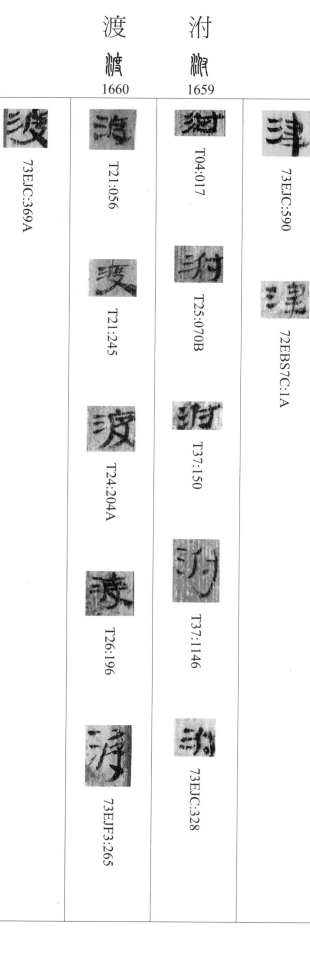

淦

1661

T14:002

泛

1662

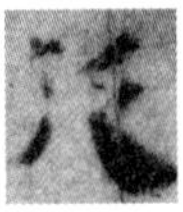

T31:051B

湛

1663

T27:048

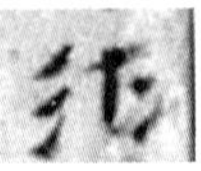

73EJF3:328A

73EJF3:328A

湮

1664

T37:806+816

沒

1665

T01:001

T01:212

濩

1666

T21:394

沈

1667

T05:034

濃

1668

T21:199B

溓

1669

T23:056

渴

1670

T06:096

汙

1671

T23:866B

T37:660

T37:750

準

1672

T21:097

湯

1673

T01:057

T08:093

T09:052A

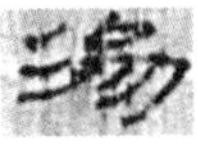
T09:092A

T10:211

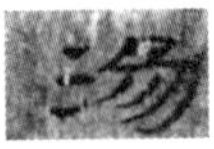
T11:021

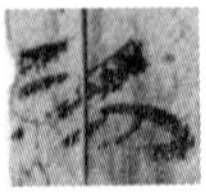
T22:002

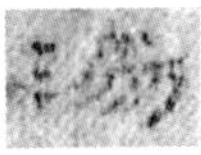
T23:259

T23:487

T24:131

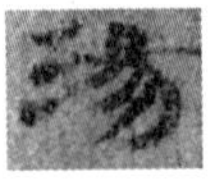
T24:242

T24:532A

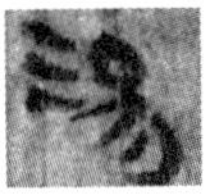
T26:124

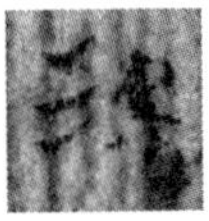
T28:106

T29:083

T30:064

T37:586

T37:692

T37:1496

H01:050

H01:060

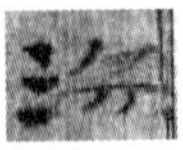
H02:005A

H02:012

72EJC:6

72EJC:155A

淯

1674

T06:050

T07:104

T23:506

T23:969

73EJF3:536+424

浚 1675

T37:693

潘 1676

T06:031

T22:038B

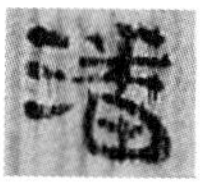
73EJF2:8

涼 1677

T06:135A

T08:064

T37:224

溢 1678

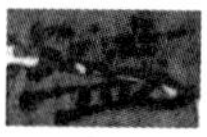
T31:044A

T31:044A

沐 1679

T21:097

浴 1680

T21:299

汲 1681

T01:007

T09:206

T23:305

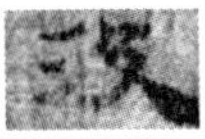
T23:732

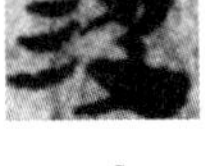
T23:765

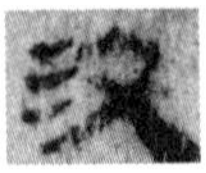
T28:036

T28:107

T37:1541

淳 1682

T04:154

T21:024

T23:482

T23:501

T24:871

T24:968

73EJF3:86

瀚 1683

T37:1139

按：《說文》，浣「瀚或从完」。

汗 1684

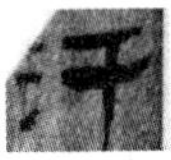
T15:024A

T24:006B

T37:547

T37:837

73EJF3:255

73EJD:232

瀻 1685

T03:053

減 1686

T03:053

73EJC:291

滅 1687

T04:009

T08:093

73EJC:609

72ECC:70

漕 1688

T01:056

T07:080A

T26:109

T30:021A

T31:152

漏 1689

T21:047

湲 1690

T24:015B

汌 1691

T25:164

池 1692

T04:063A

T04:110A

T06:031

T06:093

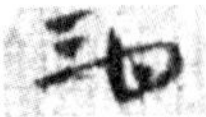
T06:167

T07:039

T08:078

T09:041

T10:401

T10:403

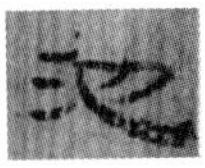
T11:011

T23:156A

T23:288

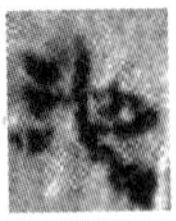
T23:938

T23:977

T24:241

T25:049

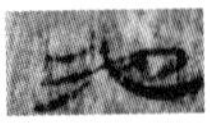
T28:042

T30:009

T30:010

T30:089

T30:133

T30:141

T30:152

T30:160

T30:189

T30:247

T31:084

T31:146

T37:052

T37:102

T37:1447

T37:1465

T37:1518

H01:019

73EJF3:335

73EJD:27

73EJD:33A

73EJD:34

73EJD:214

72EJC:69

73EJC:316A

73EJC:316B

73EJC:414

73EJC:610

1693 没

T21:419

1694 汻

T06:092

漝 1695

T24:796

瀝 1696

T03:057

72EDAC:2

潰 1697

73EJC:644

肩水金關漢簡字形編·卷十一下

𣶒 1698

T23:007A

T37:303

按：《說文》，流「篆文，从水」。

川 1699

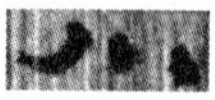
T03:095

T03:096

T06:048

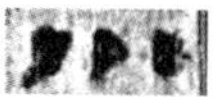
T08:033

T08:040

T08:048

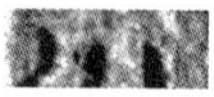
T08:073

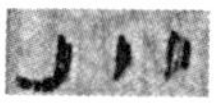
T09:081

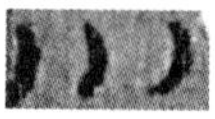
T09:206

T10:294

T23:917A

T24:261

T25:099

T30:140

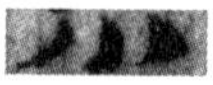
T31:001

T37:526

73EJD:310A

州 𡿧 1700

T06:135A

T23:878

泉 㽵 1701

T02:023

T04:084

T08:096

T09:062A

T09:104

T09:201

T10:075

T10:087

T14:002

T23:007A

T23:018

T23:257

T23:276

T23:277

T23:417

T23:506

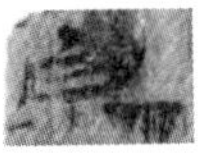
T23:847

T23:919A

T23:969

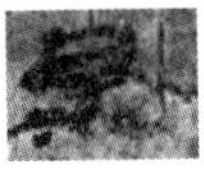
T23:979

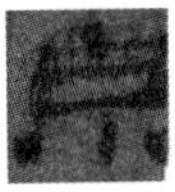
T24:030

T24:149

T24:330

T24:350

T24:366

T24:399

T24:747

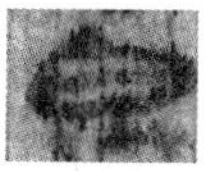
T24:814

T24:873A

T25:096

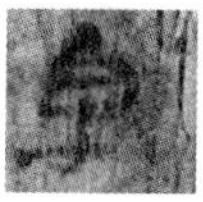
T25:106

T26:024

T28:008A

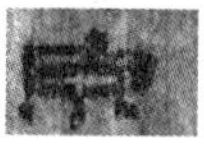
T29:022

T31:066

T32:075

T33:039

T35:003

T37:053

T37:272B

T37:382A

T37:525

T37:721

T37:722

T37:725

T37:1004

T37:1014

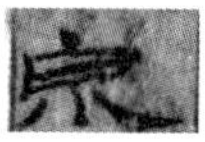
T37:1132

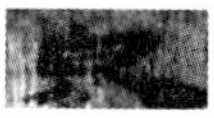
T37:1160

F01:084A

73EJF3:29

73EJF3:51

73EJF3:92

73EJF3:92

73EJF3:92

73EJF3:159B

灥

1702

73EJF3:169

73EJF3:178A

73EJF3:179B

73EJF3:387

73EJF3:390

73EJT4H:77A

73EJD:7

73EJD:33A

73EJD:43A

73EJC:315

73EJC:617

72ECC:11

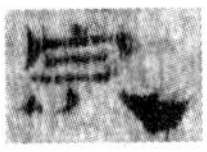
72EBS7C:1A

T03:055

T08:089A

T09:241

T10:307

T11:009

T24:021

T24:131

T24:273

T24:847

T37:1075A

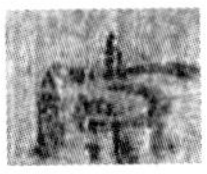
T37:1075A

T37:1075B

H01:068

H01:068

永

1703

H02:089
按：《說文》，「篆文，从泉」。

T03:006

T03:065

T03:109

T06:040

T06:076

T07:021

T07:098A

T08:036A

T11:028

T14:010

T21:019

T22:008

T23:001A

T23:066A

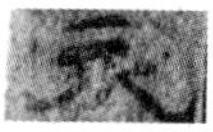
T23:094

T23:335

T23:678A

T23:804B

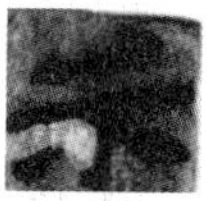
T24:023A

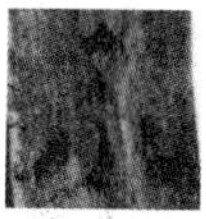
T24:612

T25:112

T33:040A

T37:178

T37:525

T37:526

T37:526

T37:761

T37:770A

T37:783B

T37:893
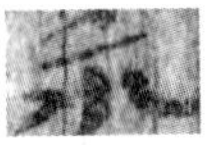
T37:1059

T37:1065A

T37:1303B

T37:1427

T37:1511
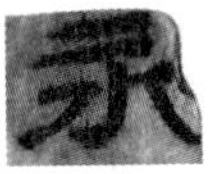
F01:009

73EJF3:20

73EJF3:165

73EJF3:167

73EJF3:184A

73EJF3:184B

73EJF3:349

73EJF3:363

73EJF3:413

73EJF3:423

73EJF3:572
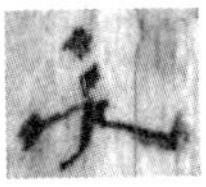
73EJD:49A

73EJD:154B

73EJC:402

谷

1704

T04:044B

T05:068A

T22:063

T23:531

T24:078

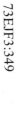

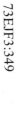

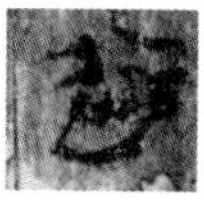
T24:770

T28:023

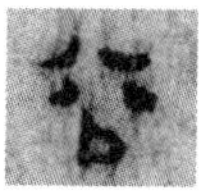
T28:054

T30:131

T30:189

T31:094

T31:114B

T33:004

T34:006A

T37:531

T37:916

73EJF3:295A

73EJF3:331

谿

1705

T37:460

凍

1706

T23:237A

72EJC:31

冬

1707

T01:217A

T23:237A

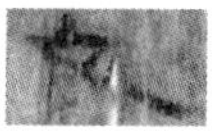
T32:040

F01:001

冶 1708

T09:224

雨 1709

T28:013A

T31:196

靁 1710

T03:088

䨮 1711

F01:001

73EJF3:457

霄 1712

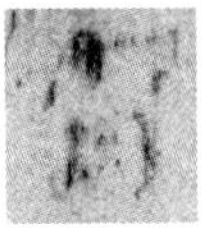
T31:164

屚 1713

T03:051

露

1714

T01:001

T05:068A

T07:165

T09:011

T09:029A

T09:034B

T09:036

T09:322A

T09:384

T10:120A

T10:121A

T10:313A

T10:315A

T10:377A

T10:378

T24:092A

T25:006

T25:086

T28:022

T28:034A

T28:055

T29:014

T29:097

T29:115A

T34:001A

T37:1063

H02:011

73EJC:680

霜

1715

F01:001

雲

1716

T07:159

T25:004

T33:066

T33:066

T34:008

T37:034

T37:706

T37:1066

T37:1217

T37:1401

T37:1500

T22:006

73EJC:291

按：《說文》，「古文省雨」。金關簡中「雲」「云」用法已分化。

魚

1717

T03:038A

T10:045

T10:363

T21:016

T21:131B

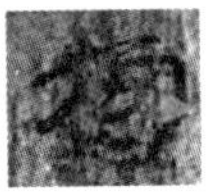

T23:888

T24:321

T27:009

T29:114A

T33:088

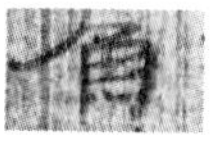
T37:726

F01:020A

F01:026

73EJF3:146

73EJF3:147

73EJT4H:89A

72EJC:31

72EJC:284

72ECC:7

按：或與「角」同形。

1718 鮮

T23:344

T29:114A

H02:048A

1719 鮑

T08:078

T33:088

按：所从「魚」訛同「角」。

1720 燕

T06:069

T24:038

1721 龍

T06:041A

T07:036

T11:001

T21:149

T23:775

T29:072

T31:069

T33:041A

T34:030

T37:418

T37:641

T37:1006

T37:1491

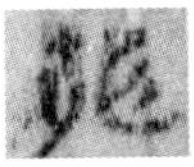
73EJF3:109

73EJF3:361

非

1722

T01:036

T04:116

T09:035

T23:897A

T24:558

T24:820

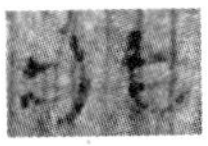
T26:174B

T37:527

F01:110

73EJD:332

72EJC:272B

73EJC:295

73EJC:295

靡

1723

T21:066

T23:412

T28:074

T28:107

T33:004

肩水金關漢簡字形編·卷十二上

孔

1724

T04:149

T05:069

T07:004

T09:056B

T09:143

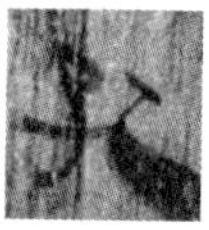

T21:130A

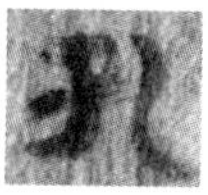

T21:444

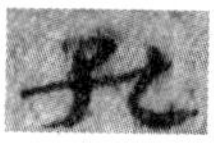

T22:006

T24:257

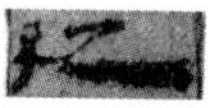

T24:556

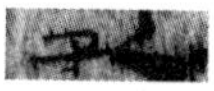

T30:039

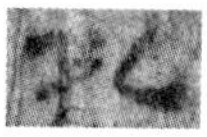

T31:123

T37:357

T37:622

T37:1114

73EJF3:384A

乳

1725

T11:005

T24:132

不

1726

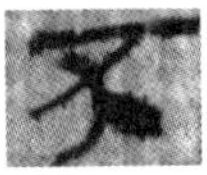
T01:001

T01:081

T01:114

T01:137

T01:149

T01:150

T01:175

T01:182

T02:016

T02:043

T02:099

T02:103

T03:092

T04:044A

T04:065

T04:110B

T04:110B

T05:015

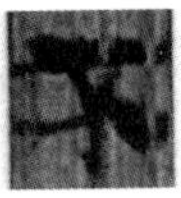
T05:067

T05:071

T05:122

T06:024

T06:035

T06:050

T06:067A

T06:125

T06:131

T06:180

T07:141

T07:150

T07:193B

T09:041

T09:045

T09:051

T09:058

T09:092B

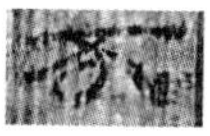
T09:102A

T09:103A

T09:126

T09:264A

T09:392

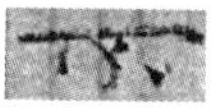
T10:118A

T10:208

T10:294

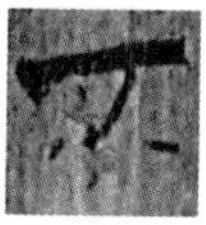
T10:372

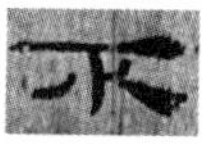
T10:409

T10:424

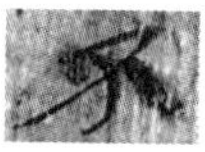
T10:486A

T11:005

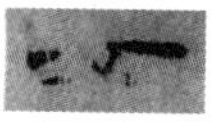
T11:005

T15:011A

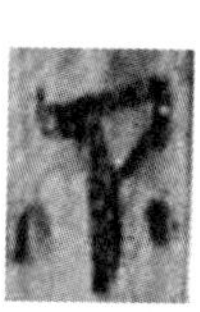
T15:024B

T21:011

T21:059

T21:059

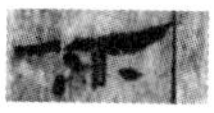
T21:073A

T21:095

T21:106

T21:176

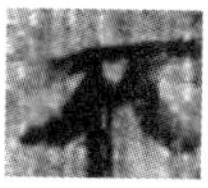
T21:177

T21:177

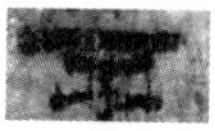
T21:212

T21:239

T21:270

T21:276

T21:345

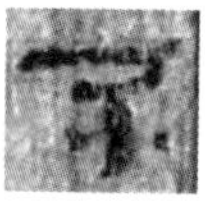
T21:374A

T21:374A

T22:032

T22:053

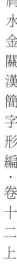

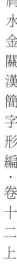

T22:065

T22:065

T22:087

T22:087

T22:120

T23:040A

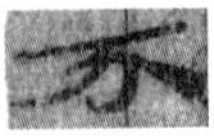
T23:040B

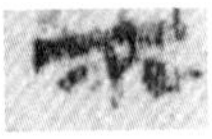
T23:219

T23:227

T23:237A

T23:237A

T23:238

T23:279A

T23:289

T23:289

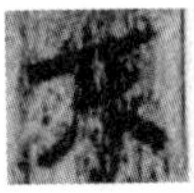
T23:291B

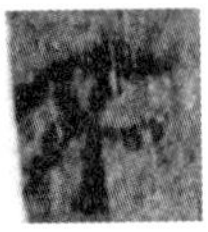
T23:302A

T23:302B

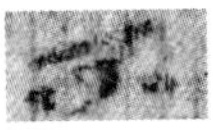
T23:330

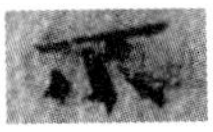
T23:359A

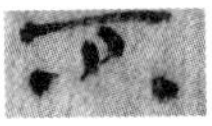
T23:360A

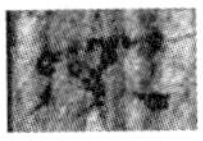
T23:361A

T23:363

T23:364A

T23:364B

T23:404A

T23:404A

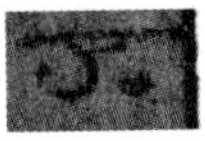
T23:404A

T23:405

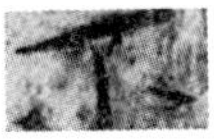
T23:446

T23:451

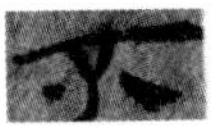
T23:499

T23:521

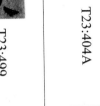

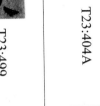

T23:566

T23:589

T23:604

T23:610B

T23:619

T23:620

T23:637A

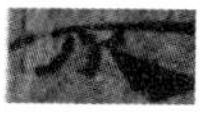
T23:658

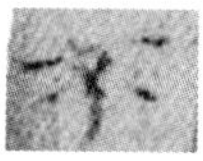
T23:674

T23:677

T23:677

T23:692

T23:731B

T23:765

T23:780

T23:782A

T23:825

T23:878

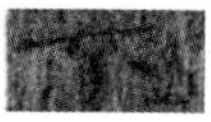
T23:888

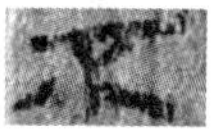
T23:896A

T23:896A

T23:896B

T23:896B

T23:913

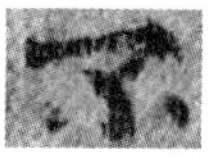
T23:919A

T23:920

T23:922

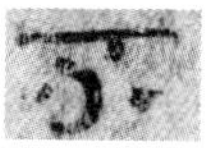
T23:954B

T23:955

T23:969

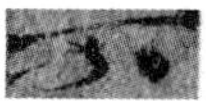
T23:994A

T24:010B

T24:011

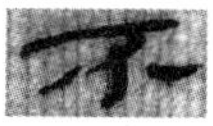
T24:015B

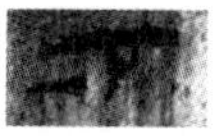
T24:029

T24:032

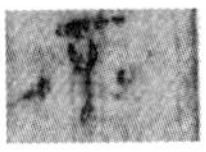
T24:058A

T24:081

T24:110
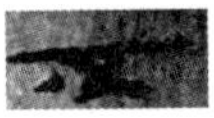
T24:134

T24:134

T24:142

T24:142

T24:198

T24:201B
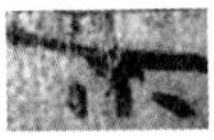
T24:245
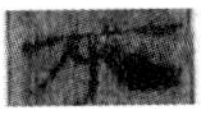
T24:275A

T24:277

T24:282

T24:318

T24:367A
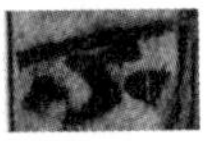
T24:402B

T24:417B

T24:455
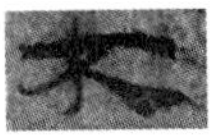
T24:521

T24:558
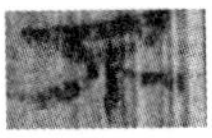
T24:563A
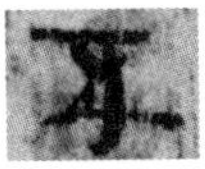
T24:724
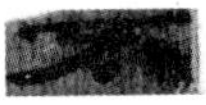
T24:739

T24:739

T24:739

T24:785
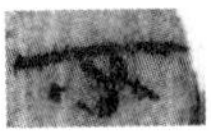
T24:829
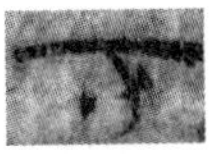
T24:829
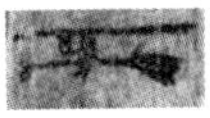
T24:845

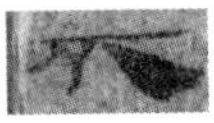
T24:845
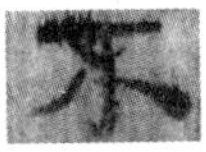
T24:885

T24:915

T24:955
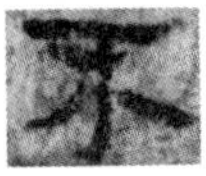
T24:990

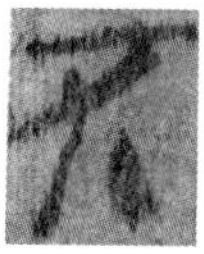
T25:230

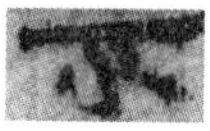
T26:056

T26:072

T26:082

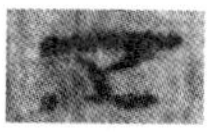
T26:088A

T26:177

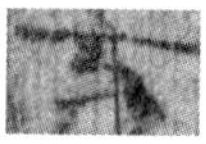
T26:177

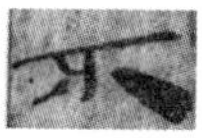
T26:192

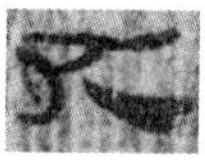
T26:200

T26:284

T27:021

T27:030

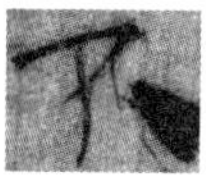
T27:101

T28:008A

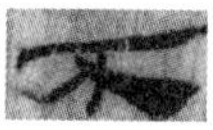
T28:008A

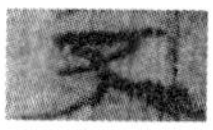
T28:013A

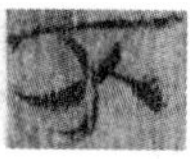
T28:026

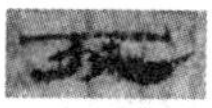
T28:030

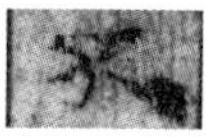
T28:037

T28:055

T29:096

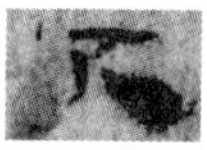
T29:098

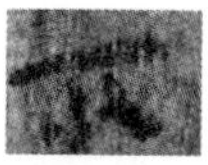
T29:114A

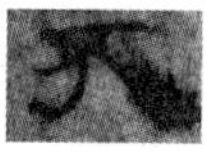
T29:115A

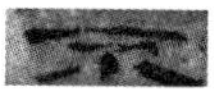
T30:003

T30:008

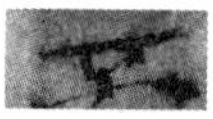
T30:012

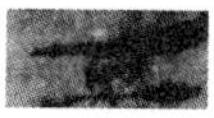
T30:012

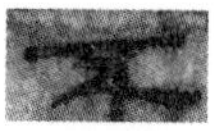
T30:013

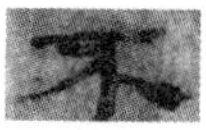
T30:013

T30:014

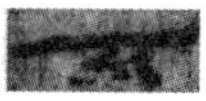
T30:025

T30:028A

T30:028A

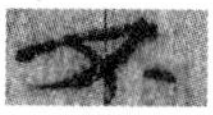
T30:028A

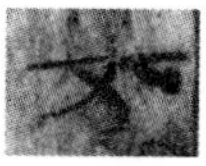
T30:041

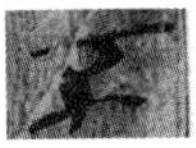
T30:081A

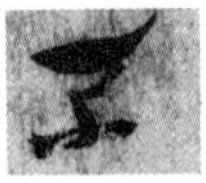
T30:081B

T30:118

T30:135

T30:139

T30:150

T30:186

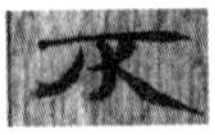
T30:190

T30:204

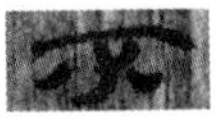
T30:204

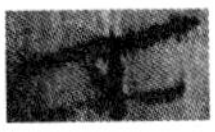
T30:213

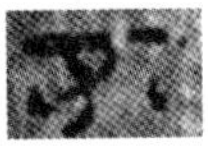
T30:214

T30:214

T30:215+217

T30:262

T30:263

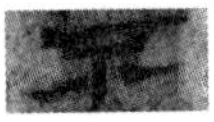
T30:263

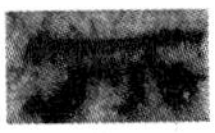
T30:267

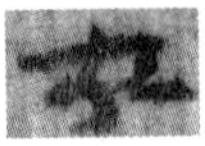
T31:027

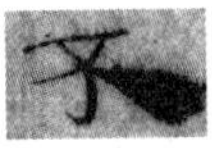
T31:069

T31:075

T31:075

T31:101A

T31:140

T32:019

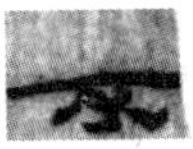
T33:028

T33:065A

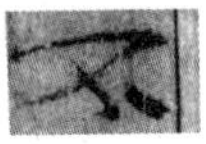
T33:065A

T33:066

T33:089

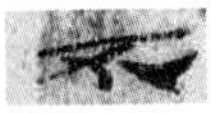
T34:024

T37:053

T37:054

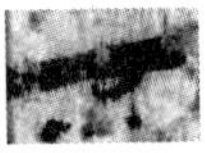
T37:087

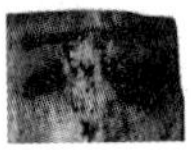
T37:124

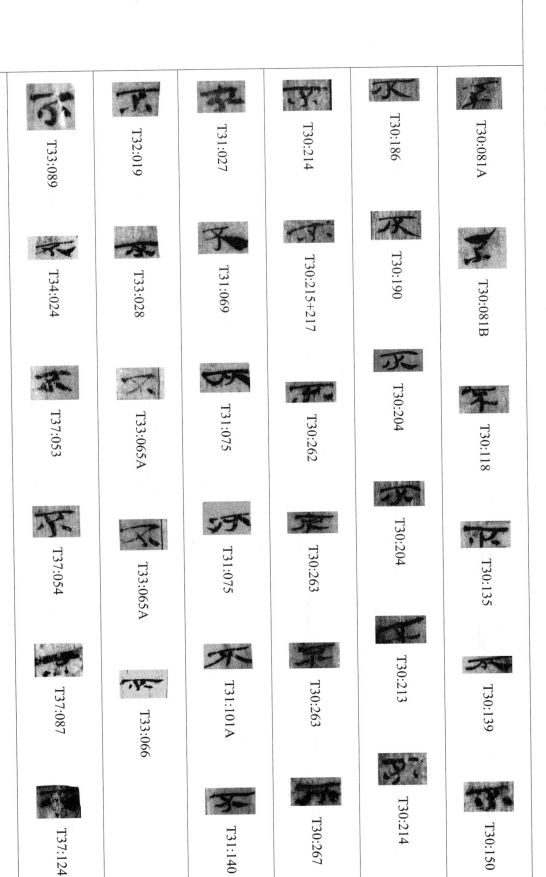

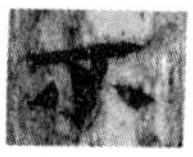
T37:124

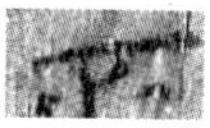
T37:279A

T37:470

T37:627

T37:659A

T37:708A

T37:708B

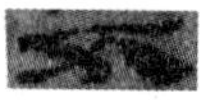
T37:766

T37:786B

T37:786B

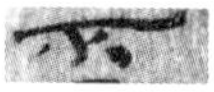
T37:833A

T37:847

T37:912

T37:960

T37:983

T37:992

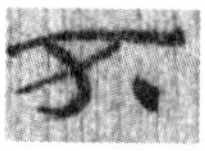
T37:1006

T37:1076A

T37:1220

T37:1224

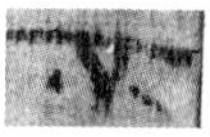
T37:1330

T37:1445

T37:1476

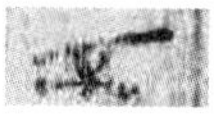
T37:1581

H01:033

H01:048

H02:019

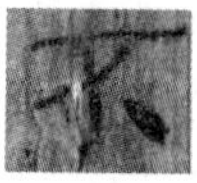
H02:042

H02:046

H02:048A

H02:048A

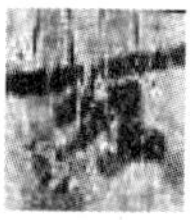
H02:048B

H02:101

F01:001

F01:002

F01:002
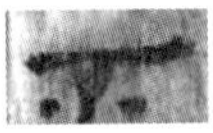
F01:010

F01:027

73EJF3:54

73EJF3:112

73EJF3:159A

73EJF3:161
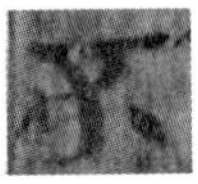
73EJF3:179B
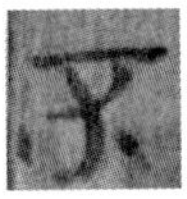
73EJF3:179B

73EJF3:179B

73EJF3:182A

73EJF3:183A
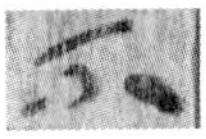
73EJF3:225

73EJF3:236

73EJF3:283

73EJF3:295A
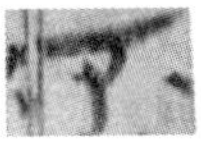
73EJF3:315B

73EJF3:316

73EJF3:352

73EJF3:353

73EJF3:392B

73EJF3:523

73EJF3:604A
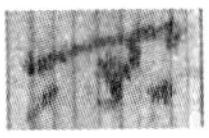
73EJF3:618

73EJD:16A
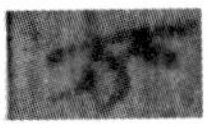
73EJD:26A

73EJD:49A
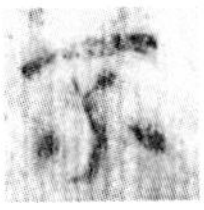
73EJD:88B

73EJD:124B

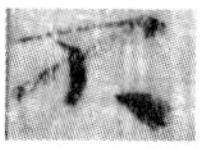
73EJD:135A

73EJD:156A

73EJD:156B

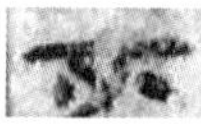
73EJD:187A

73EJD:188A

73EJD:202

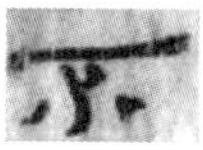
73EJD:203

73EJD:243

73EJD:260A

73EJD:265A

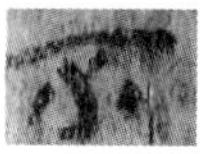
73EJD:265A

73EJD:288

73EJD:311B

73EJD:388

72EJC:131

72EJC:140

72EJC:179

72EJC:230

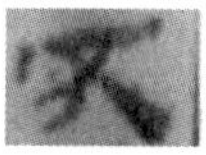
72EJC:281

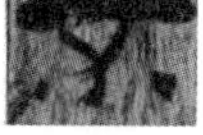
72EJC:288

73EJC:291

73EJC:300

73EJC:359

73EJC:413

73EJC:448A

73EJC:576

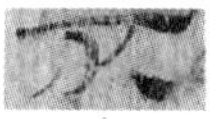
73EJC:593

73EJC:593

73EJC:599A

73EJC:611

73EJC:677

72ECC:1+2A

72ECC:15A

72ECC:75

72EBS7C:2A

至

1727

T01:001

T01:012

T01:085B

T01:123

T01:139

T03:102

T04:126

T07:102

T07:111

T07:139

T08:064

T09:010

T09:119

T09:125

T11:005

T21:059

T21:063A

T21:262

T21:268

T21:276

T23:227

T23:359A

T23:363

T23:378

T23:386

T23:404A

T23:509

T23:564

T23:592

T23:747

T23:919A

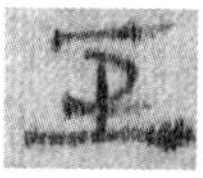
T23:947A

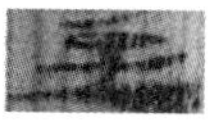
T23:970

T24:019

T24:065A

T24:073A

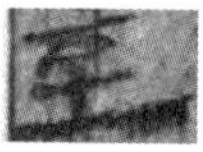
T24:136A

T24:265

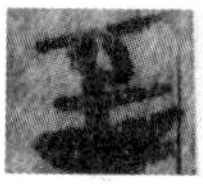
T24:402B

T24:446

T24:790

T24:795

T25:009

T26:016

T27:024

T30:028A

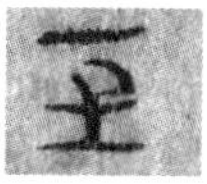
T30:028A

T30:037

T30:168

T30:179

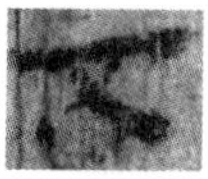
T31:035

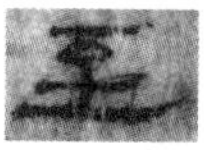
T31:139

T31:139

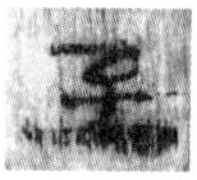
T33:062

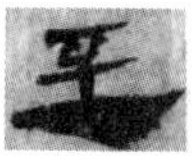
T34:021

T37:085

T37:087

T37:119

T37:173

T37:175

T37:310

T37:523A

T37:708A

T37:860

T37:1367A

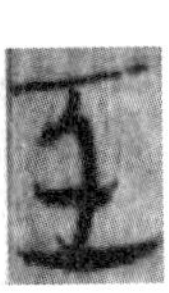
T37:1452

T37:1588

H01:073A

H02:027

F01:027

F01:031

73EJF3:124B

73EJF3:417

73EJF3:523

73EJD:24

73EJD:39A

73EJD:39B

73EJD:203

73EJD:243

73EJD:331

72EJC:146

72EJC:230

73EJC:296

73EJC:300

73EJC:599A

到

1728

T01:001

T01:002

T02:022

T03:112

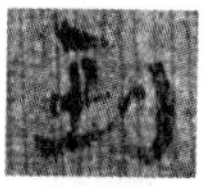

T04:110B

T04:110B

T05:068A

T05:076

T06:014B

T06:140

T07:003

T07:020

T07:022A

T07:025

T07:089A

T07:112

T07:181

T08:051A

T09:008

T09:102A

T09:198

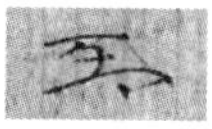

T10:217

T10:238

T14:033A

T21:038A

T21:042A

T21:043A

T21:047

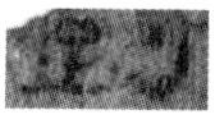

T21:068

T21:102A

T21:103

T21:114

T21:131A

T21:137

T21:302

T21:356

T21:406

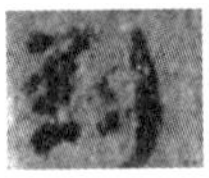
T23:043

T23:064

T23:200:②

T23:227

T23:277

T23:301

T23:360B

T23:378

T23:425

T23:620

T23:643

T23:797B

T23:865B

T23:877A

T23:886

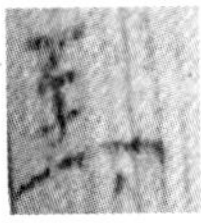
T23:891A

T23:907A

T24:024A

T24:032

T24:065A

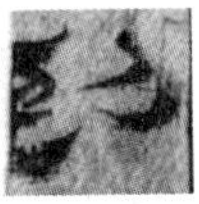
T24:118

T24:141

T24:525

T24:616A

T24:839

T28:026

T28:054

T28:058

T28:126

T29:098

T30:026

T31:035

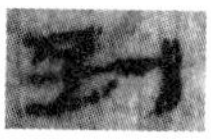
T31:064

T31:092A

T32:003

T32:039

T33:010

T34:001A

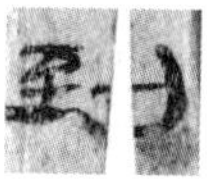
T37:049B

T37:061A

T37:085

T37:088A

T37:294A

T37:522A

T37:549

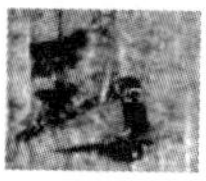
T37:705

T37:727A

T37:743

T37:771

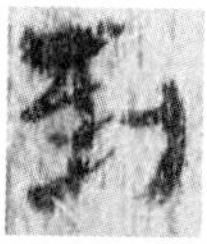
T37:783A

T37:786A

T37:788A

T37:800A

T37:828A

T37:851A

T37:964

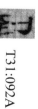

T37:1032A

T37:1061A

T37:1162A

T37:1311

T37:1407

T37:1409

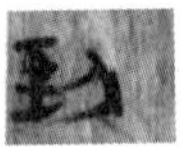
T37:1438

T37:1502A

T37:1519

T37:1533B

T37:1535B

H01:013

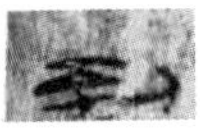
H02:019

H02:086

F01:010

F01:027

F01:027

73EJF3:117A

73EJF3:123A

73EJF3:125A

73EJF3:153

73EJF3:155A

73EJF3:157

73EJF3:160

73EJF3:171

73EJF3:184A

73EJF3:320

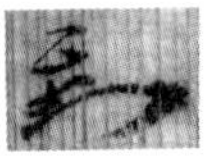
73EJF3:325

73EJF3:432

73EJF3:618

73EJD:19A

73EJD:30

73EJD:36A

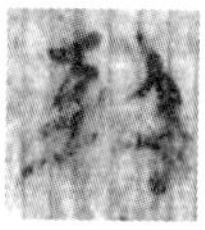
73EJD:42

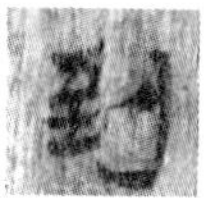
73EJD:43A

73EJD:260A

73EJD:270

73EJD:334

72EJC:2A

72EJC:140

72EJC:140

臺

1729

T07:038

T24:261

西

1730

T01:114

T01:127A

T02:086

T04:015

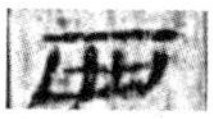
T08:033

T08:040

T09:028

T09:045

T09:114

T09:150

T09:204

T10:120A

 T10:120B	 T10:294	 T10:309	 T10:313A	 T10:315A	 T14:015
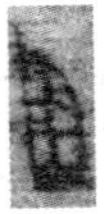 T21:021	 T21:099	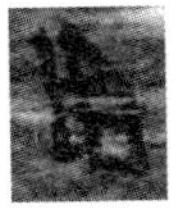 T21:108	 T21:175A	 T23:307	 T23:352
 T23:490	 T23:592	 T23:765	 T23:917A	 T23:931	
 T23:969	 T23:991	 T24:021	 T24:186	 T24:262	 T24:264A
 T25:007A	 T25:162	 T25:164	 T26:075	 T28:046A	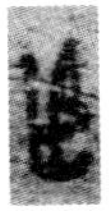 T28:047
 T29:028A	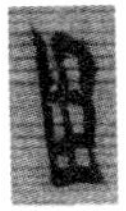 T30:048	 T30:263	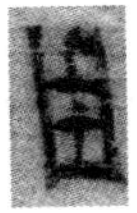 T32:060	 T33:039	 T33:091

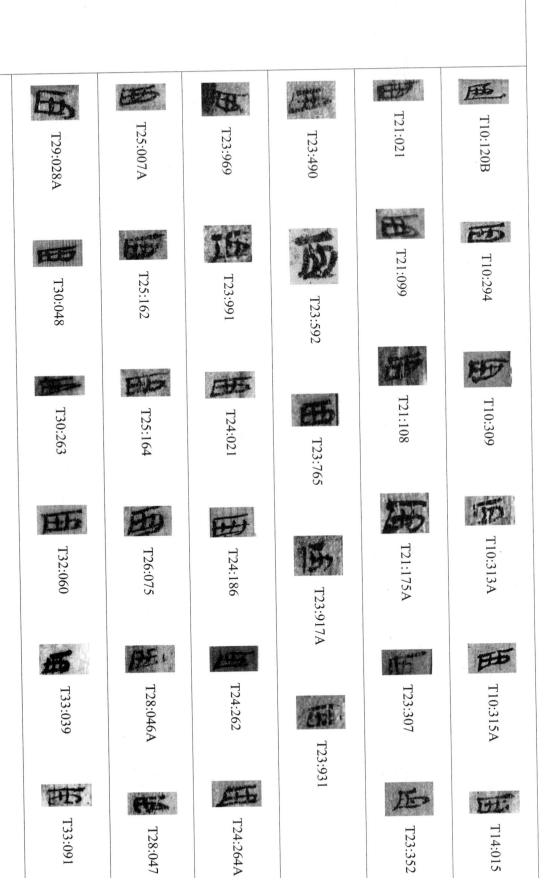

T37:014

T37:055

T37:059

T37:078

T37:115

T37:116

T37:279A

T37:521

T37:522A

T37:524

T37:524

T37:527

T37:530

T37:617

T37:876A

T37:931

T37:1101

T37:1155

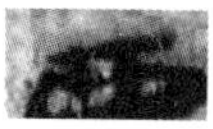
T37:1160

T37:1453

H01:014

73EJF2:4

73EJF3:101

73EJF3:149

73EJF3:184A

73EJF3:265

73EJF3:271

73EJF3:348A

73EJF3:402

73EJF3:409

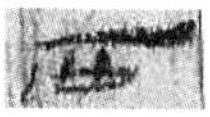
72EJC:15A

72EJC:143

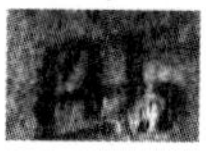
72EJC:163

72EJC:182

73EJC:316A

73EJC:447B

鹵 1731

T33:015

72EJC:43+52

鹽 1732

T01:023

T08:029

T21:007

T23:119

T24:007

T26:070

T27:073A

T28:109

T30:105

73EJF3:418

73EJT4H:76

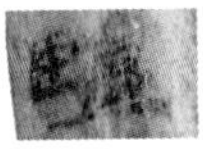
73EJD:319C

73EJC:603

戶 1733

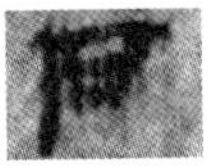
T01:001

T04:197

T09:035

T10:221A

T21:060A

T21:124

房

1734

T21:191

T22:017

T23:780

T24:268B　按：《說文》，「古文戶。从木」。

T33:039

T37:238

T37:857A

T37:968A

T37:1047A

T37:1451A

T37:1491

T37:1549

T37:1557

73EJF3:523

72EBS7C:4

T01:079

T06:021

T06:021

T07:025

T10:278

T11:015

T21:042A

T21:059

T21:059

T21:065

T21:065

T21:065

T21:103

T23:134A

T23:655

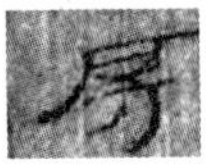
T24:384B

T24:795

T24:828

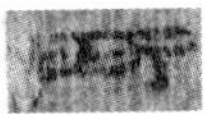
T24:852

T24:984

T26:276

T31:016B

T31:092A

T37:1101

T37:1491

73EJF3:157

73EJF3:159A

73EJF3:361

73EJC:592B

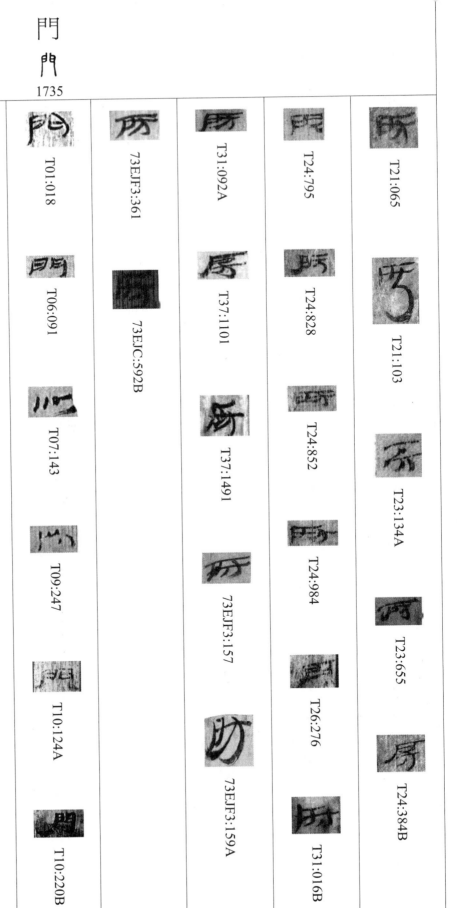

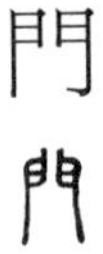
1735

T01:018

T06:091

T07:143

T09:247

T10:124A

T10:220B

T21:136

T21:288

T23:481B

T23:501

T23:503

T23:616

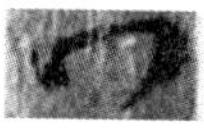
T23:726

T23:764

T23:879
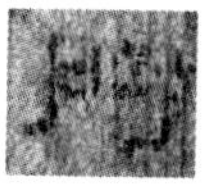
T23:879
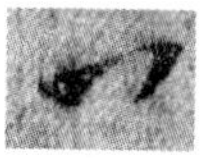
T23:897B

T23:925

T23:963

T23:969

T24:025
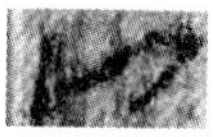
T24:417A

T24:523

T26:177

T27:049
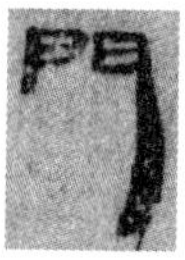
T28:002
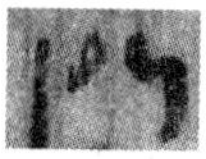
T30:011

T30:028A

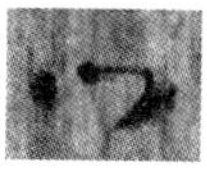
T30:070

T37:053

T37:420
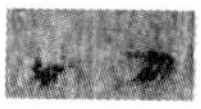
T37:1066
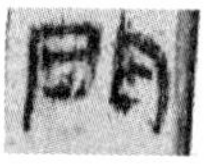
T37:1216
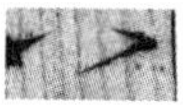
T37:1375A

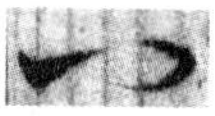
T37:1375A

T37:1416

H01:017

73EJF3:181

73EJF3:183B

73EJF3:382A

73EJF3:422

73EJT4H:73

73EJD:27

73EJD:246

門

73EJD:360

73EJC:371

73EJC:371

73EJC:529A

73EJC:607

1736 閎

T24:016

1737 閣

73EJD:308

1738 闔

F01:055

1739 閈

T02:005

1740 閭

T08:016

T08:089A

T11:011

T21:126

T24:740

T29:118B

T30:102

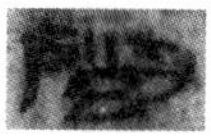
T30:267

T37:178

T37:761

T37:992

閻 𨳿 1741

T01:084

T07:006

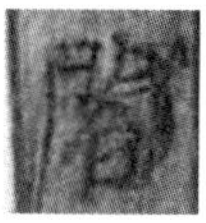
T24:321

T37:151

73EJD:42

開 開 1742

T10:221A

T23:238

T23:250

T23:731B

T37:238

閣 閣 1743

T04:124

T04:133

T04:135

T21:206A

T37:1151A

T37:1151A

T37:1151A

T37:1460

閒

1744

T01:001

T01:001

T10:221A

T10:367A

T21:413

T23:146

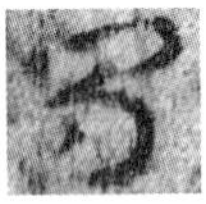
T23:330

T23:848A

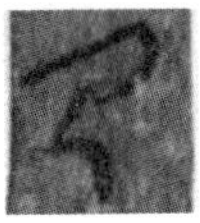
T23:894A

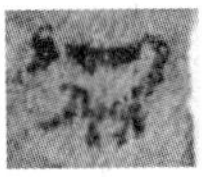
T23:919A

T24:065A

T24:277

T37:571

72EJC:245A

73EJC:419

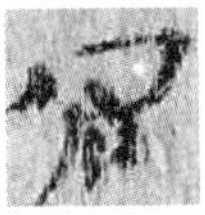
73EJC:599A

72ECC:7

闌

1745

T01:178A

T04:148

T06:042

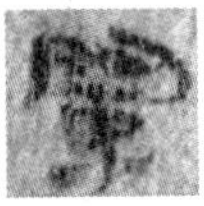
T22:111A

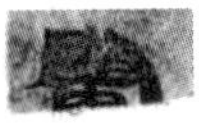
T23:531

T23:964

T23:965

T25:107

T30:264

T31:147

T34:043

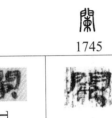

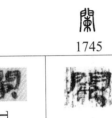

T37:1077

H02:048B

73EJF3:94

73EJD:48

73EJC:299

閉

1746

T23:238

關

1747

T01:018

T01:018

T01:022A

T01:029

T01:034

T01:066

T01:094

T01:144

T02:082A

T02:083

T03:002

T03:005

T03:006

T03:009

T03:010

T03:011A

T03:036

T03:047A

T03:047B

T03:055

T03:078

T03:114

T03:114

T04:050

T04:058

T04:089

T04:101

T05:068A

T06:004

T06:006

T06:007

T06:009

T06:010

T06:011

T06:017

T06:076

T06:081A

T06:091

T06:115B

T06:129

T06:180

T07:022A

T07:071A

T08:008

T08:031

T08:036B

T08:051A

T08:055A

T09:010

T09:011
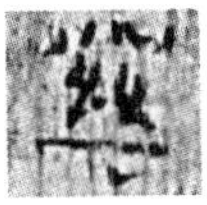
T09:035

T09:215A
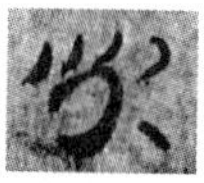
T10:032

T10:064

T10:064

T10:115A

T10:121A

T10:140

T10:143

T10:144
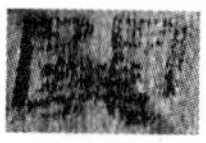
T10:145

T10:163A

T10:185

T10:221A

T10:313A

T10:406

T11:018

T14:014

T14:035
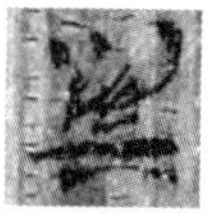
T15:007

T15:007

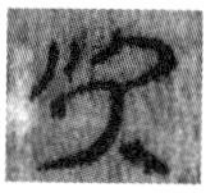
T15:013

T15:015

T15:018

T21:019

T21:041

T21:101

T21:104

T21:124

T21:136

T21:136

T21:160

T22:028

T22:099

T22:099

T22:146

T22:150

T23:015A

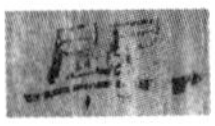
T23:052

T23:066A

T23:079A

T23:110

T23:124

T23:134A

T23:290

T23:314

T23:327

T23:328

T23:335

T23:340

T23:353

T23:586

T23:617

T23:621

T23:629A

T23:647

T23:647

T23:655

T23:668

T23:752A

T23:761

T23:853

T23:856

T23:880A
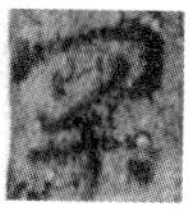
T23:883

T23:890

T23:897A
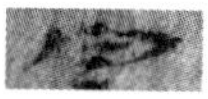
T23:922

T23:929

T23:951A

T24:009A

T24:019

T24:025

T24:037

T24:078

T24:079

T24:118

T24:138

T24:240A

T24:269A

T24:382A
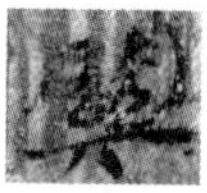
T24:413

T24:516A

T24:714

T24:790

T24:801

T24:862

T25:186

T25:211
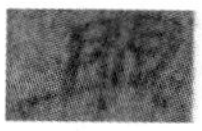
T26:011

T26:016

T26:016

T26:027

T26:047

T26:081

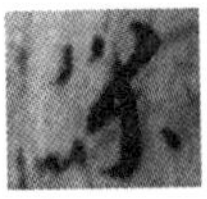
T26:087

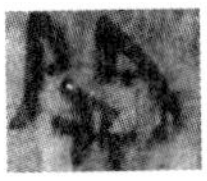
T26:124

T28:009B

T28:028

T28:074

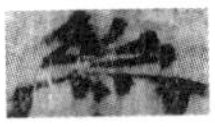
T29:028A

T29:107

T30:016

T30:041

T30:057B

T30:076

T30:179

T30:179

T30:179

T30:180

T30:240

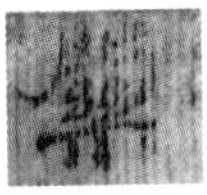
T31:054A

T31:062

T31:066

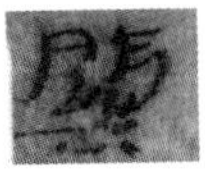
T31:069

T31:148

T32:041

T33:026

T33:028

T33:039

T33:071A

T33:073

T34:006A

T34:011

T34:044

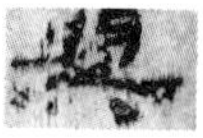
T35:001

T35:002

T35:009A

T37:005

T37:007

T37:023A

T37:029

T37:061A

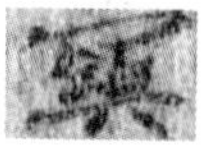
T37:067

T37:134

T37:204

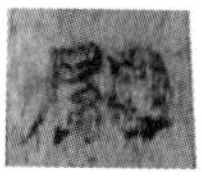
T37:303

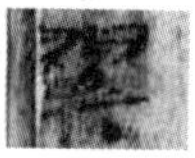
T37:422

T37:451

T37:519A

T37:519A

T37:520A

T37:521

T37:521

T37:522A

T37:524

T37:525

T37:526

T37:529

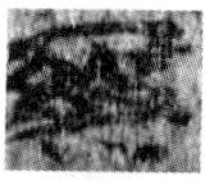
T37:530

T37:531

T37:540

T37:573

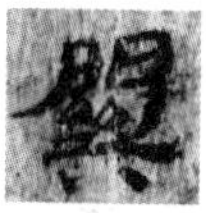
T37:638

T37:678

T37:678

T37:690
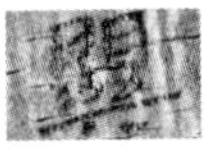
T37:690

T37:692

T37:693

T37:707A
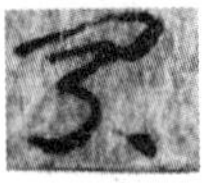
T37:707A

T37:714

T37:716A
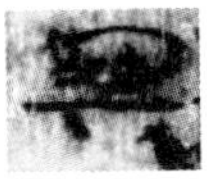
T37:720

T37:738A

T37:738A

T37:749A

T37:760

T37:764
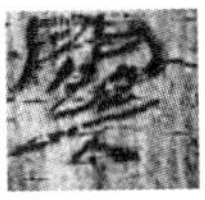
T37:773

T37:778

T37:780

T37:782

T37:783A

T37:788B

T37:803A

T37:835A

T37:877

T37:907

T37:909

T37:913A

T37:913A

T37:916

T37:962A

T37:975

T37:975

T37:1009

T37:1013

T37:1013

T37:1020A

T37:1054

T37:1055

T37:1061A

T37:1067A

T37:1070

T37:1092
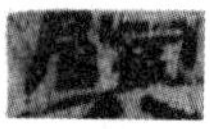
T37:1105

T37:1133

T37:1134

T37:1172

T37:1176

T37:1191A

T37:1233A

T37:1296

T37:1310

T37:1310

T37:1342

T37:1374

T37:1375A

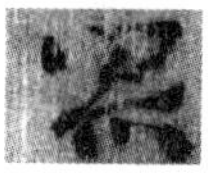
T37:1402

T37:1410

T37:1441A

T37:1441A

T37:1472

T37:1491

T37:1499A

T37:1500

T37:1501

T37:1502A

T37:1503A

T37:1513

T37:1518

T37:1519

T37:1534

T37:1557

H01:011

H01:050

F01:015

F01:027

F01:031

F01:031

F01:076

F01:081

F01:089

F01:122

73EJF2:46A

73EJF3:39A

73EJF3:63

73EJF3:116A

73EJF3:117A

73EJF3:117A

73EJF3:118A

73EJF3:120A

73EJF3:120A

73EJF3:125A

73EJF3:153

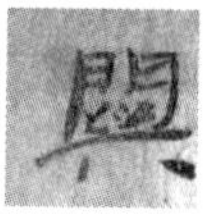
73EJF3:153

73EJF3:155A

73EJF3:182A

73EJF3:183B

73EJF3:184A

73EJF3:293

73EJF3:294

73EJF3:310

73EJF3:327

73EJF3:327

73EJF3:328A

73EJF3:378

73EJF3:379

73EJF3:422

73EJF3:436A

73EJF3:451

73EJF3:561A

73EJF3:608B

73EJF3:621B

73EJD:36A

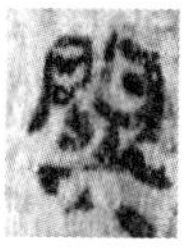
73EJD:37A

73EJD:40A

73EJD:42

73EJD:43A

73EJD:64

73EJD:290

73EJD:291

73EJD:292

73EJD:298

73EJD:307B

73EJD:307B

73EJD:333
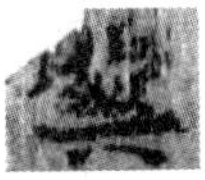
73EJD:334

73EJD:366

72EJC:1

72EJC:2A

72EJC:7

72EJC:23

72EJC:24

72EJC:59

72EJC:113

72EJC:184

72EJC:235B

72EJC:242

72EJC:243

72EJC:244A
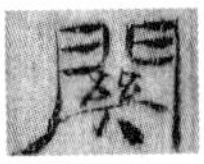
72EJC:245A
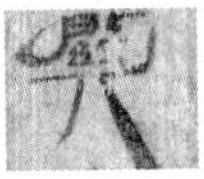
72EJC:245A

72EJC:289

73EJC:292

73EJC:299

73EJC:316A

73EJC:445A

閱
閱
1748

73EJC:446A

73EJC:449

73EJC:518

73EJC:519

73EJC:529A

73EJC:537

73EJC:589

73EJC:590

73EJC:595A

73EJC:598

73EJC:599A

73EJC:605

73EJC:665

72EBS7C:1A

72EBS9C:2A

T28:063A

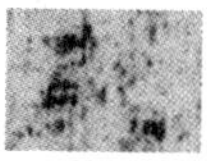
T28:063B

闊
闊
1749

73EJF3:333A

閔 1750

T10:220B

T37:1512

F01:001

關 1751

T04:189

T26:056

T30:165

H01:025

73EJF3:3

73EJF3:415+33

73EJF3:47

73EJC:594

耳 1752

T15:024B

T23:040B

T24:334A

T24:768

T33:028

H01:028

H02:048A

H02:048B

73EJD:37A

耿 1753

T01:171

T01:256

T07:014

T29:109
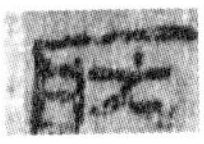
T37:099

T37:562

T37:630

73EJF3:321

72EJC:154

73EJC:424

聊 1754

T09:049

T09:132

T14:001

T25:111

T37:1505

聖 1755

T03:095

T07:134

T10:265

T23:382

T23:948

T24:041

T24:706

T25:062

T30:080B

T31:047

T37:521

T37:1188

T37:1582

73EJD:235

聽 1756

T06:180

T09:073

T23:910

T23:996B

T24:521

73EJD:332

職

1757

T07:141

T15:002

T23:360A

T23:386

T23:564

T23:674

T23:831

T23:896B

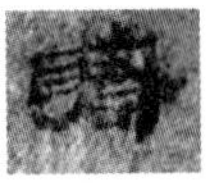
T23:913

T24:187

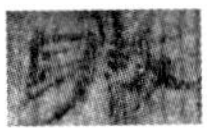
T26:174B

T31:168

T37:109

T37:1198

F01:002

72EJC:146

聲

1758

73EJD:40B

聞

1759

T01:002

T04:119

T05:034

T11:005

T21:047

T21:058

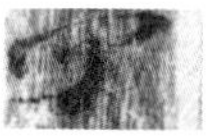
T22:011C

T23:481B

T23:708B

T23:918B

T23:919A

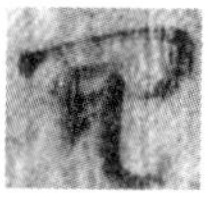
T23:995A

T24:073A

T24:077

T24:722

T33:001

T37:776A

H01:031A

H02:047B

F01:010

73EJF3:35

73EJF3:165

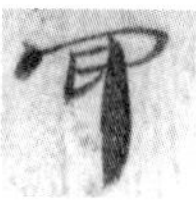
73EJF3:183A

73EJF3:298

73EJT4H:37

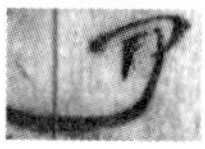
73EJD:49A

73EJD:187A

73EJD:256

聑

1760

T23:350

T23:414

T23:419

T23:668

T23:703

T23:878

T24:007

T24:007

T24:031B

T24:197

T24:355A

73EJF3:43 按：均「居攝」之「攝」省。

聶

1761

T24:052

T24:138

耶
1762

T09:088

T24:077

T37:659B

匠

1763

T01:001

T03:034

T10:099

T23:488 按：《說文》，「篆文从匠」。

手

1764

T26:095

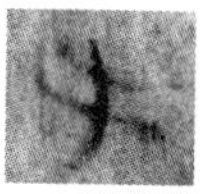

T32:051

T37:643

掌

1765

T09:204

73EJF3:101

73EJF3:106

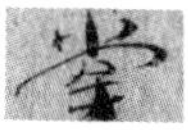

73EJF3:107

73EJF3:192

73EJF3:269+597

73EJF3:343

73EJF3:405

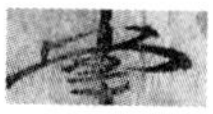

73EJF3:463

指

1766

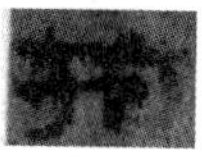

T24:211

捧

1767

T01:096

T04:067

T04:068

T04:108B

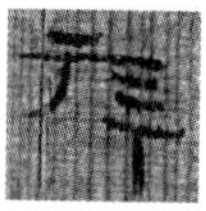

T04:110A

T05:013

T05:095B

T06:044A

T06:178

T07:204

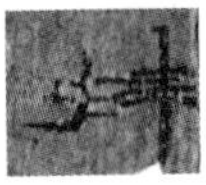
T08:026B

T08:085

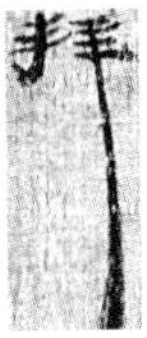
T09:061A

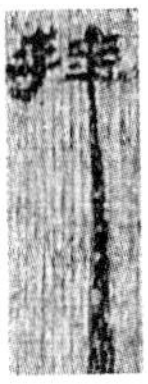
T09:061B

T09:202A

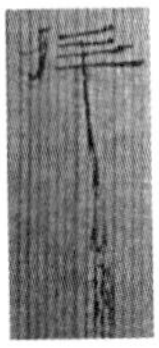
T09:317B

T09:319A

T10:353

T10:399

T10:404

T14:037

T15:001A

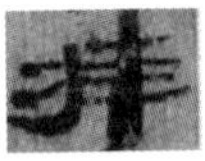
T15:001B

T23:073A

T23:279A

T23:388

T23:557

T23:745

T23:784

T23:784

T24:077

T24:190B

T24:193

T24:201A

T24:512A

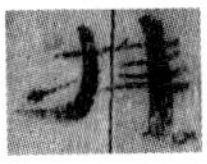
T24:996

T29:025A

T29:065A

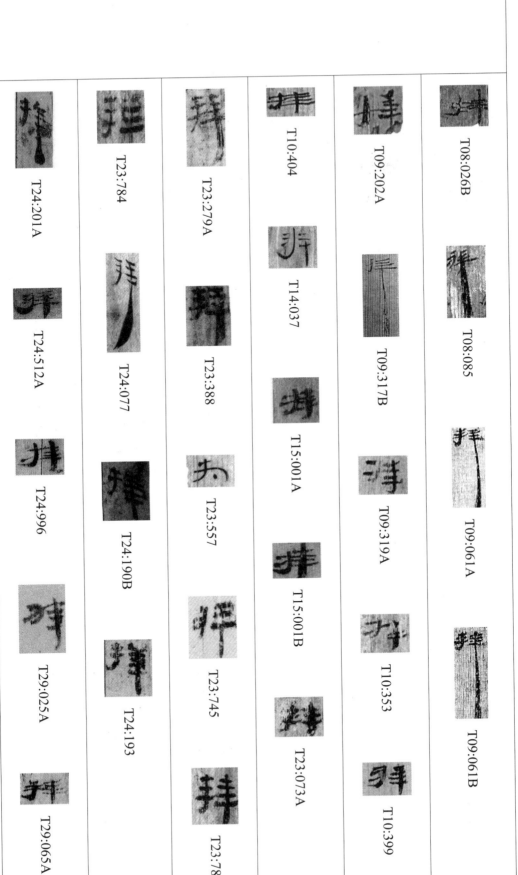

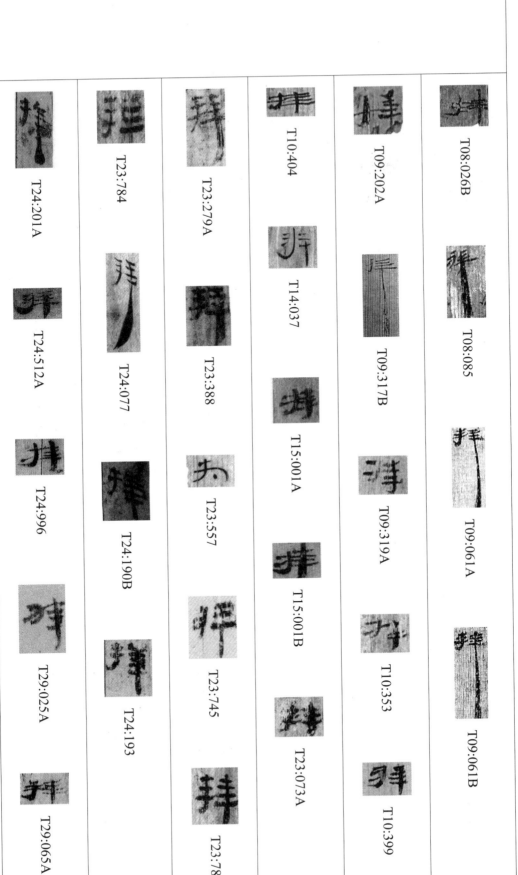

揞

1768

T29:114A

T29:114B

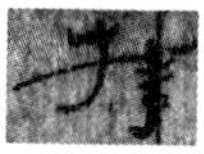
T30:028A

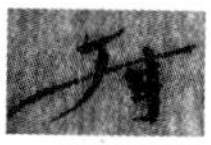
T30:028A

T30:028A

T30:086

T30:109

T30:114

T30:114

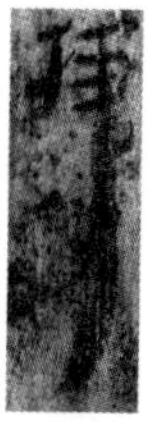
T30:245

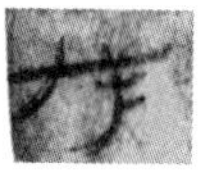
T33:010

H01:060

H02:043A

H02:044

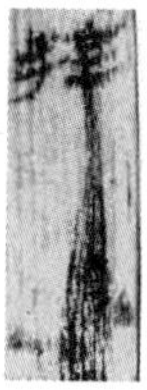
H02:047B

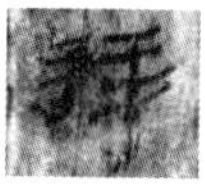
H02:056A

H02:056B

73EJF3:183B

73EJF3:390

73EJF3:392B

73EJD:28A

72EJC:272A

T09:227

推

1769

T01:002

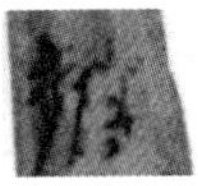
T23:875

T24:924

T30:028A

73EJF3:54

抵

1770

T07:024

扶

1771

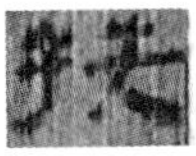
T05:066

T09:156

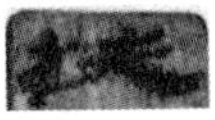
T22:098

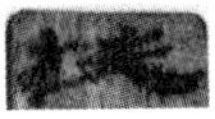
T28:036

T28:061

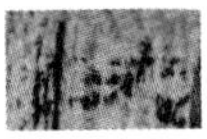
T29:040

T37:670

T37:741

73EJF3:57A

持

1772

T05:064

T09:062A

T10:327A

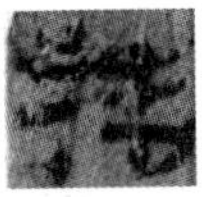
T11:017

T21:131B

T22:036B

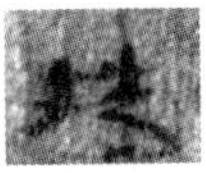
T22:060

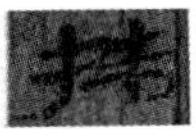
T23:019B

T23:295

T23:364B

T23:637A

T23:765
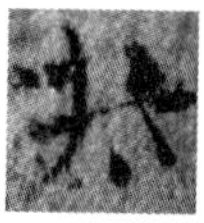
T23:919A

T23:919A

T23:954B

T24:024A

T24:118

T24:268B

T24:533A

T25:015A

T25:047
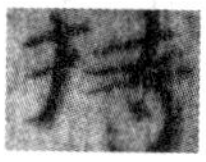
T27:006

T30:070

T30:079

T37:103

T37:1151A

T37:1151A

T37:1151B

F01:025

73EJF3:184A

73EJF3:417

73EJF3:512
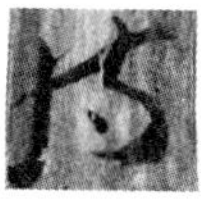
73EJF3:584
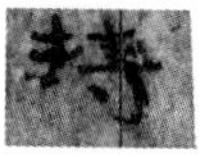
73EJD:2

73EJD:26A

73EJD:42

73EJD:156A

72ECC:7

72ECC:16

挈 1773

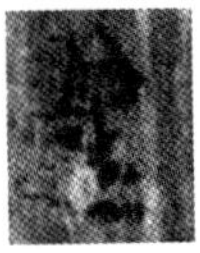
T26:107A

據 1774

T21:024

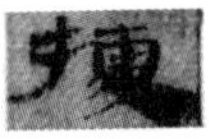
T23:975

T37:1134

攝 1775

T08:051A

T23:347

T23:372

T23:561

T23:667

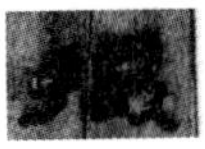
T23:762A

T24:153

把 1776

T21:046

攜 1777

73EJF3:382B

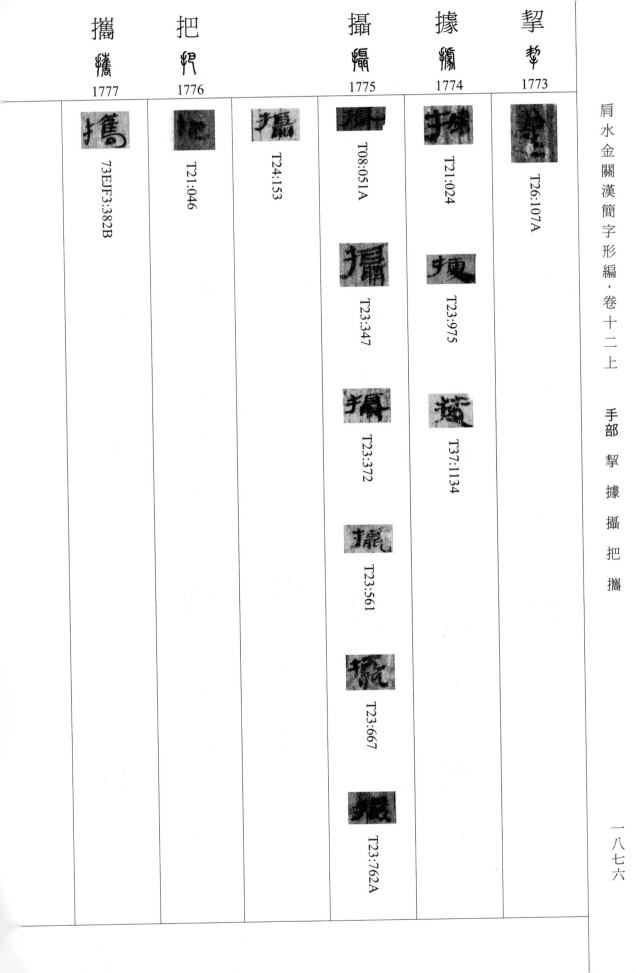

提

1778

T26:177

掾

1779

T01:002

T01:027

T03:012

T03:055

T03:078

T04:056

T04:147

T05:076

T05:104

T05:112

T06:023B

T06:071A

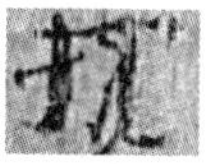
T06:080
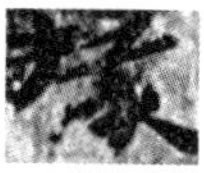
T07:014
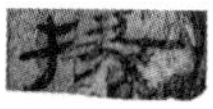
T08:051A

T08:051B

T08:087

T09:005

T09:092A

T09:104

T09:175A

T09:232A

T09:273

T10:120A

T10:214

T10:266

T10:303

T21:179

手部 掾

T21:236

T21:416

T21:423

T23:022

T23:060

T23:134A

T23:288

T23:301

T23:616

T23:651A

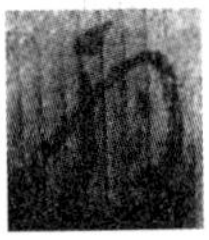
T23:731A

T23:788A

T23:892

T23:929

T24:008B

T24:015A

T24:113B

T24:141

T24:250

T24:264A

T24:266A

T24:304

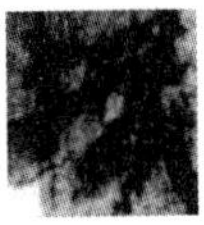
T24:355B

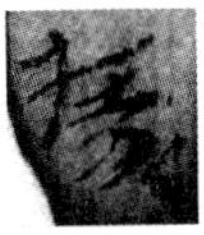
T24:410

T24:868

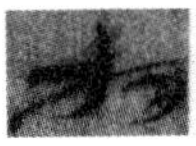
T30:174A

T30:205

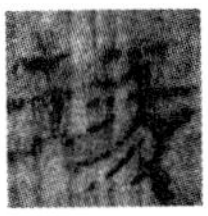
T31:012

T31:062

T31:064

T31:155

T31:162A

T32:070

T33:039

T33:040A

T33:047

T33:077

T34:006A

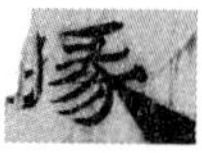
T34:041

T35:003

T35:007

T37:007

T37:011

T37:018

T37:033

T37:055

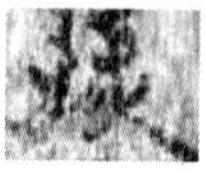
T37:061A

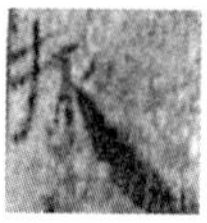
T37:089

T37:169A

T37:234

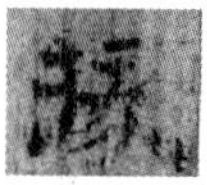
T37:338

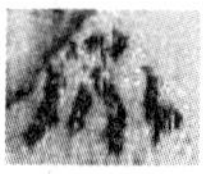
T37:404

T37:450

T37:519A

T37:521

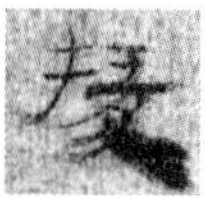
T37:523A

T37:524

T37:527

T37:654B

T37:674

T37:678

T37:692

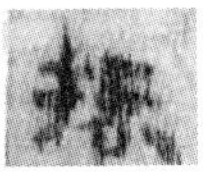
T37:733

T37:743

T37:752A

T37:778

T37:780

T37:780

T37:792

T37:836A

T37:906

T37:976

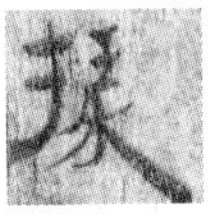
T37:1070

T37:1076A

T37:1094A

T37:1095A

T37:1176

T37:1177

T37:1188

T37:1196

T37:1210

T37:1270

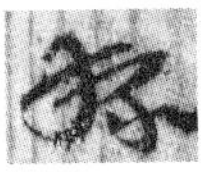
T37:1375A

T37:1402

T37:1436

T37:1491

T37:1499A

T37:1501

T37:1584

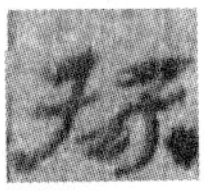
H02:005A

F01:020A

F01:022

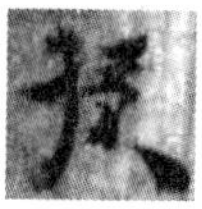
F01:082

73EJF2:7

73EJF3:1

73EJF3:118A

73EJF3:122

73EJF3:150B

73EJF3:163

73EJF3:169

73EJF3:180B

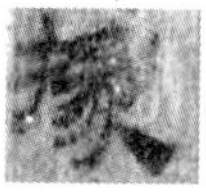
73EJF3:184B

73EJF3:315A

73EJF3:328B

73EJF3:350

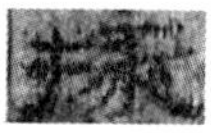
73EJF3:508

73EJF3:510B

73EJF3:526

73EJF3:541

73EJF3:548

73EJD:19A

73EJD:22

73EJD:33A

73EJD:45

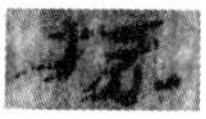
73EJD:64

73EJD:79B

73EJD:229

73EJD:244

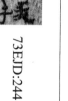

73EJD:260B

73EJD:307B

73EJD:384

72EJC:65

72EJC:235A

73EJC:435

73EJC:446B

73EJC:522

72ECC:36

72EBS7C:2B

擇

1780

T02:018

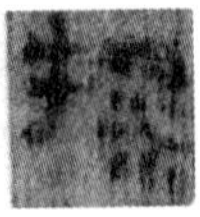
T22:055

T30:164

揤

1781

T21:438

捊

1782

T23:153

T26:263

按：《說文》，「捊或从包」。

授

1783

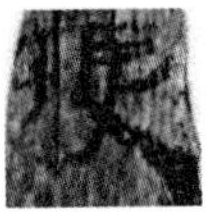
T09:227

T24:723

承

1784

T03:050

T07:039

T07:040

T09:114

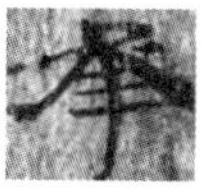
T21:066

T23:145

T24:023A

T24:040

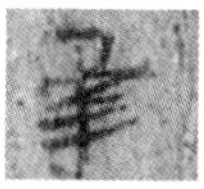
T24:561

T24:565

T24:716

T30:068

T30:205

T30:214

T31:064

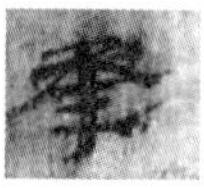
T37:018

T37:531

T37:751

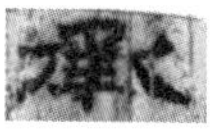
T37:1543

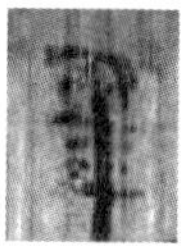
H01:040

H02:077

F01:015

F01:034

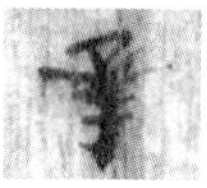
73EJD:140

73EJD:309A

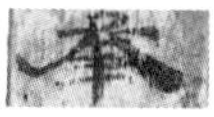
73EJD:309B

73EJC:306

73EJC:604

接

1785

T03:022A

73EJF3:268

撫

1786

T31:061A

投

1787

T27:010

攖

1788

T01:002

T26:065

舉

1789

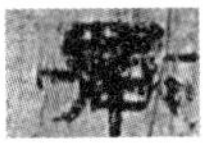

T01:068

T05:076

T07:093

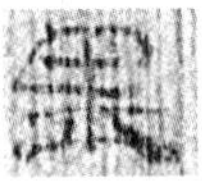

T08:069

T09:101

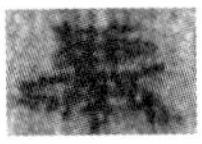

T21:063A

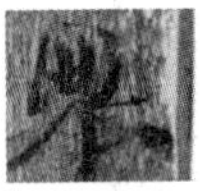

T22:011C

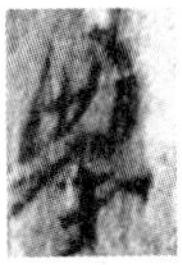

T22:011C

T22:071

T23:301

T23:301

T23:967

T24:743

T24:743

T24:743

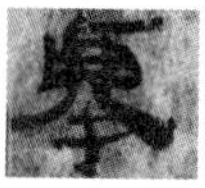
T24:955

T25:156

T26:142

T27:002B

T29:115A

T30:188

T30:204

T30:214

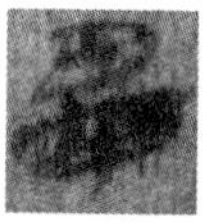
T30:244

T32:033

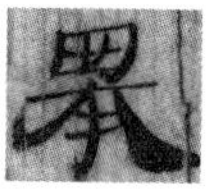
T32:036A

H02:101

F01:033

73EJF3:522

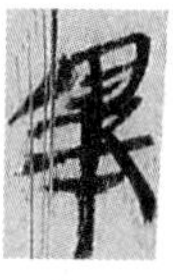
73EJD:255

73EJD:260A

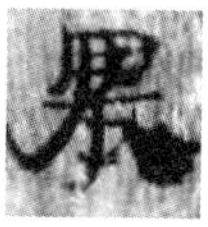
73EJC:444

73EJC:600

振

1790

73EJC:593

擅

1791

T21:212

T22:036B

T22:036B

T27:052

T37:775

T37:1123

失

1792

T03:070

T04:119

T10:243

T21:058

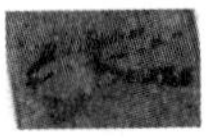
T21:058

T21:059

T24:722

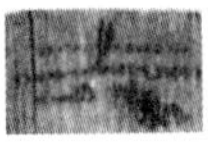
T24:852

73EJD:187A

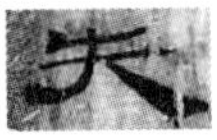
72ECC:6A

拓

1793

T01:023

T07:088

T21:038B

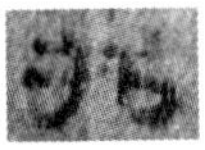
T21:408

T25:003

T26:189

拾

1794

T04:015

T15:011A

拔

1795

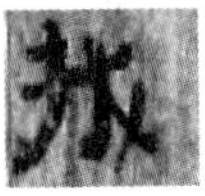
73EJD:71B

擣 1796

T14:010

摩 1797

72ECC:70

揟 1798

T24:063

T37:051

73EJD:33A

擊 1799

T24:173

T26:095

T37:057

T37:643

73EJC:574

扞 1800

T06:092

捕 1801

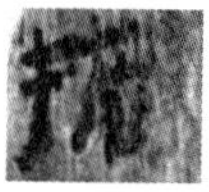
T04:178

T21:047

T21:131B

T21:306

T23:097

T23:620

T23:620

T23:877A

T23:878

T23:918B

T24:708

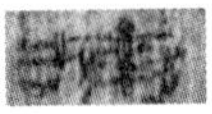
T24:852

T26:177

T30:026

T37:454

73EJF3:353

72ECC:7

72EBS7C:4

搒 1802

T23:731B

掫 1803

T33:057

捐 1804

T01:001

T10:108

T24:328

T26:073

T29:105B

T37:006

T37:757

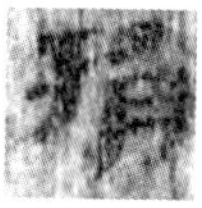
T37:1059

T37:1446

H01:078

H02:022

H02:065

72EJC:171

換

1805

T30:028B

72EBS7C:2A

掖

1806

T01:002

T01:003

T01:018

T01:034

T01:036

T01:069

T04:092

T04:102

T04:126

T05:076

T06:023A

T06:025

T07:117

T07:136

T09:101

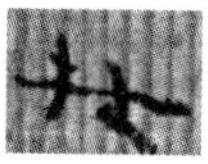
T09:104

T09:148

T09:157

T09:231

T10:071

T10:078

T10:083

T10:088

T10:106

T10:120A

T10:121A

T10:147

T10:169

T10:215A

T10:285

T10:312A

T10:313A

T10:315A

T11:003

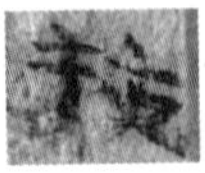
T14:031A

T21:180

T21:308
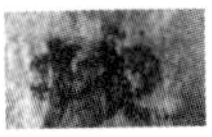
T23:164B

T23:172B

T23:213

T23:276

T23:311

T23:357

T23:496

T23:496

T23:620

T23:634

T23:873
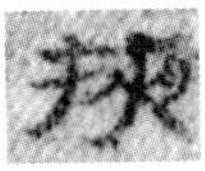
T23:897A

T23:933

T23:933

T23:938

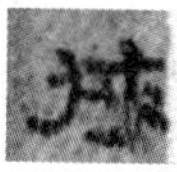
T23:938

T24:026

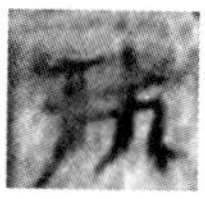
T24:026

T24:026

T24:036

T24:068

T24:149

T24:250

T24:265

T24:407

T25:007A

T25:036

T25:053

T25:065A

T25:065B

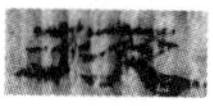
T25:086

T26:025

T26:050

T26:095

T26:109

T26:233A

T28:008A

T28:078

T28:128

T30:057B

T30:204

T30:205

T30:220

T30:221

T30:243A

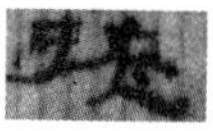
T30:265

T31:041

T31:064

T31:066

手部 掖

T31:096

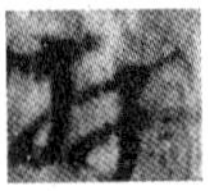
T31:114A

T31:114B

T31:114B

T31:155

T33:039

T34:003A

T37:039A

T37:391

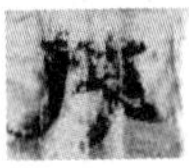
T37:480A

T37:523A

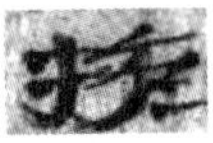
T37:524

T37:675

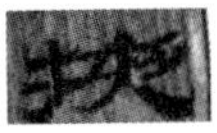
T37:692

T37:693

T37:706

T37:722

T37:726

T37:738A

T37:739

T37:788B

T37:800A

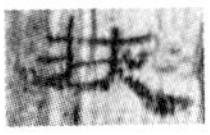
T37:805A

T37:974

T37:1014

T37:1061B

T37:1076A

T37:1079

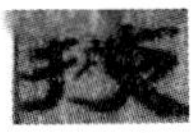
T37:1132

T37:1167B

T37:1408

T37:1451A

T37:1454

T37:1471A

T37:1502A

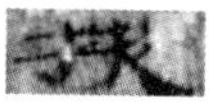
H02:012

H02:095

F01:013

F01:014

73EJF3:39B

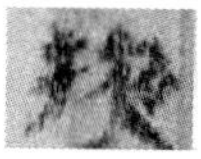
73EJF3:109

73EJF3:117B

73EJF3:154

73EJF3:169

73EJF3:181

73EJF3:300

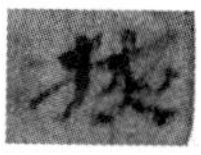
73EJF3:337

73EJF3:446

73EJF3:446

73EJF3:449B

73EJF3:519

73EJD:34

73EJD:34

73EJD:40A

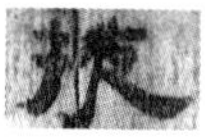
73EJD:43B

73EJD:45

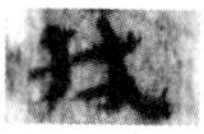
73EJD:73A

73EJD:293

73EJD:378

72EJC:4

72EJC:115

72EJC:144

73EJC:366

73EJC:444

73EJC:527A

72ECC:11

72EDIC:14

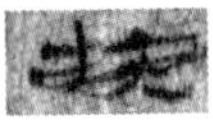
72EBS7C:1A

72EBS7C:2A

1807 扽

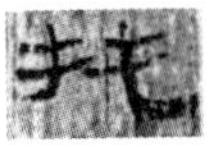
T05:062

1808 拒

H02:048B

1809 抻

T21:024

1810 掃

T26:107A

1811 摸

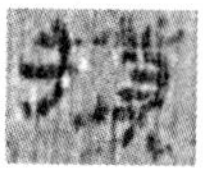

T06:074

1812 擔

73EJF3:382B

1813 攔

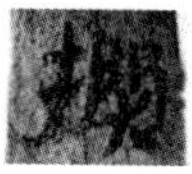

T23:198

女

1814

T01:012

T01:064

T01:131

T05:017

T05:052

T05:078

T06:041A

T07:159

T08:019

T09:087

T09:125

T09:132

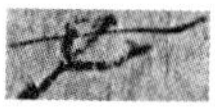
T09:229

T21:059

T21:125B

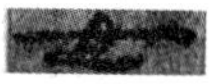
T21:203

T21:387

T21:420

T22:078

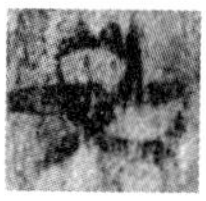
T23:275

T23:562

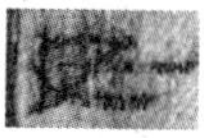
T23:737

T23:818

T23:818

女部 女

T24:047

T24:124

T24:206

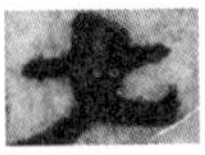
T24:501

T25:126

T28:009A

T29:052

T29:052

T30:062

T30:062

T33:040A

T37:092

T37:102

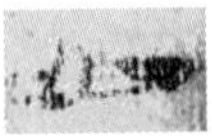
T37:158

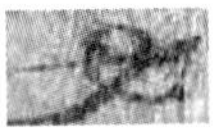
T37:175

T37:178

T37:178

T37:755

T37:755

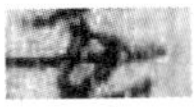
T37:755

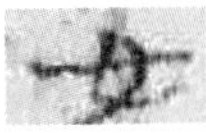
T37:755

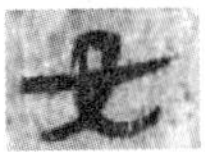
T37:756

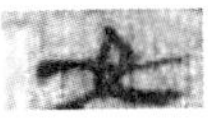
T37:757

T37:758

T37:758

T37:761

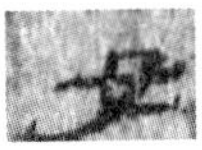
T37:761

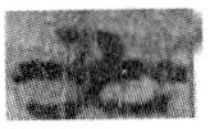
T37:762

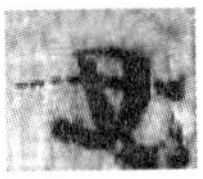
T37:855

T37:871

T37:998

T37:1007

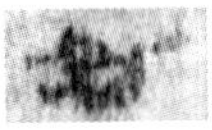
T37:1028

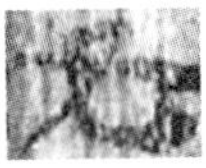
T37:1058

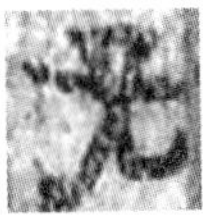
T37:1058

T37:1505

姓

1815

T27:011

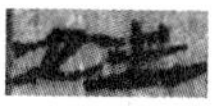
T29:096

T30:182

T32:003

T33:027

T37:550

T21:047

T21:058

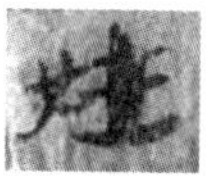
T21:080

T21:427

T24:525

T24:791

T01:020

T01:081

T04:098A

T06:037

T09:007

T10:122

73EJC:329

73EJC:419

73EJC:529A

72ECC:57

73EJF3:165

73EJD:13

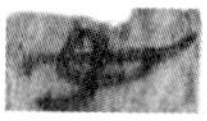
72EJC:13

72EJC:217

73EJC:305

T37:1506

T37:1590

H02:010

73EJF3:131

73EJF3:138

T37:707A

T37:727A

T37:800A

T37:964

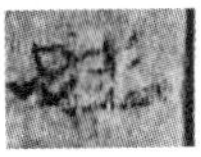
T37:1032A

T37:1061A

T37:1311

T37:1409

T37:1502A

T37:1503A

T37:1519

H02:002

F01:002

F01:025

73EJF3:43

73EJF3:120A

73EJF3:199

73EJF3:450A

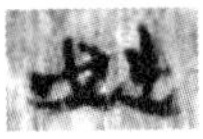
73EJD:30

73EJD:36A

73EJD:131

72EJC:2A

姬

1816

T10:212

姚 1817

T07:184

T09:197

T21:017

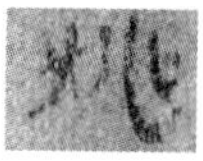
T23:918B

T33:085

T37:456

T37:560

T37:1324

73EJF2:38

嫁 1818

T06:191

73EJF3:382B

妻 1819

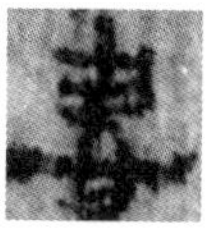
T01:001

T01:002

T01:012

T01:047

T05:008A

T05:078

T06:041A

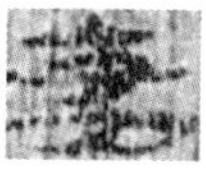
T06:042

T06:051

T09:085

T09:087

T09:156

T09:229

T09:233

T09:304

T21:035B

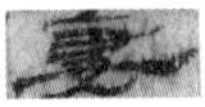
T21:136

T21:420

T22:099

T23:969

T23:977

T23:994B

T24:194

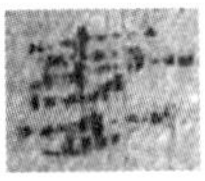
T24:333

T24:446

T24:501

T30:062

T37:081

T37:175

T37:178

T37:243

T37:271

T37:517

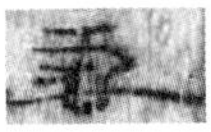
T37:521

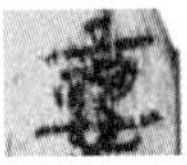
T37:754

T37:756

T37:758

T37:761

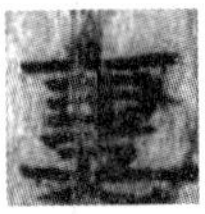
T37:762

T37:841

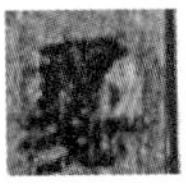
T37:846

T37:855

T37:1007

T37:1100

H01:025

73EJF3:89

73EJD:153

73EJC:331

73EJC:529A

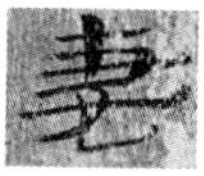
73EJC:653

婦

1820

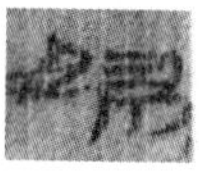
T23:554

T23:948

T23:994B

T24:321

T24:815

T24:967

T29:013A

T30:062

T33:053A

T37:176

T37:179A

T37:755

73EJF2:38

母

1821

T26:180

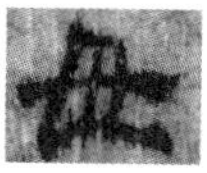
T27:095

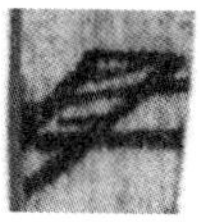
T31:077

T33:053A

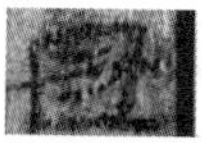
T37:758

T37:1058

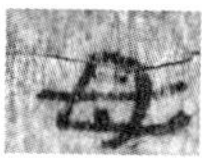
F01:011

73EJF3:138

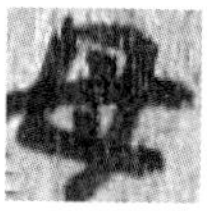
73EJF3:326

嫗 1822

T23:933

姑 1823

T04:011

T06:052

威 1824

T09:104

T09:207A

T09:251

T10:219A

T10:313A

T23:076A

T23:897A

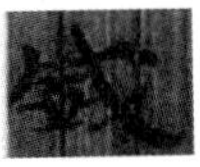
T24:016

T24:512B

T28:008A

T31:066

T37:524

T37:693

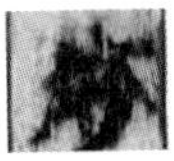
T37:722

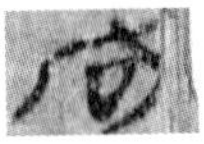
T37:725

T37:960

T37:1079

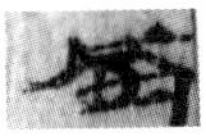
T37:1327

73EJF3:171

73EJF3:337

73EJD:79B

73EJD:293
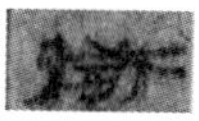
73EJC:305

72EBS7C:1A

姊

1825

T01:001

T37:860
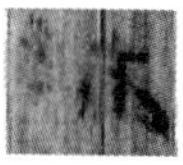
72ECC:57

嫂

1826

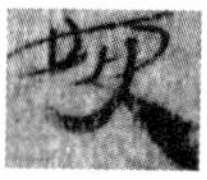
T30:028B

T30:208A

婢

1827

T01:001

T01:001
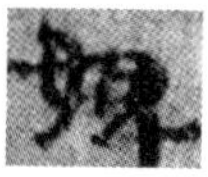
T01:002

T07:098B

T21:131A

T23:209
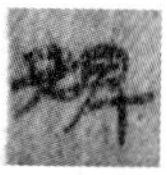
T23:828

T24:047

T24:245

T24:264A

T24:275A

T26:167+201

T27:002B

T27:059

T29:064

T30:062

奴

1828

T30:094B
T30:121
T31:079
T37:079
T37:455
T37:521

T37:751
T37:769
T37:826
T37:859
T37:871
T37:1405

T01:001
T01:001
T01:001
T01:001
T01:156

T02:090
T04:083
T04:112
T06:022A
T06:134
T07:024

T07:079
T07:088
T07:098B
T08:051A
T08:052A
T09:042

T09:044
T09:044
T09:085
T09:119
T09:122
T09:134

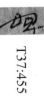

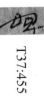

女部 奴

T09:295

T14:028

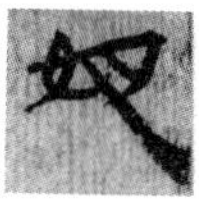
T21:191

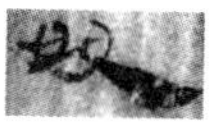
T22:129

T23:053

T23:293B

T23:828

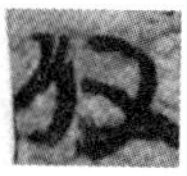
T23:865B

T23:955

T23:968

T23:975

T24:099

T24:202

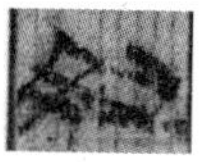
T24:216

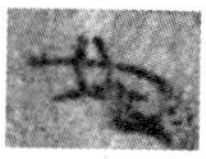
T24:245

T25:009

T25:026

T25:063

T26:118

T27:002B

T29:090

T29:102

T30:026

T30:093

T30:121

T30:144

T30:201

T33:040A

T35:012

T37:019

T37:175

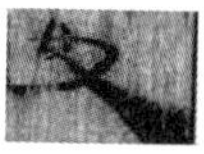
T37:521

T37:522A

T37:522A

T37:524

T37:780
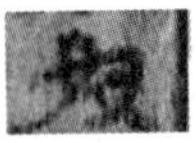
T37:797

T37:1222

T37:1272
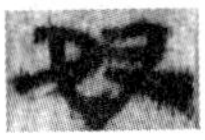
H01:065

F01:117

73EJF3:141

73EJF3:142

73EJF3:144
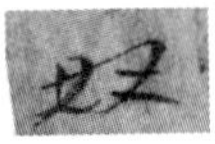
73EJF3:144

73EJF3:527

73EJD:10

73EJD:236

73EJC:338

73EJC:531A

73EJC:562

73EJC:608

73EJC:612

始

1829

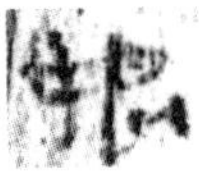
T01:020

T01:125A

T01:139

T01:156

T03:006

T03:057

T03:075

T03:090

T04:044A

T04:120

T04:131
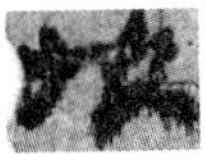
T05:108

女部 始

T07:009

T07:098A

T08:081

T09:083

T09:125

T09:150

T09:227

T09:253
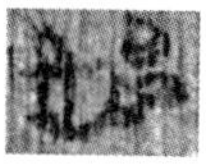
T10:352

T21:047

T21:064

T21:099
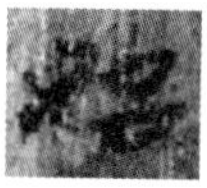
T21:108

T21:121
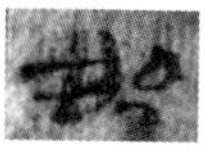
T21:123

T21:137

T21:262

T21:268
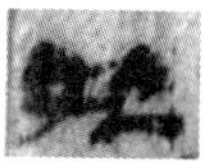
T21:307

T21:345

T21:422

T23:001A

T23:002
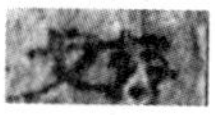
T23:094

T23:189

T23:262
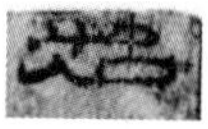
T23:290

T23:295

T23:317

T23:379

T23:385

T23:701

T23:756

T23:786

T23:786

T23:787

T23:855A
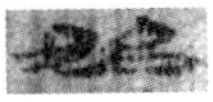
T23:970
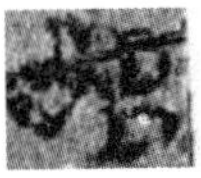
T23:991

T24:022
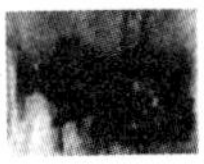
T24:023A
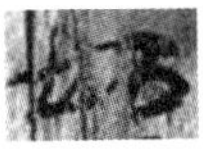
T24:028

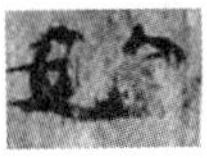
T24:031A

T24:032

T24:036

T24:097

T24:131

T24:144

T24:145

T24:214

T24:262

T24:315

T24:378
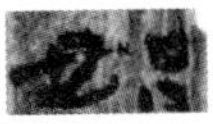
T24:426

T24:523

T25:009

T26:033

T26:259

T28:009A

T29:040

T30:037

T30:154

T30:184
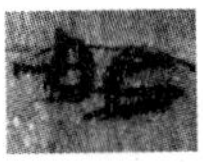
T31:065

T31:076

T31:084

T31:126

T33:040A

T35:002

T37:047B

T37:120

女部 始

T37:176

T37:194
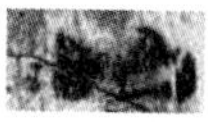
T37:448

T37:524

T37:671

T37:695

T37:745
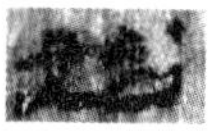
T37:770A

T37:844

T37:858
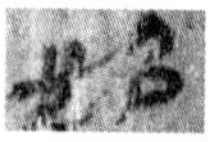
T37:860

T37:888

T37:893

T37:899

T37:1059

T37:1065A

T37:1121

T37:1155
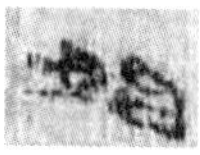
T37:1499A

T37:1537A

T37:1538

T37:1546

T37:1586

T37:1588

H01:014

H01:054
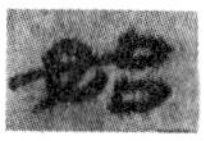
F01:009

F01:085
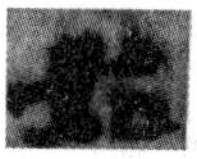
F01:101
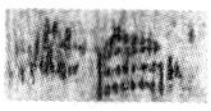
73EJF2:10

73EJF3:39A

73EJF3:44
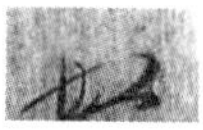
73EJF3:101

73EJF3:104

73EJF3:106

女部 始

73EJF3:107

73EJF3:111

73EJF3:115

73EJF3:117A

73EJF3:117A

73EJF3:119A

73EJF3:123A

73EJF3:125A

73EJF3:153

73EJF3:154

73EJF3:155A

73EJF3:179A

73EJF3:181

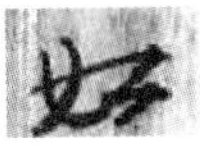
73EJF3:192

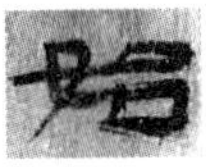
73EJF3:199

73EJF3:249

73EJF3:405

73EJF3:483

73EJT4H:39

73EJD:6

73EJD:37A

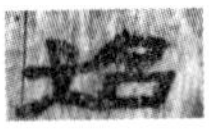
73EJD:43A

73EJD:44

73EJD:65

73EJD:131

73EJD:218

73EJD:246

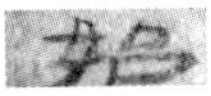
73EJD:313A

72EJC:64

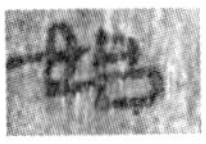
72EJC:107

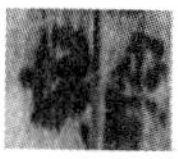
73EJC:316A

73EJC:542B

73EJC:589

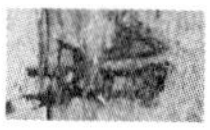
73EJC:603

73EJC:617

73EJC:619A

73EJC:619A

73EJC:655

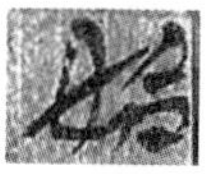
72ECC:1+2A

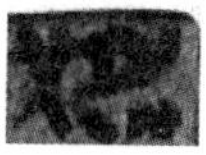
72EBS7C:2A

好 1830

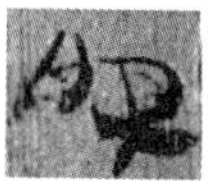
T05:055A

T09:121

T37:797

T37:983

娟 1831

T37:154

娶 1832

T07:016

如 1833

T01:002

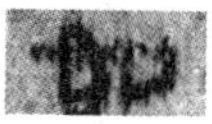
T01:002

T01:027

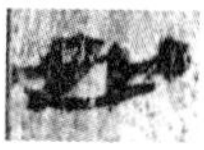
T01:060

T01:085A

T02:029A

T03:004

T03:055

T03:060

T03:078

T03:112

T03:113

T03:114

T03:114

T04:041A

T04:102

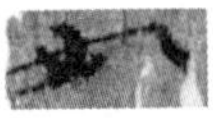
T04:206

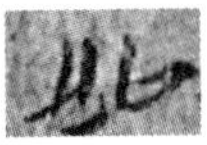
T05:028

T05:068A

T05:072

T06:014B

T06:023A

T06:092

T06:092

T07:022A

T07:025

T07:088

T07:109

T07:112

T07:142

T08:013A

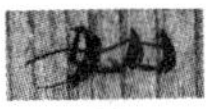
T08:051A

T08:051A

T09:005

T09:012A

T09:035

T09:047A

T09:051

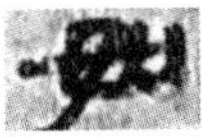
T09:062A

T09:069

T09:092A

T09:104

女部 如

T09:189

T09:250

T09:310

T09:387

T10:026

T10:115A

T10:120A

T10:120A

T10:120A

T10:206

T10:207

T10:210A

T10:213A

T10:217

T10:218A

T10:223

T10:236A

T10:303

T10:304

T10:313A

T10:313A

T10:315A

T10:411

T14:031B

T14:032

T15:013

T15:019

T21:038A

T21:064

T21:102A

T21:103

T21:104

T21:137

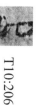

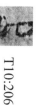

女部 如

T21:239

T22:002

T22:011D

T22:021A

T23:200:②

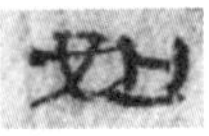
T23:202

T23:277

T23:288

T23:290

T23:301

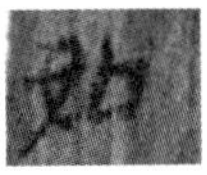
T23:335

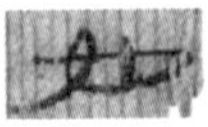
T23:425

T23:451

T23:620

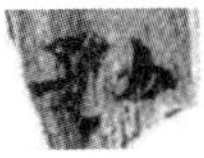
T23:683

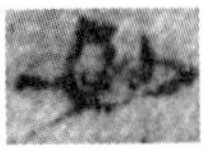
T23:897A

T23:907A

T23:929

T23:930A

T23:947A

T24:014

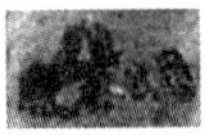
T24:023A

T24:032

T24:132

T24:141

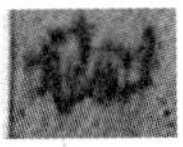
T24:240A

T24:245

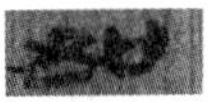
T24:247A

T24:250

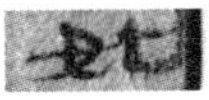
T24:264A

T24:266A

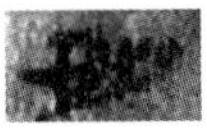
T24:304

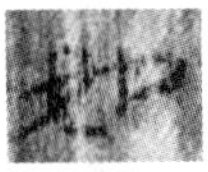
T24:378

T24:396

T24:410

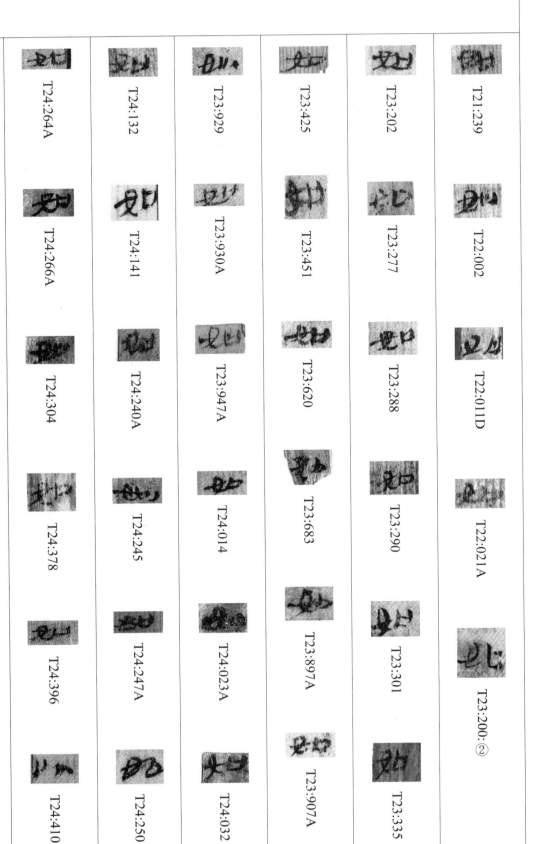

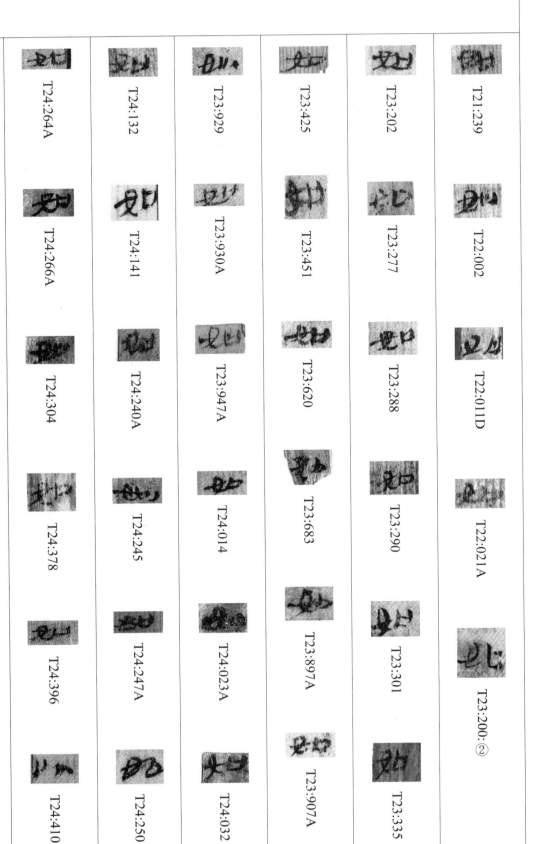

T24:525

T24:532A

T24:532A

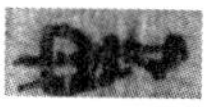
T24:723

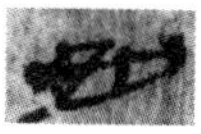
T24:767

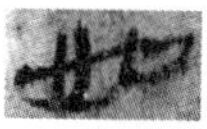
T24:801

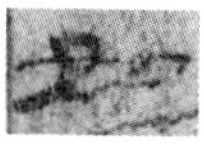
T26:024

T26:230A

T27:013

T28:008A

T28:013A

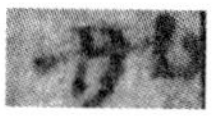
T28:013B

T28:026

T29:028A

T29:055A

T29:074

T30:016

T30:026

T30:068

T30:204

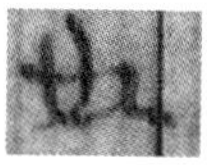
T31:034A

T31:035

T31:062

T31:064

T31:066

T31:066

T31:083

T31:105

T31:148

T32:003

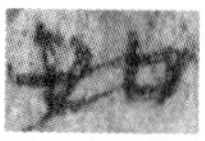
T32:056

T33:005

T33:027

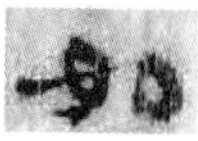
T33:039

T33:039

T33:040A

 T33:047	 T33:077	 T33:089	 T34:006A	 T34:006A	 T35:003
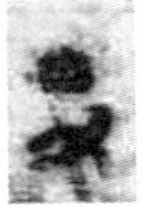 T35:007	 T37:004	 T37:018	 T37:029	 T37:052	 T37:088A
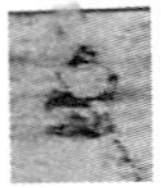 T37:088A	 T37:089	 T37:091A	 T37:172	 T37:234	 T37:246B
 T37:284	 T37:294A	 T37:420	 T37:480A	 T37:497	 T37:519A
 T37:521	 T37:522A	 T37:524	 T37:524	 T37:525	 T37:527
 T37:527	 T37:527	 T37:528	 T37:529	 T37:529	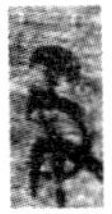 T37:530

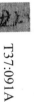

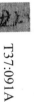

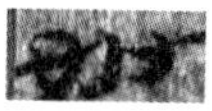
T37:530

T37:549

T37:601

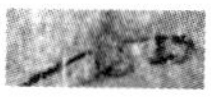
T37:645

T37:690

T37:692

T37:692

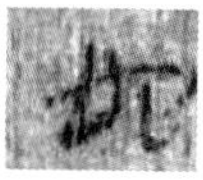
T37:702A

T37:704

T37:705

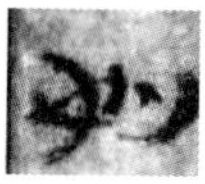
T37:706

T37:707A

T37:707A

T37:720

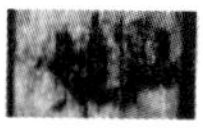
T37:722

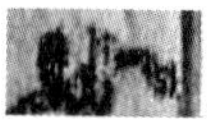
T37:725

T37:727A

T37:733

T37:738A

T37:743

T37:744B

T37:752A

T37:771

T37:776A

T37:780

T37:783A

T37:783A

T37:786B

T37:788A

T37:800A

T37:800A

T37:828A

T37:828A

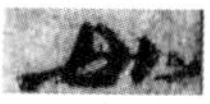
T37:836A

T37:902

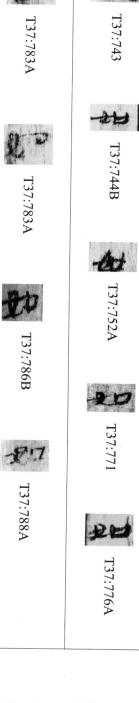

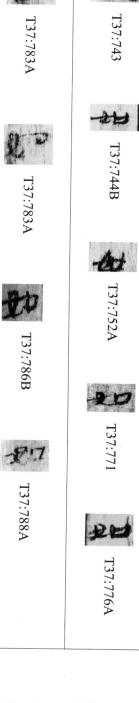

女部 如

T37:909

T37:913A

T37:964

T37:964

T37:975

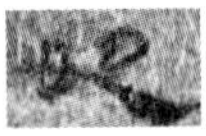
T37:976

T37:1003

T37:1010

T37:1014

T37:1032A

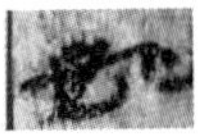
T37:1061A

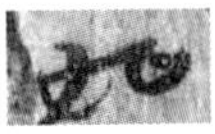
T37:1061A

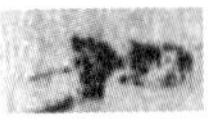
T37:1064

T37:1066

T37:1070

T37:1073

T37:1076A

T37:1076A

T37:1092

T37:1094A

T37:1095A

T37:1096A

T37:1097A

T37:1128

T37:1134

T37:1143B

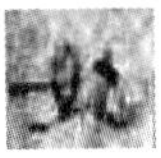
T37:1151B

T37:1162A

T37:1162A

T37:1184

T37:1186A

T37:1188
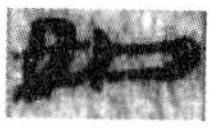
T37:1191A

T37:1213
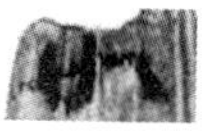
T37:1270

T37:1309

T37:1311

T37:1311

T37:1409

T37:1409

T37:1441B

T37:1450

T37:1454

T37:1460

T37:1491
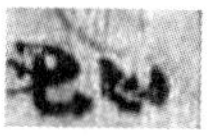
T37:1499A

T37:1502A

T37:1502A

T37:1503A

T37:1503A

T37:1519

H01:014

H02:005A
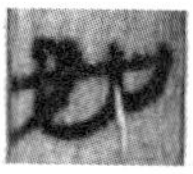
H02:013
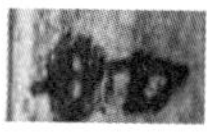
F01:013

F01:015

F01:025

F01:025

F01:082

73EJF2:17

73EJF3:1

73EJF3:39A
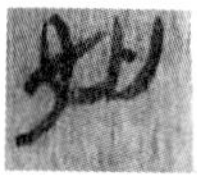
73EJF3:40A

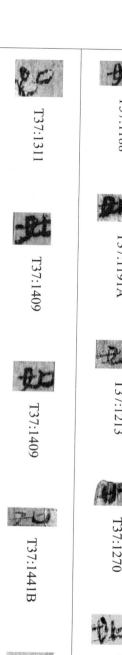

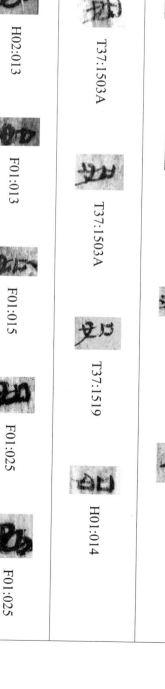

女部 如

73EJF3:43

73EJF3:53

73EJF3:86

73EJF3:118A

73EJF3:120A

73EJF3:120A

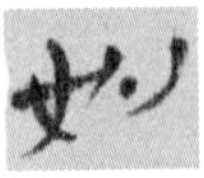
73EJF3:123A

73EJF3:125A

73EJF3:125A

73EJF3:152

73EJF3:153

73EJF3:155A

73EJF3:155A

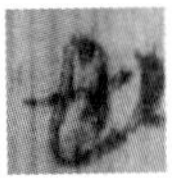
73EJF3:169

73EJF3:171

73EJF3:171

73EJF3:181

73EJF3:184A

73EJF3:184A

73EJF3:254

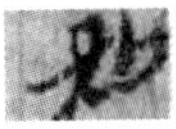
73EJF3:293

73EJF3:318

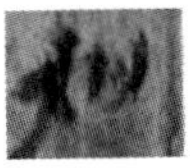
73EJF3:328B

73EJF3:350

73EJF3:382B

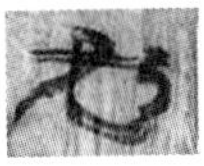
73EJF3:384A

73EJF3:450A

73EJF3:469

73EJF3:513

73EJF3:526

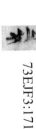

73EJF3:541

73EJD:19A

73EJD:19A

73EJD:22

73EJD:36A

73EJD:36A

73EJD:37A

73EJD:42

73EJD:43A

73EJD:44

73EJD:65

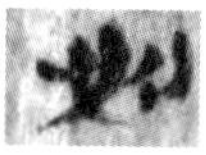
73EJD:101A

73EJD:131

73EJD:135A

73EJD:141

73EJD:145

73EJD:148A

73EJD:244

73EJD:255

73EJD:260A

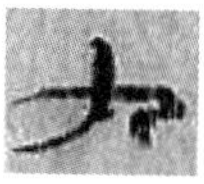
73EJD:260A

73EJD:270

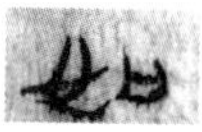
73EJD:307B

73EJD:334

73EJD:379

72EJC:2A

72EJC:2A

73EJC:292

73EJC:300

73EJC:302

如

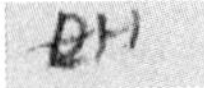
73EJC:435

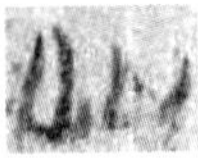
73EJC:445A

73EJC:446A

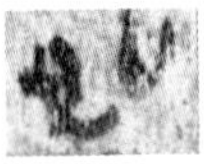
73EJC:472

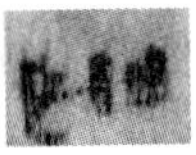
73EJC:529A

73EJC:586A

73EJC:655

73EJC:656

72EBS7C:1A

72EBS7C:1A

嬰

1834

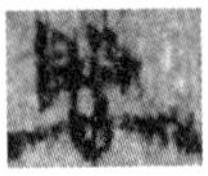
T01:001

T04:002

T10:298

T23:355

T23:820

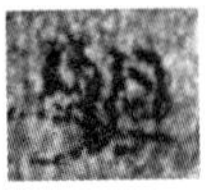
T24:152

T26:003

T37:004

T37:1102

媛

1835

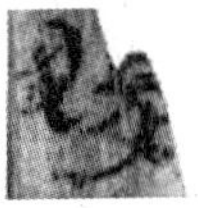
T37:1351

婁

1836

T09:105

嬈

1837

73EJF3:163

姦

1838

T06:109

T06:130

T07:094

T21:014

T21:100

T23:202

T23:769B

T23:910

T23:991

T28:002

T30:007+019

T31:113

T37:628

T37:1223

73EJD:311B

72EJC:225

73EJC:302

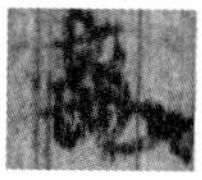

73EJC:491

妖

1839

T07:060

嬫 1840

T27:031

毋 1841

T01:002

T01:017

T01:029

T01:029

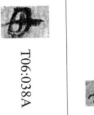

T01:175

T02:035

T02:046A

T02:082B

T03:006

T03:012

T03:033A

T03:055

T03:055

T03:103

T03:114

T03:114

T04:061

T04:101

T04:108A

T04:121

T04:126

T04:201

T06:038A

T06:185

T06:187

T07:013A

T07:064

T07:093

T07:094

 T07:100B	 T07:181	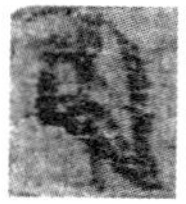 T07:183A	 T08:021	 T09:012A	
 T09:019B	 T09:022	 T09:029A	 T09:035	 T09:035	
 T09:038	 T09:051	 T09:052A	 T09:069	 T09:092A	
 T09:102A	 T09:104	 T09:223	 T09:227	 T09:247	 T09:328
 T10:120A	 T10:120A	 T10:121A	 T10:121A	 T10:186	
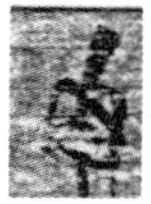 T10:208	 T10:212	 T10:216	 T10:218A	 T10:222	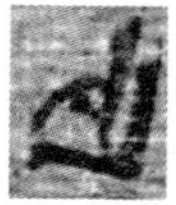 T10:227

毋

T10:229A
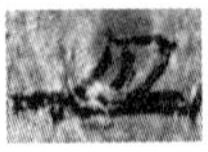
T10:231B

T10:238

T10:243

T10:259

T10:304

T10:310

T10:312A

T10:313A

T10:315A

T10:315A

T10:318

T10:338

T10:476

T11:023

T14:027

T15:002

T15:003A

T15:008A

T21:001
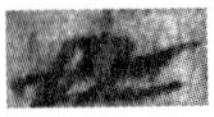
T21:047

T21:064

T21:064

T21:103

T21:125A

T21:125A
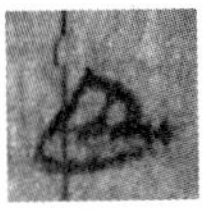
T21:131A

T21:158A
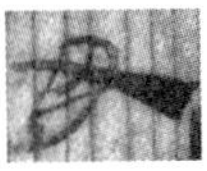
T21:162A

T21:175A

T21:177
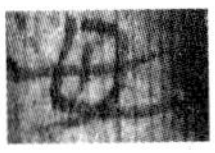
T21:294
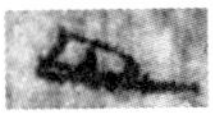
T21:367

T21:411

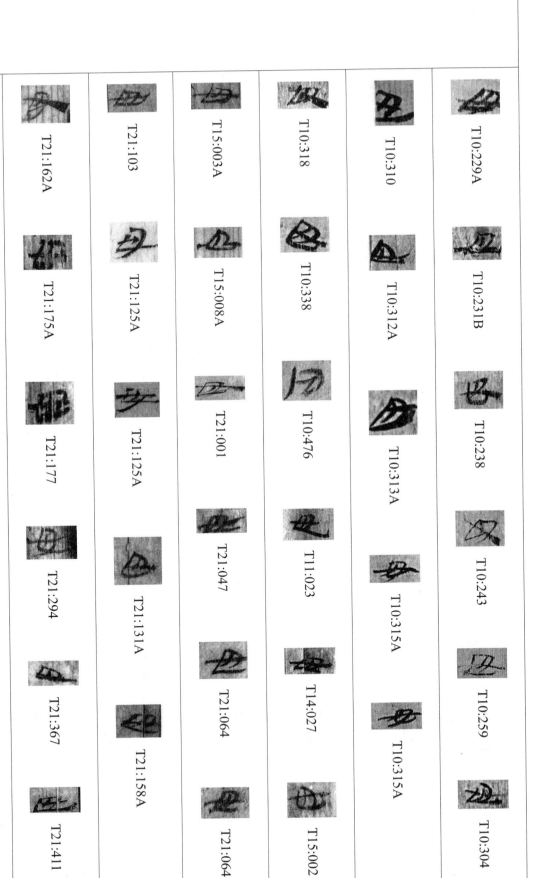

T21:453

T21:495

T22:002

T22:020

T22:058

T22:081

T22:088

T23:134A
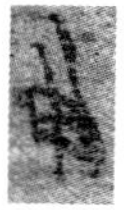
T23:141B

T23:198

T23:229A

T23:237A

T23:239

T23:280

T23:301

T23:302A

T23:335

T23:359A

T23:359A

T23:359A
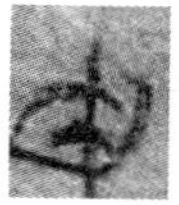
T23:359A

T23:360A

T23:404A

T23:412

T23:415

T23:483

T23:510
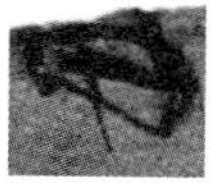
T23:600
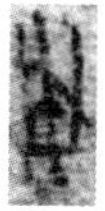
T23:620

T23:620
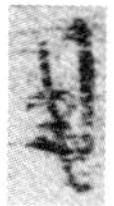
T23:639

T23:647

T23:658

毌部　毌

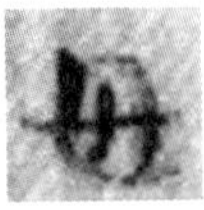
T23:807

T23:829

T23:831

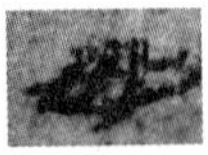
T23:896B

T23:897A

T23:897A

T23:906B

T23:909B

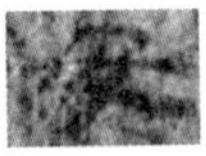
T23:913

T23:919A

T23:919A

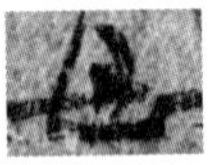
T23:919A

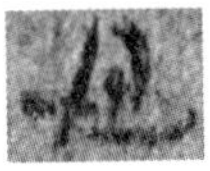
T23:919A

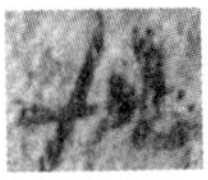
T23:919A

T23:919A

T23:925

T23:929

T23:955

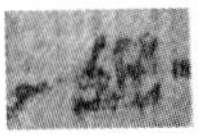
T23:959

T23:970

T23:994A

T24:011

T24:011

T24:015A

T24:015A

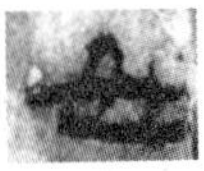
T24:023A

T24:055

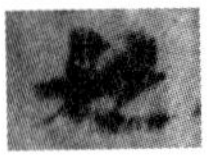
T24:065A

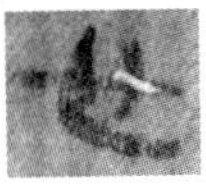
T24:065A

T24:073A

T24:073A

毋部 毋

T24:073B

T24:076

T24:077

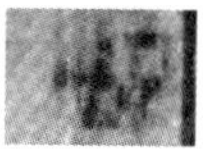
T24:078

T24:142

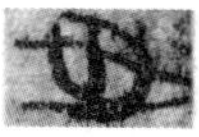
T24:190A

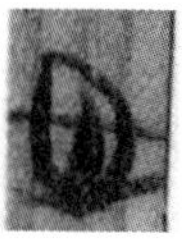
T24:198

T24:240A

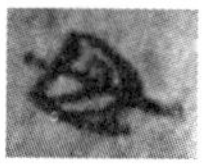
T24:245

T24:250

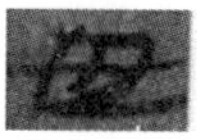
T24:266A

T24:313

T24:382A

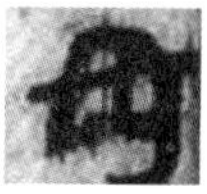
T24:389

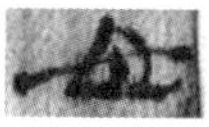
T24:407

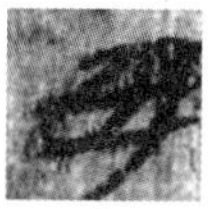
T24:417B

T24:434

T24:455

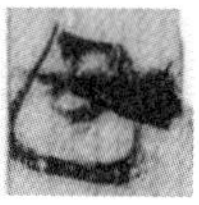
T24:473

T24:532A

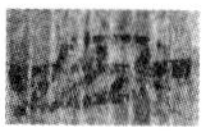
T24:562

T24:591

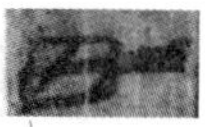
T24:661

T24:712

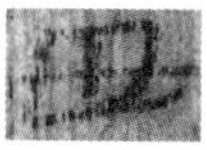
T24:722

T24:739

T24:747

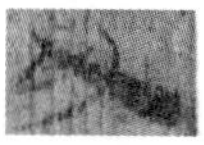
T24:854

T24:873A

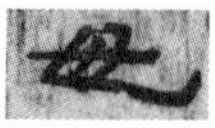
T24:976

T25:036

T25:038

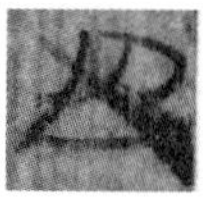
T26:002A

T26:020B

毌部 毌

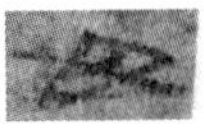
T26:025

T26:038

T26:039
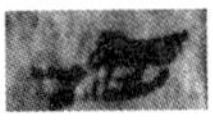
T26:065

T26:065

T26:072
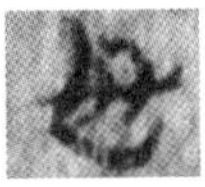
T26:087
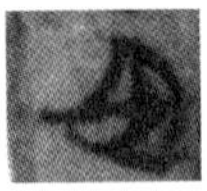
T26:087

T26:119
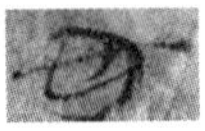
T26:151B

T26:162
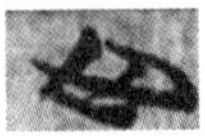
T26:175

T26:176
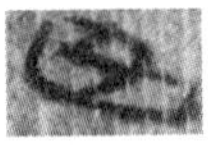
T26:179
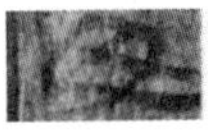
T26:182
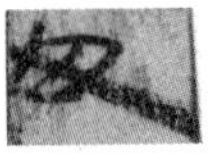
T27:007A
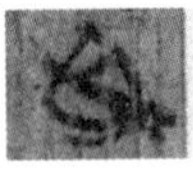
T27:013

T27:063

T27:094
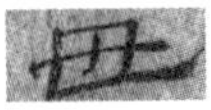
T28:010

T28:011

T28:026

T28:026

T28:038

T28:068
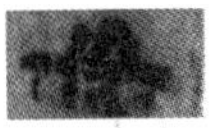
T28:105

T29:012

T29:094

T29:098
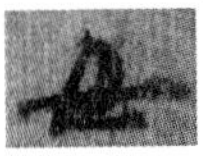
T29:114B
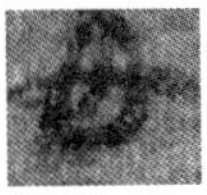
T29:114B
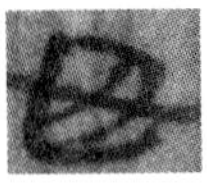
T30:011

T30:016

T30:028A

T30:139

T30:169

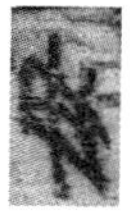 T31:102A	 T31:134	 T33:028	 T33:037	 T33:039	 T33:039
 T33:040A	 T33:040A	 T33:040A	 T33:040A	 T33:065A	
 T33:089	 T34:006A	 T34:006A	 T34:011	 T35:006	 T37:004
 T37:015	 T37:052	 T37:084	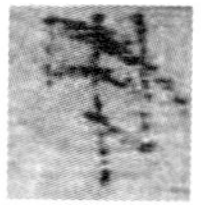 T37:091A	 T37:109	 T37:134
 T37:151	 T37:279A	 T37:420	 T37:519A	 T37:521	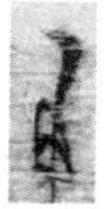 T37:521
 T37:524	 T37:525	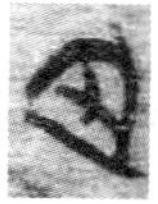 T37:526	 T37:530	 T37:573	 T37:672

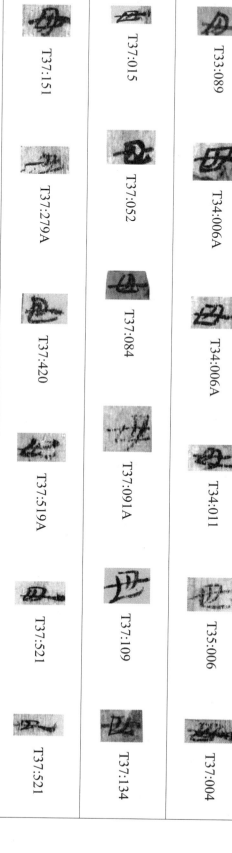

 T37:690	 T37:692	 T37:692	 T37:720	 T37:733	 T37:734B
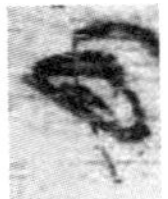 T37:752A	 T37:775	 T37:780	 T37:792	 T37:792	 T37:857A
 T37:878A	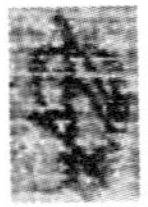 T37:878A	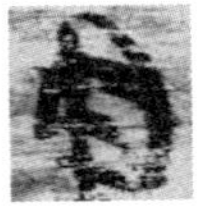 T37:886	 T37:975	 T37:975	 T37:987
 T37:1057A	 T37:1066	 T37:1073	 T37:1075A	 T37:1076A	
 T37:1076A	 T37:1076A	 T37:1095A	 T37:1095A	 T37:1101	
 T37:1128	 T37:1186A	 T37:1186A	 T37:1199B	 T37:1299A	

T37:1367B

T37:1438

T37:1441B

T37:1462

T37:1491

T37:1499A

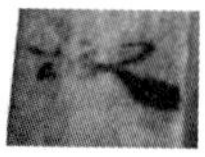
T37:1533B

H01:014

H02:042

H02:047A

H02:047A

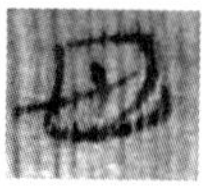
H02:047B

H02:048A

H02:048B

H02:048B

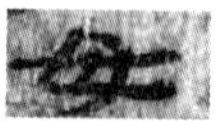
F01:011

F01:025

F01:076

F01:086

F01:086

F01:086

F01:112

F01:117

73EJF2:37

73EJF3:47

73EJF3:51

73EJF3:51

73EJF3:57A

73EJF3:112

73EJF3:124A

毋部　毋

73EJF3:124B

73EJF3:152

73EJF3:179A

73EJF3:181

73EJF3:182A

73EJF3:182A

73EJF3:261

73EJF3:289

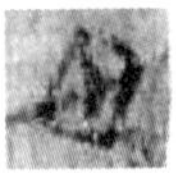
73EJF3:293

73EJF3:328A

73EJF3:328A

73EJF3:329A

73EJF3:353

73EJF3:383

73EJF3:390

73EJF3:469

73EJF3:522

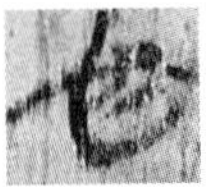
73EJF3:525B

73EJF3:632A

73EJF3:633

73EJD:11

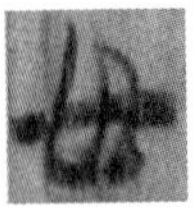
73EJD:12

73EJD:37A

73EJD:39A

73EJD:39B

73EJD:49A

73EJD:65

73EJD:69

73EJD:91A

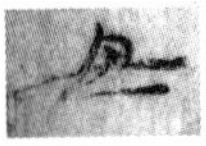
73EJD:97

 73EJD:148A	 73EJD:257A	 73EJD:285B	 73EJD:289B	 73EJD:304B
 73EJD:354	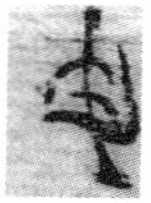 72EJC:17	 72EJC:116A	 72EJC:131	 72EJC:163
 72EJC:249	 73EJC:292	 73EJC:423	 73EJC:423	 73EJC:440
 73EJC:445A	 73EJC:451	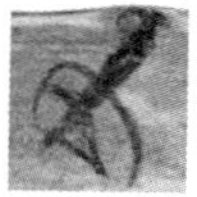 73EJC:463	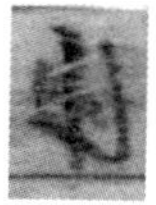 73EJC:529A	 73EJC:529A
 73EJC:555A	 73EJC:575	 73EJC:599A	 73EJC:599A	 73EJC:599B
 73EJC:599B	 73EJC:599B	 72ECC:13		

民

1842

T01:002

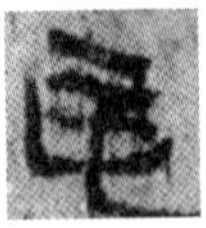
T01:002

T03:047A

T03:047B

T03:098

T06:135B

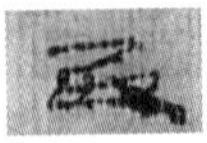
T10:367A

T11:026

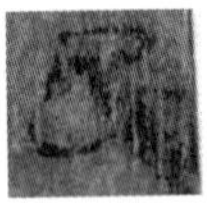
T23:007A

T23:752B

T24:091A

T24:125

T24:245

T24:269A

T26:032

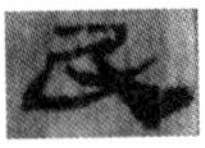
T26:065

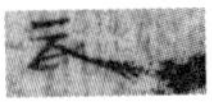
T26:088A

T27:002B

T27:007B

T28:008A

T28:049

T30:003

T30:058

T30:121

T30:142

T31:042A

T31:042A

T31:064

T31:086

T31:141

T32:075

T35:002

T37:100

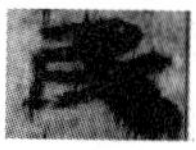
T37:150

T37:693

T37:1504B

T37:1534

F01:002

F01:003

F01:004

F01:013

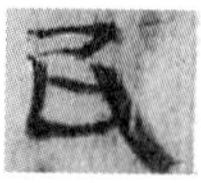
73EJF2:7

73EJF3:522

72EJC:5

72EJC:156

73EJC:414

乂

1843

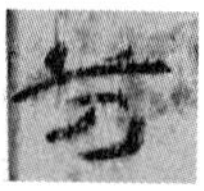
T37:087

73EJF3:565 按：《說文》，「乂或从刀」。

弗

1844

T21:058

T31:047

弋

1845

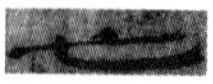
T30:022

73EJD:70

也

1846

T06:092

T06:178

T10:023

T10:208

T10:208

T14:007

T14:007

T14:007

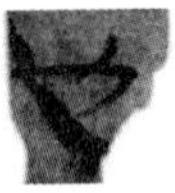
T14:041

T21:058

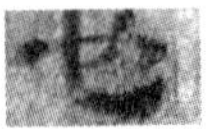
T21:065

T21:131B

T21:374A

T21:374A

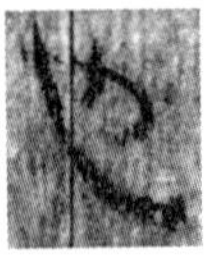
T21:374B

T22:003

T22:006

T23:019A

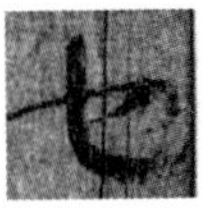
T23:040B

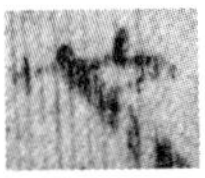
T23:265B

T23:404A

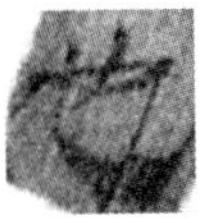
T23:674

T23:708A

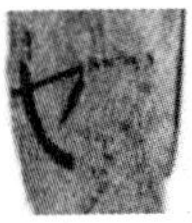
T23:710

T23:978

T24:367A

T24:417B

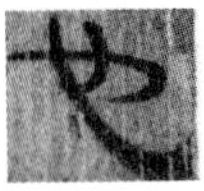
T24:533A

T24:533A

T24:728A

T31:047

T31:101A

T31:104A

T31:139

T31:188

T33:007A

T37:1199B

H01:033

H01:058

H02:048A

F01:002

73EJF3:183B

73EJF3:225

73EJF3:392B

73EJF3:473

73EJT4H:5A

73EJT4H:5B

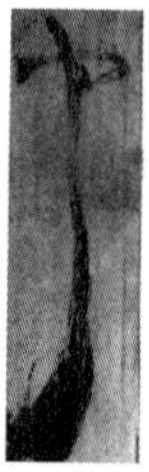
73EJD:39B

73EJD:107B

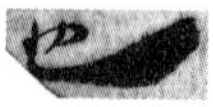
73EJD:304B

72EJC:179

72EJC:181

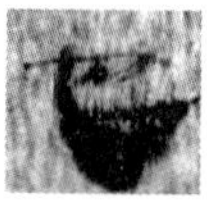
73EJC:444

73EJC:557

73EJC:600

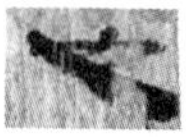
73EJC:600

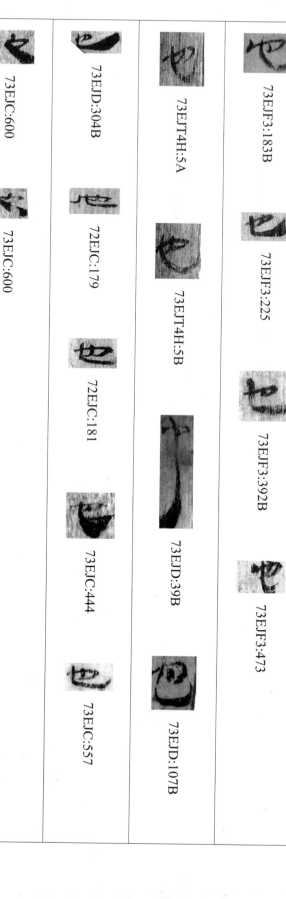

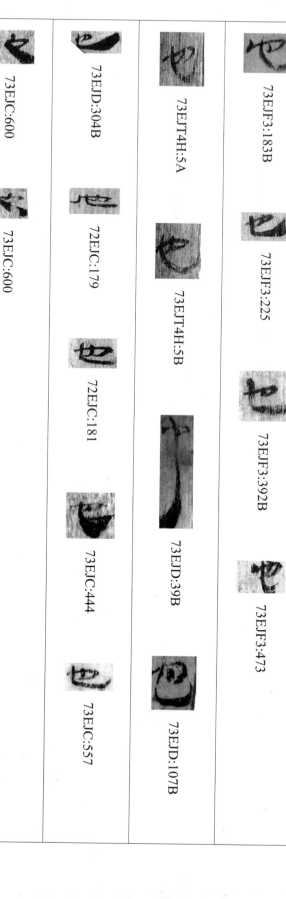

氏

1847

T01:020

T01:075

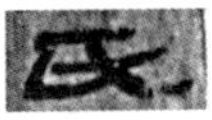
T03:069

T03:088

T04:020

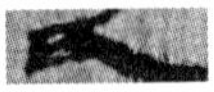
T04:052

T04:098A

T07:006

T07:009

T08:025

T09:040

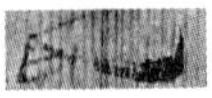
T09:263A

T10:122

T11:001

T11:031B

T14:005

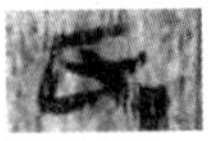
T14:006

T21:427

T23:034

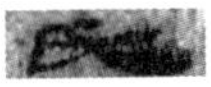
T23:146

T23:146

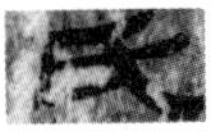
T24:005

T24:239

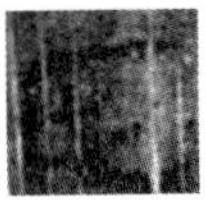
T24:339B

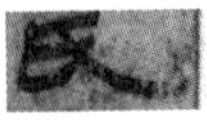
T25:020

T29:039

T30:182

T31:038

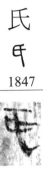

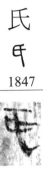

T32:067

T37:064

T37:132

T37:752A

T37:1143B

T37:1492

H01:046

氏部 氏

氏

1848

H02:002

T04:063A

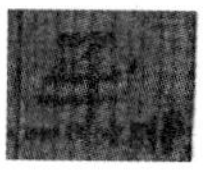
T04:110A

T06:167

T07:039

T08:078

T09:041

T10:401

T10:403

T11:011

T23:156A

T23:288

T23:938

T23:977

T25:049

T28:042

T30:009

T30:010

T30:133

T30:141

T30:152

T30:160

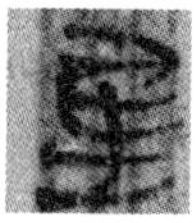
T30:189

T30:247

T31:146

T37:052

T37:102

T37:1058

戟

1849

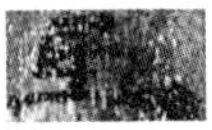
T37:1447

T37:1518

H01:019

73EJF3:335

73EJD:27

73EJD:33A

73EJD:214

72EJC:69

73EJC:316A

73EJC:316B

73EJC:610

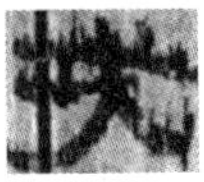
T01:001

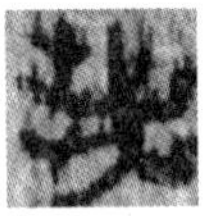
T01:001

T01:001

T06:071A

T08:051B

T10:312A

T10:312A

T10:312B

T14:025

T21:202

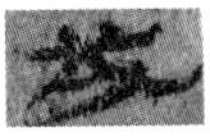
T23:056

T23:060

T23:432

T24:574

T37:155

T37:1168

T37:1242

賊

1850

T37:1310

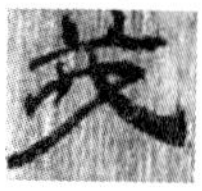
73EJF3:3

73EJF3:23

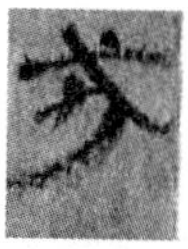
73EJF3:24

73EJF3:51

73EJF3:54

73EJF3:96

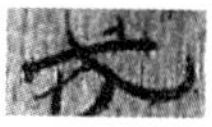
73EJF3:101

73EJF3:139

73EJF3:325

73EJF3:358

73EJF3:359

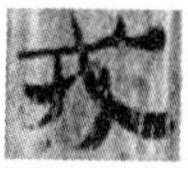
72EDIC:11

T23:153

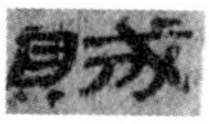
T23:566

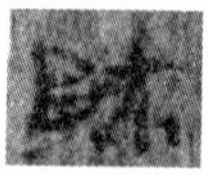
T23:797C

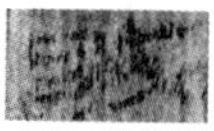
T24:722

T28:008A

T37:056

T37:722

T37:1198

H01:028

F01:011

73EJF3:402

73EJD:293

戍

1851

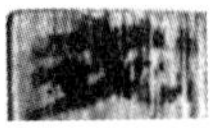
T01:008
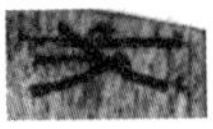
T01:019

T01:036

T01:100

T01:157

T01:167

T03:055

T03:095

T03:104

T04:026

T04:071

T04:155

T05:039
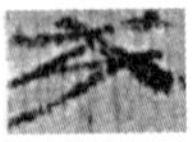
T05:073

T06:023A

T06:048

T07:006

T07:023

T07:031

T07:038

T07:096

T08:006

T08:033

T08:048

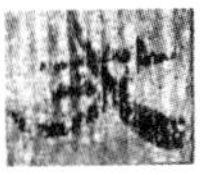
T08:055A

T09:081

T09:113

T09:196

T09:235

T10:103

T10:227

T10:294

T10:326

T10:401

T11:003

T14:001

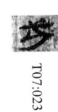

T14:006

T21:099
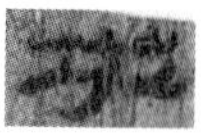
T21:248

T21:260

T21:269

T21:323

T23:532

T23:608
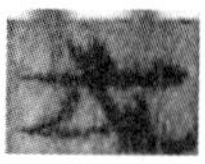
T23:657

T23:749
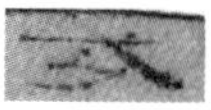
T23:921

T24:261
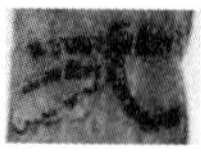
T24:299
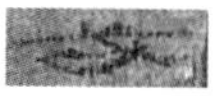
T24:330

T24:542
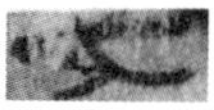
T25:020
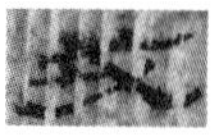
T25:086
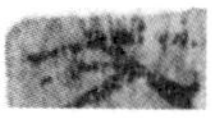
T25:133
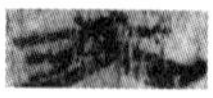
T26:059
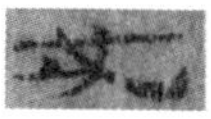
T27:048
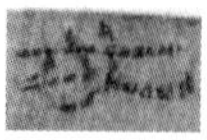
T27:048

T28:022
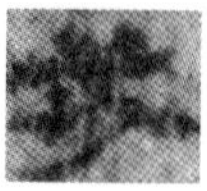
T28:127

T29:096

T30:003
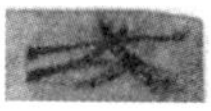
T30:012
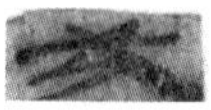
T30:013
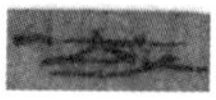
T30:014

T30:102

T30:118
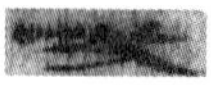
T30:140

T31:026

T31:149
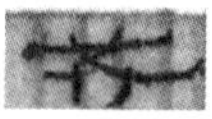
T32:002

T32:039

T32:058

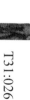

 T32:067	 T33:052	 T34:040	 T37:099	 T37:224	 T37:231
 T37:306	 T37:562	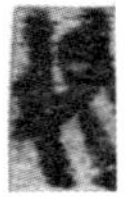 T37:611	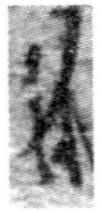 T37:628	 T37:670	 T37:750
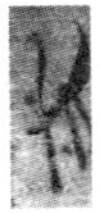 T37:829	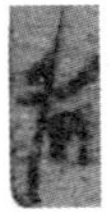 T37:834	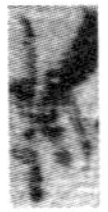 T37:849	 T37:866	 T37:870	 T37:888
 T37:889	 T37:912	 T37:987	 T37:1106	 T37:1111	 T37:1153
 T37:1206	 T37:1244	 T37:1251	 T37:1317	 T37:1319	 T37:1492
 T37:1497	 H01:039	 H01:045	 H01:050	 H01:052	 H02:094

戰

1852

F01:122

73EJF3:44

73EJF3:157

73EJF3:181
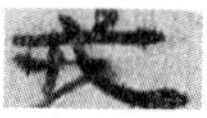
73EJF3:272

73EJF3:393

73EJF3:462

73EJT4H:90
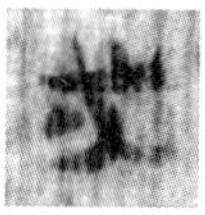
73EJD:42

73EJD:42

73EJD:72

73EJD:309A

73EJD:309B

73EJD:313A

72EJC:18

72EJC:33

72EJC:49
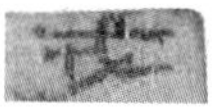
73EJC:425

73EJC:461

73EJC:610

73EJC:613

T24:795

73EJC:600

戲 1853

T26:072

或 1854

T04:086

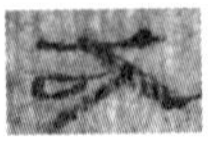
T21:047

T22:009

T22:011C

T23:619

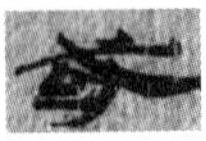
T23:658

T23:677

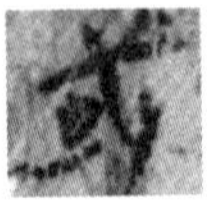
T24:185

T27:024

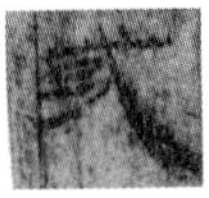
T28:049

T28:122

73EJF3:54

73EJF3:54

73EJF3:184A

73EJF3:225

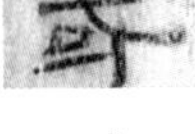
73EJD:203

73EJD:277

武 1855

T01:311

T02:023

T02:048

T04:052

T04:114A

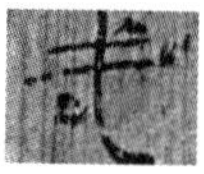
T04:146

T05:071

T05:078

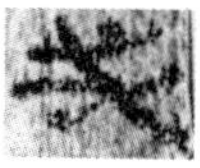
T06:045A

T06:141

T06:196

T07:009

T07:009

T08:081

T08:089A

T08:101

T09:007

T09:086

T09:092A

T09:104

T09:114

T09:177B

T09:241

T09:251

T10:115A

T10:118A

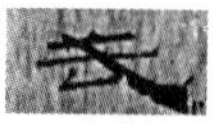
T10:131

T10:183

T10:213A

T10:214

T10:307

T10:313A

T15:005A

T15:015

T15:028B

T21:098

T21:105

戈部 武

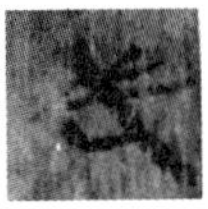
T21:108
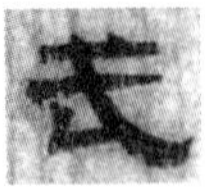
T21:179
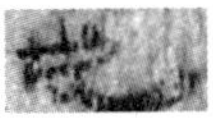
T21:219

T21:383

T21:429

T22:036A

T22:111A
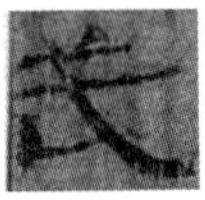
T23:007A

T23:118
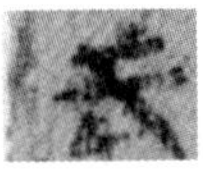
T23:118

T23:275
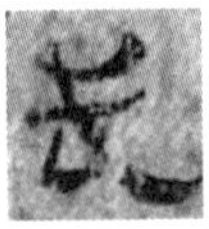
T23:301
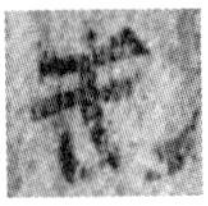
T23:335

T23:390

T23:435B

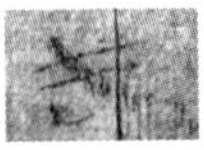
T23:556
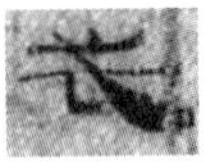
T23:627

T23:657

T23:727

T23:778

T23:897A

T23:927
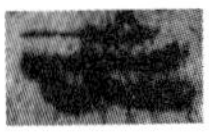
T23:929

T23:933

T23:933

T23:938

T24:108
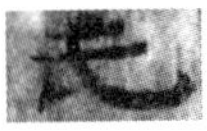
T24:147
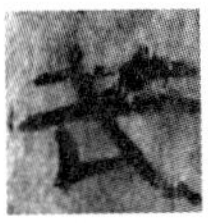
T24:194

T24:212

T24:212

T24:217

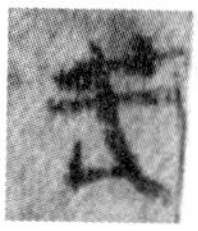
T24:318

T24:542

T24:850

T24:960

T25:106

T25:167

T26:003

T26:031

T26:236

T27:011

T28:008A

T28:066

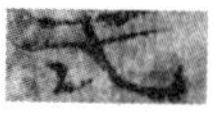
T29:002

T29:045

T29:065A

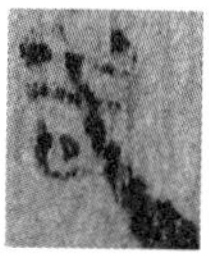
T29:102

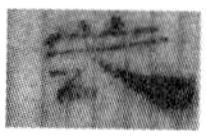
T30:021A

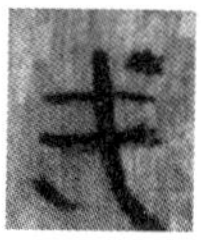
T30:070

T30:166

T30:174A

T30:174A

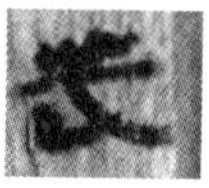
T30:206

T30:206

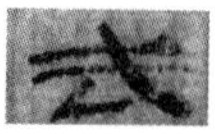
T30:224

T31:038

T31:066

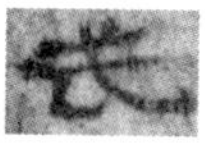
T31:085

T31:148

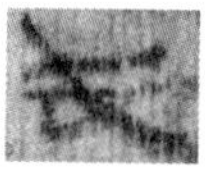
T32:026

T34:040

T34:048

戈部 武

T37:081
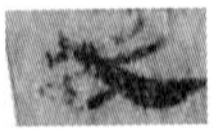
T37:083

T37:101

T37:175

T37:177

T37:303

T37:408

T37:446

T37:454

T37:466
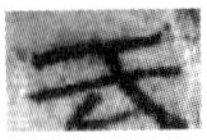
T37:499
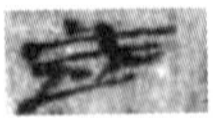
T37:524
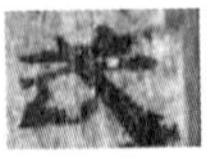
T37:530
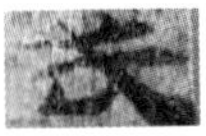
T37:530
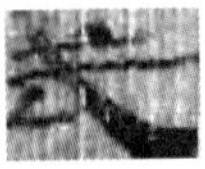
T37:692

T37:693

T37:693

T37:701

T37:722

T37:725

T37:749A

T37:754

T37:758

T37:761
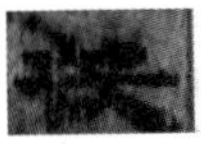
T37:762

T37:765

T37:787

T37:805A

T37:889

T37:919

T37:952

T37:982

T37:1075A

T37:1075A

T37:1075A
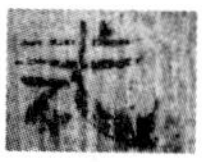
T37:1075B

T37:1079

T37:1153

T37:1153

T37:1170

T37:1386

T37:1418

T37:1443

T37:1491

T37:1518

T37:1523
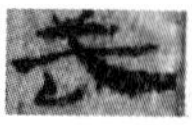
T37:1585A

H01:068

H01:068

H02:017

F01:025

F01:076

73EJF3:83

73EJF3:130

73EJF3:140

73EJF3:178A

73EJF3:181

73EJF3:207

73EJF3:240
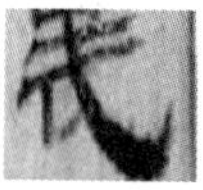
73EJF3:278

73EJF3:278
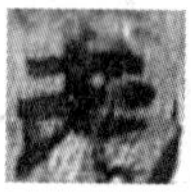
73EJF3:326

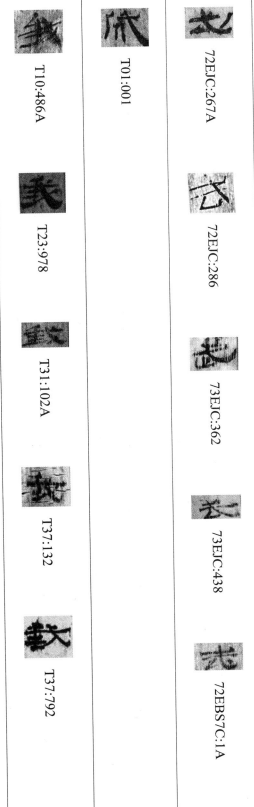

73EJF3:337

73EJF3:373

73EJF3:376

73EJF3:393

73EJD:56

73EJD:64

73EJD:150

73EJD:160

73EJD:232

72EJC:5

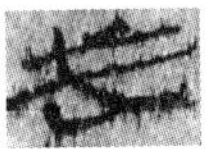
72EJC:19

72EJC:40

72EJC:141

72EJC:157

72EJC:238

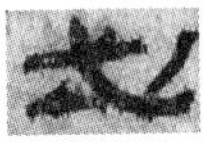
72EJC:267A

72EJC:286

73EJC:362

73EJC:438

72EBS7C:1A

戚

1856

T01:001

我

1857

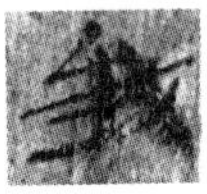
T10:486A

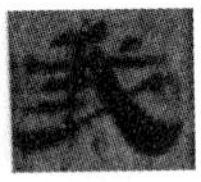
T23:978

T31:102A

T37:132

T37:792

義

1858

T03:011A

T07:036

T07:117

T09:120

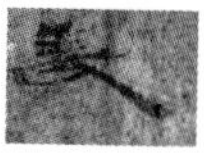
T21:038B

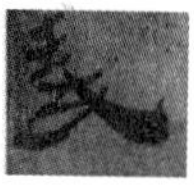
T21:043B

T21:099

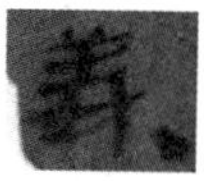
T21:103

T24:014

T33:058

T37:525

T37:1061B

T37:1416

T37:1501

T37:1537A

73EJF3:118A

73EJF3:122

73EJD:3

73EJD:48

73EJC:391

直

1859

T03:104

T04:189

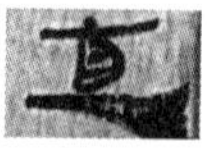
T05:008A

T06:066A

T06:073A

T07:066

T07:135

T08:029

T08:029

T08:029

乚部 直

T08:029

T09:035

T09:055

T10:066

T10:072

T10:363

T21:005

T21:006

T21:007

T21:009

T21:052A

T21:052B

T21:112

T21:227B

T21:391

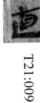

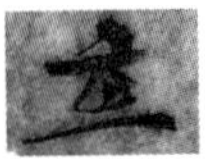
T21:501

T22:153
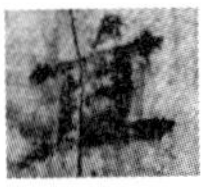
T23:279A

T23:299

T23:374

T23:374

T23:726

T23:820

T23:906B

T23:925

T23:963

T23:964

T23:964

T23:964

T23:969

T23:985

T23:985

T24:011

T24:016

T24:061A

T24:094A

T24:134

T24:138

T24:138

T24:138

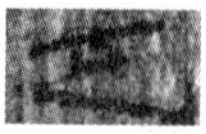
T24:217

T24:405

T24:557

T25:079A

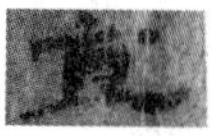
T25:093

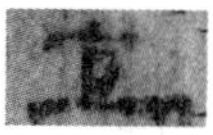
T26:023

T26:062

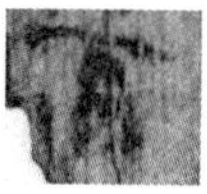
T26:177

T27:002B

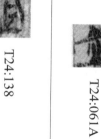

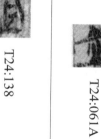

T27:068

T28:073

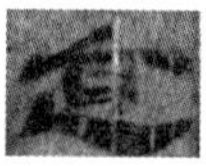
T29:118A

T29:118A

T30:024A

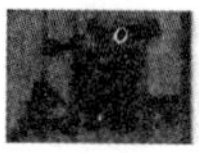
T30:024B

T30:162

T30:256

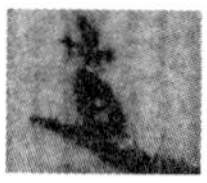
T31:030

T32:007

T32:010

T34:010

T34:040

T35:006

T37:700

T37:794

T37:830

T37:1039A

T37:1479

73EJF3:253
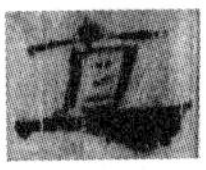
73EJD:64

73EJD:82

73EJD:186A

73EJD:377

72EJC:6

72EJC:130

72EJC:157

72EJC:247

72EJC:280

73EJC:399

亾

1860

T01:199

T07:003

T07:044

T07:045

T09:029A

T09:035

T14:041
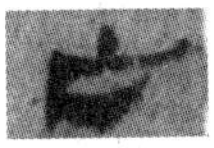
T21:056
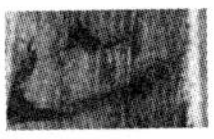
T22:011C

T22:065

T23:362

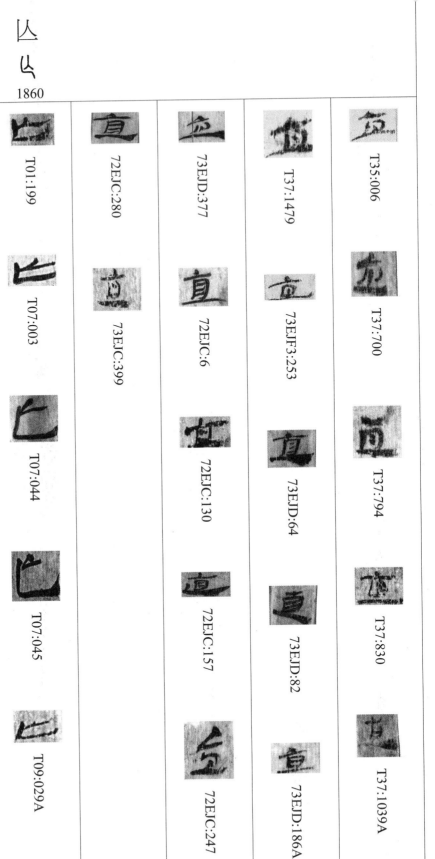

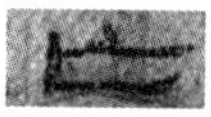
T23:362

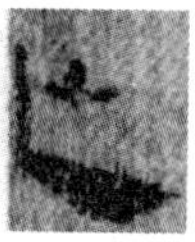
T23:544

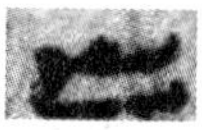
T23:765

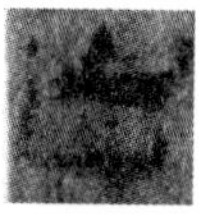
T23:797C

T23:828

T23:855A

T23:897A

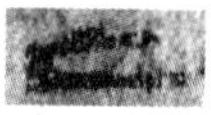
T24:012

T24:046

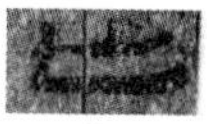
T24:111

T24:245

T24:521

T24:803

T24:820

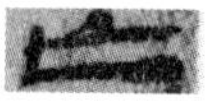
T25:047

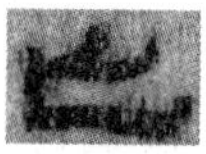
T26:084B

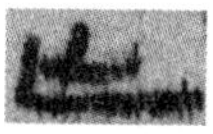
T26:095

T30:215+217

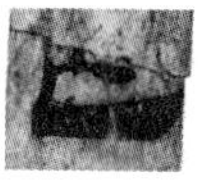
T37:124

T37:343

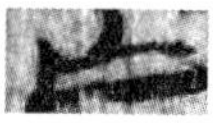
T37:527

T37:776A

T37:918

T37:1026

F01:110

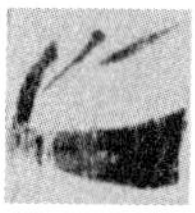
73EJF3:145

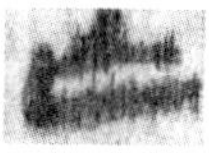
73EJF3:165

73EJF3:171

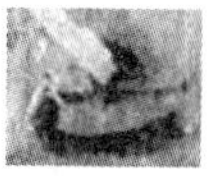
73EJF3:179B

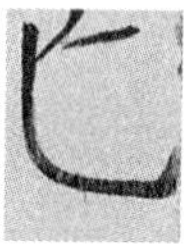
73EJF3:223

73EJF3:317

𣞤

1861

73EJF3:318

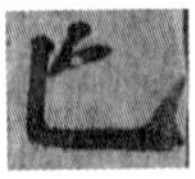
73EJF3:323

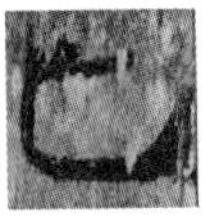
73EJF3:444

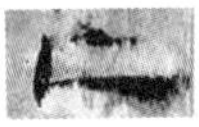
73EJF3:525A

73EJF3:563

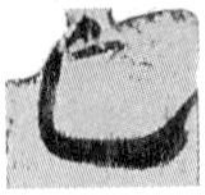
73EJF3:579

73EJF3:588

73EJT4H:9

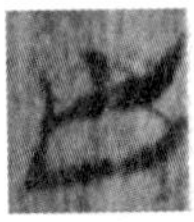
73EJT4H:79

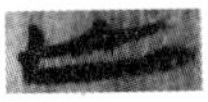
73EJD:8A

73EJC:369A

T01:001

T21:348B

T24:040

T24:597

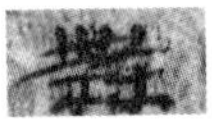
T30:105

T31:104A

F01:001

F01:002

73EJF3:430A+263A

73EJF3:315A

73EJD:4

73EJD:4

72EJC:230

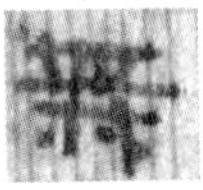
73EJC:504

72ECC:12A

區

1862

73EJD:19B　按：左殘。

匿

1863

T01:001

T10:367A

T21:059

T23:620

T23:677

T23:955

T24:211

T24:245

T24:719

73EJD:135A

匽

1864

T21:021

T37:1416

匹

1865

T01:025

T01:034

T01:042

T01:122

T02:033

T03:098

T04:054

T05:064

T05:079

T06:041A

T06:173

T07:036

T07:101

T08:001

T08:063

T08:068

T09:043

T09:046

T09:048

T09:055

T09:082

T09:095

T09:097

T09:203
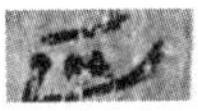
T09:249

T10:063

T10:067

T10:067

T10:071

T10:072

T10:078

T10:078

T10:080
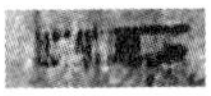
T10:083

T10:088

T10:092

T10:106

T10:110A
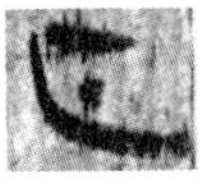
T10:126

T10:133

T10:134

T10:147

T10:151

T10:160

T10:160

T10:171

T10:173

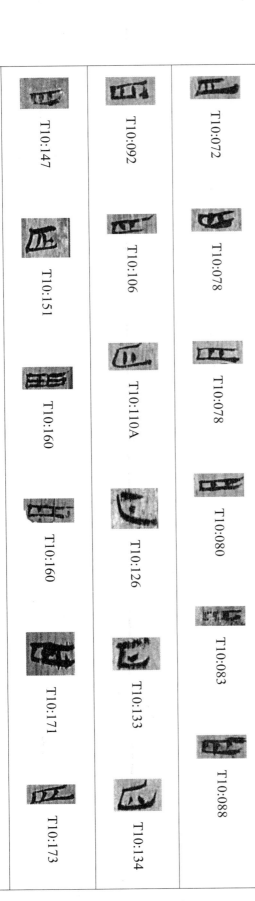

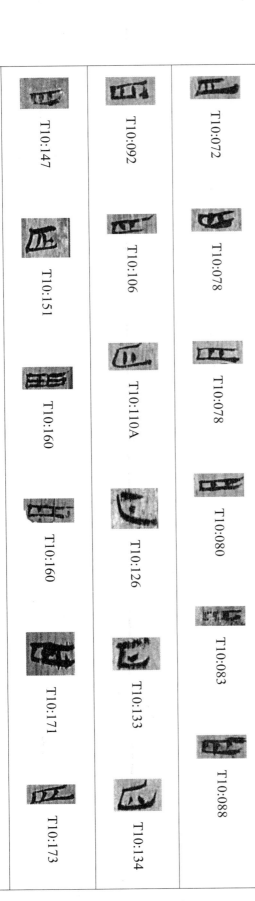

匚部　匹

T10:269

T10:279

T10:282

T10:297

T10:324A

T10:380

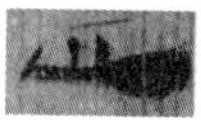
T14:009

T21:209

T21:407

T22:054

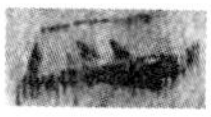
T23:334

T23:349A

T23:775

T23:816

T23:897A

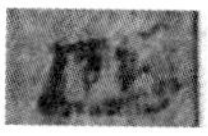
T23:905

T23:906B

T23:925

T23:963

T23:965

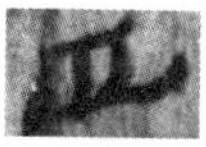
T23:968

T23:973

T24:051

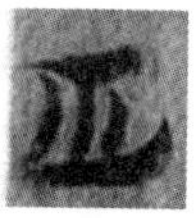
T24:150

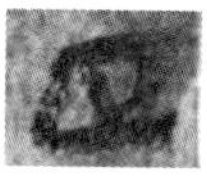
T24:165

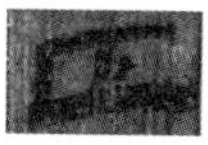
T24:195

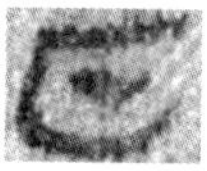
T24:249

T24:354

T24:354

T24:389

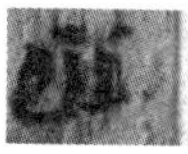
T24:412

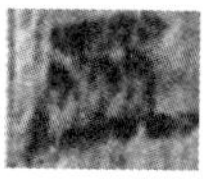
T24:412

T24:430

T24:552

T24:730

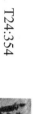

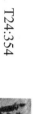

 T24:740
 T24:804
 T25:024
 T25:168
 T26:023
 T26:023

 T26:031
 T26:035
 T26:036
 T26:179
 T27:004
 T29:073

 T30:020
 T30:058
 T30:058
 T30:093
 T30:121
 T30:146

 T30:147
 T30:265
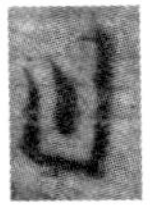 T31:017
 T31:066
 T31:150
 T32:010

 T32:011
 T33:077
 T37:017
 T37:036
 T37:060
 T37:111

 T37:149
 T37:456
 T37:521
 T37:524
 T37:525
 T37:632

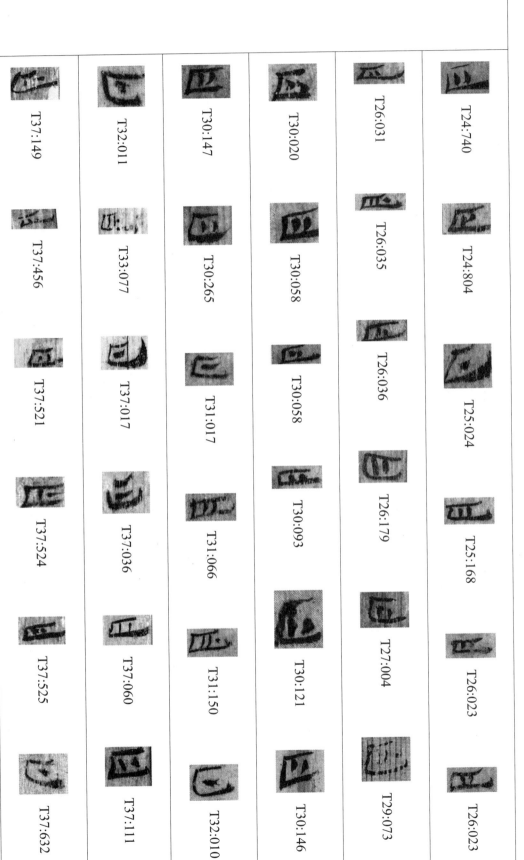

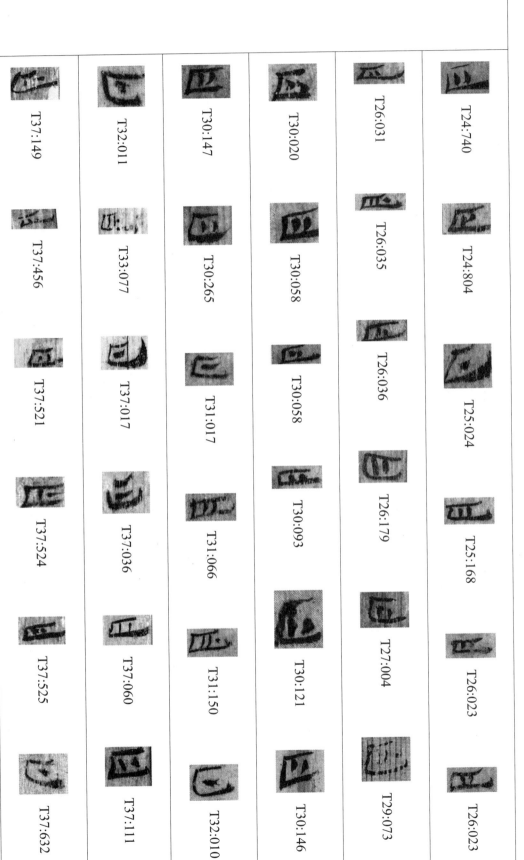

T37:711

T37:711

T37:712

T37:739

T37:748

T37:758

T37:762

T37:779

T37:779
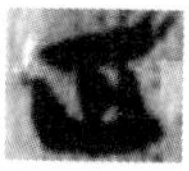
T37:785

T37:796

T37:806+816

T37:836A

T37:837
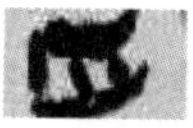
T37:919

T37:927

T37:963
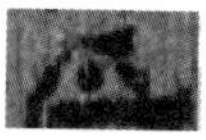
T37:963
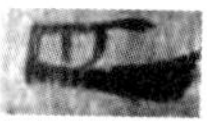
T37:996

T37:997

T37:999

T37:1010

T37:1016

T37:1042

T37:1058

T37:1107

T37:1193
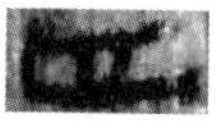
T37:1382

T37:1386
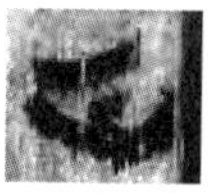
T37:1405
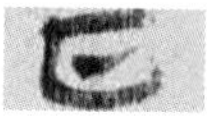
T37:1443

T37:1522

H02:003

H02:008

H02:009

H02:021

H02:040

H02:041

H02:051

F01:036

73EJF2:13

73EJF2:38

73EJF3:37

73EJF3:90

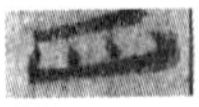
73EJF3:91
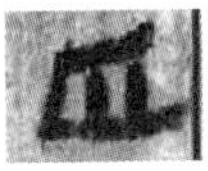
73EJF3:91

73EJF3:129

73EJF3:129
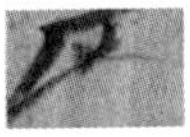
73EJF3:149

73EJF3:149

73EJF3:172

73EJF3:184A

73EJF3:344

73EJF3:486

73EJF3:524
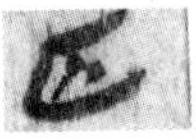
73EJF3:546
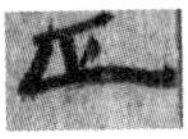
73EJD:5

73EJD:9

73EJD:58A

73EJD:59

73EJD:65

73EJD:79B

73EJD:96
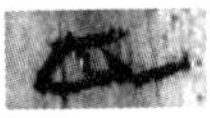
73EJD:335

72EJC:145

72EJC:149

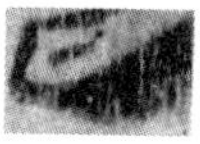
73EJC:337

73EJC:416

73EJC:417

73EJC:529A

73EJC:536

73EJC:647

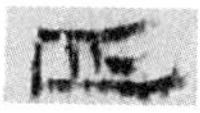
73EJC:650

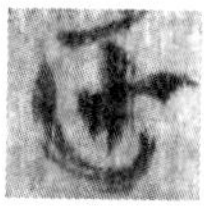
72EDAC:6

72EDAC:6

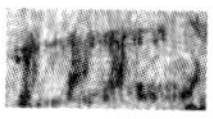
72EBS7C:1A

匠

1866

T22:080

73EJC:466

匧

1867

T10:051

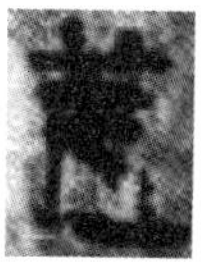
T22:149

按：《說文》，「匧或从竹」。

匡

1868

T01:135

73EJF3:178A

73EJF3:277

按：《說文》，「匡或从竹」。

曲

1869

T01:016

T01:040

T01:130

T01:167

T01:176

T02:037

T02:043

T02:077

T02:087

T09:044

T09:092A

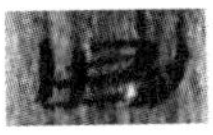
T10:122

T10:132

T21:318

T22:024

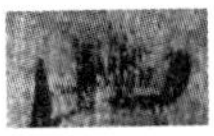
T23:053

T24:245

T24:543

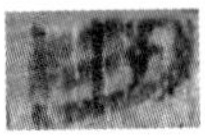
T24:755

T24:774

T26:172

T30:043

T37:761

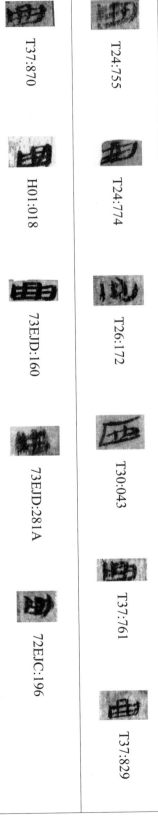

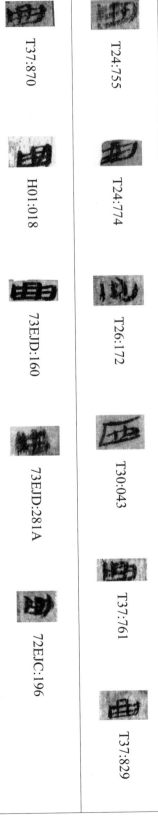

T37:829

T37:870

H01:018

73EJD:160

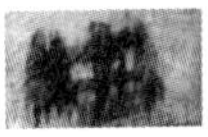
73EJD:281A

72EJC:196

73EJC:628

甾 1870

T05:012

畚 1871

T37:1544

瓦 1872

T04:023B

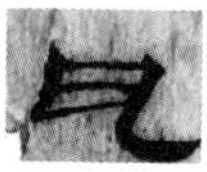
T37:1540

T37:1542

T37:1543

F01:122

甑 1873

T24:094A

T24:225

瓿 1874

73EJF3:289

弓 1875

T01:025

T01:037

T01:143

T05:026

T09:199

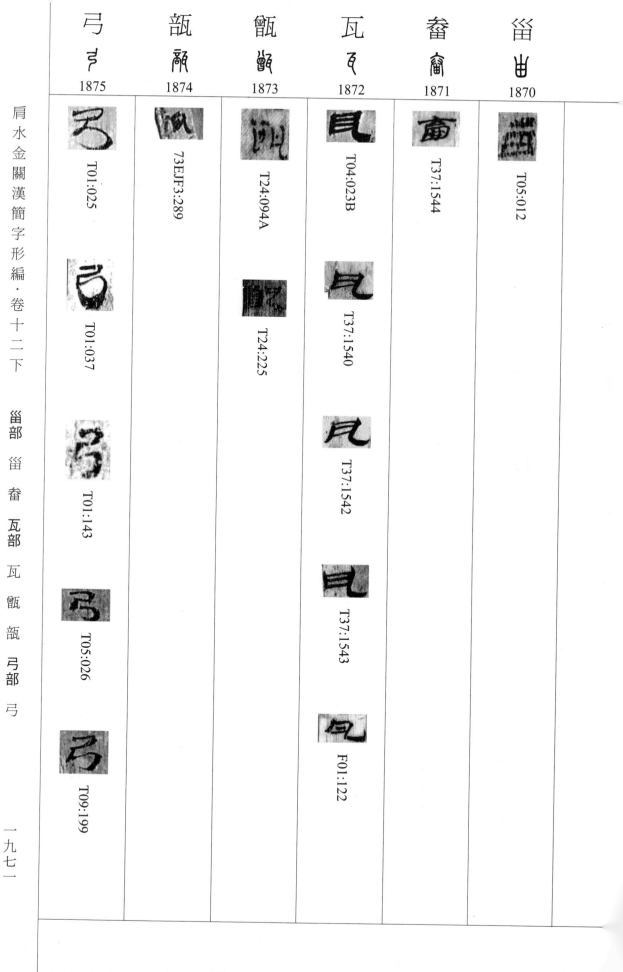

T09:254

T09:378

T10:063

T10:268

T10:279

T10:395

T10:416

T21:151

T21:225

T21:319

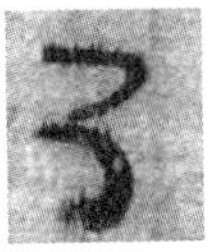
T21:407

T22:030

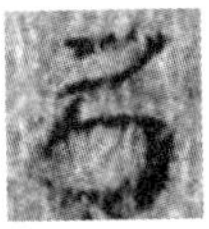
T22:124

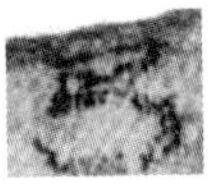
T23:530

T24:102

T24:129

T24:706

T24:709

T24:791

T25:056

T25:056

T25:109

T29:108

T30:010

T30:120

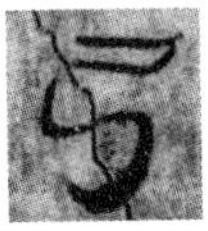
T30:137

T30:146

T30:265

T30:266

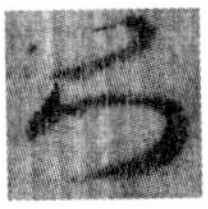
T31:059A

張

1876

T37:388

T37:986

T37:1382

T37:1383

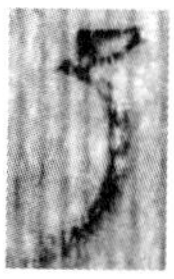
H02:039

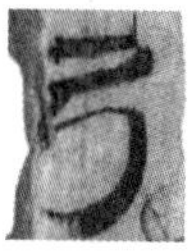
73EJD:224

73EJD:304B

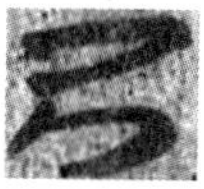
72EJC:162

73EJC:552

73EJC:587

72ECC:47

T01:002

T01:003

T01:005

T01:018

T01:023

T01:034

T01:036

T01:098

T01:118

T01:131

T01:150

T01:282

T02:049

T03:038A

T03:065

T04:041A

T04:059

T04:092

T04:097

T04:102

T04:126

T04:209

T05:051

T05:076

T06:023A

T06:025

T06:069

T06:094

T06:134

T06:167

T07:007

T07:015

T07:117

T07:136

T08:083

T08:093

T09:059A

T09:098

T09:101

T09:104

T09:148

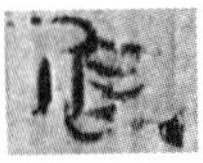
T09:157

T09:206

T09:218A

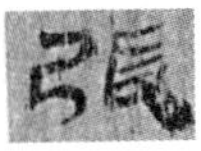
T09:230

T09:231

T10:040A

T10:069

T10:071

T10:075

T10:078

T10:083

T10:087

T10:088

T10:103

T10:106

T10:118A

T10:120A

T10:121A

T10:123B

T10:123B

T10:147

T10:156

T10:169

T10:215A

T10:285

T10:289

T10:312A

T10:313A

T10:315A

T10:332A

T10:413

T11:002

T11:003

T11:004

T14:031A

T21:001

T21:016

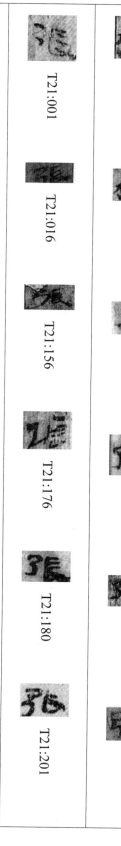

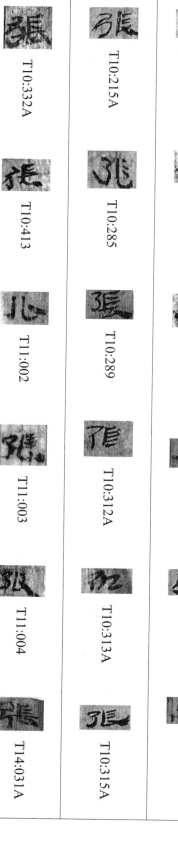

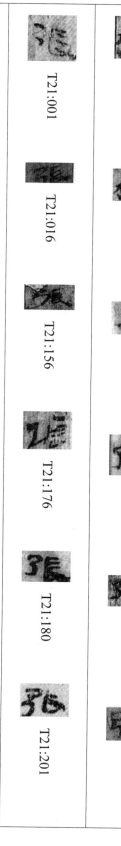

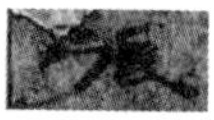
T21:156

T21:176

T21:180

T21:201

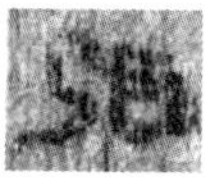
T21:224

T21:308

T21:320

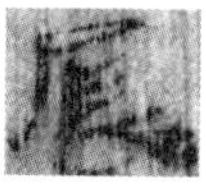
T21:324

T21:340

T21:373

T21:375B

T21:383

T21:439

T22:020

T22:082

T23:123

T23:171A

T23:172B

T23:213

T23:276

T23:311

T23:328

T23:357

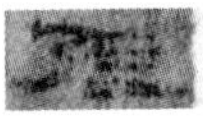
T23:362

T23:373

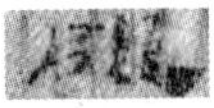
T23:400

T23:496

T23:496

T23:620

T23:631

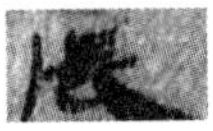
T23:634

T23:655

T23:726

T23:726

T23:733B

T23:873

T23:883

T23:885A

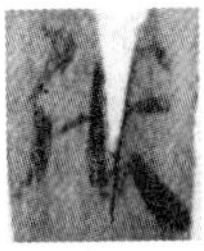
T23:894A

T23:897A

T23:923

T23:933

T23:933

T23:938

T23:938

T23:944

T23:950

T24:016

T24:036

T24:050

T24:055

T24:065A

T24:068

T24:070A

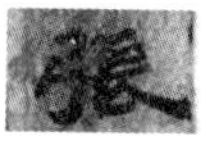
T24:080

T24:121

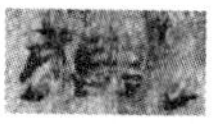
T24:149

T24:171

T24:242

T24:247A

T24:248

T24:250

T24:260

T24:265

T24:270

T24:291

T24:339B

T24:339B

T24:407

T24:445A

T24:512B

T24:544

T24:548

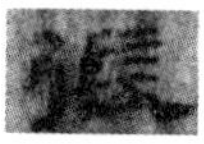
T24:623

T24:721

T24:733

T24:762

T24:775

T24:796

T24:817

T24:884

T24:885

T24:889

T25:007A

T25:013

T25:036

T25:043

T25:053

T25:065A

T25:065B

T25:086

T25:171

T26:025

T26:050

T26:052

T26:109

T26:174B
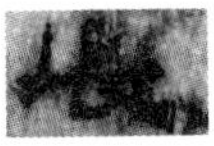
T27:014

T28:008A

T28:078

T28:083

T28:128

T29:083

T29:100

T30:013

T30:057B

T30:065

T30:166
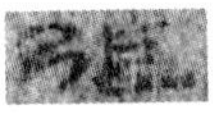
T30:185

T30:204

T30:220

T30:221

T30:243A

T30:265
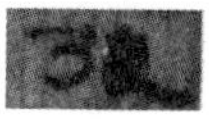
T30:265
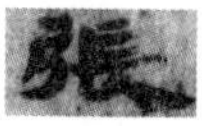
T31:028

T31:041

T31:051A

T31:064

T31:066

T31:074

T31:114A

T31:114B

T31:114B

T31:151B

T31:155
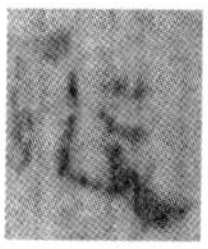
T32:032A

T32:044

T32:045A

T32:074

T33:039

T33:059A

T33:062

T34:003A

T35:004

T35:005
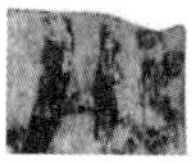
T37:039A

T37:040

T37:043

T37:082

T37:092

T37:100

T37:227

T37:244
T37:356
T37:391
T37:480A
T37:523A

T37:524
T37:617
T37:618
T37:654A
T37:675
T37:692

T37:693
T37:701
T37:706
T37:722
T37:725

T37:734B
T37:738A
T37:739
T37:739
T37:744A
T37:748

T37:757
T37:759
T37:799A
T37:800A
T37:805A
T37:833A

T37:856
T37:860
T37:952
T37:974
T37:993
T37:1011

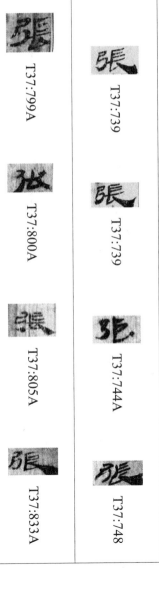

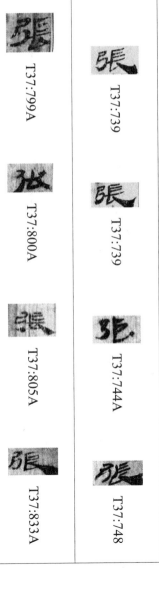

T37:1014

T37:1061B

T37:1062B

T37:1076A

T37:1079

T37:1132

T37:1151B

T37:1152

T37:1167B

T37:1331

T37:1408

T37:1451A

T37:1454

T37:1471A

T37:1481

T37:1493

T37:1502A

T37:1506

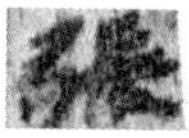
T37:1509

H01:068

H02:012

H02:017

H02:019

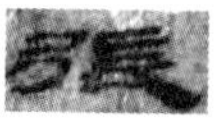
H02:045

H02:095

F01:013

73EJF2:40

73EJF3:3

73EJF3:17

73EJF3:29

73EJF3:32

73EJF3:39B

73EJF3:84

73EJF3:102

73EJF3:108

73EJF3:109

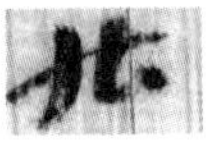
73EJF3:115

73EJF3:116B

73EJF3:117B

73EJF3:124A

73EJF3:131

73EJF3:137

73EJF3:149

73EJF3:154

73EJF3:165

73EJF3:169

73EJF3:171

73EJF3:181

73EJF3:183A

73EJF3:272

73EJF3:300

73EJF3:329A

73EJF3:337

73EJF3:354

73EJF3:365

73EJF3:366

73EJF3:368

73EJF3:369

73EJF3:371

73EJF3:382A

73EJF3:385

73EJF3:387

73EJF3:413

73EJF3:446

73EJF3:446

73EJF3:519

73EJF3:563

73EJF3:568A

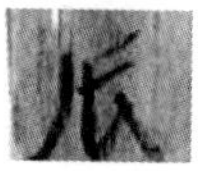
73EJF3:592

73EJD:34

73EJD:34

73EJD:40A

73EJD:45

73EJD:55B

73EJD:73A

73EJD:221

73EJD:231

73EJD:279

73EJD:293

72EJC:2A

72EJC:4

72EJC:49

72EJC:114

72EJC:115

72EJC:120

72EJC:144

72EJC:155A

73EJC:352

73EJC:413

73EJC:415

73EJC:444

73EJC:489

73EJC:527A

73EJC:577

73EJC:599B

73EJC:642

72ECC:11

72ECC:34

72EDIC:14

72EBS7C:1A

72EBS7C:2A

彊

1877

T02:057

T07:080A

T09:066

T09:093

T10:131

T10:210A

T10:255

T21:401

T21:429

T23:289

T23:633

T23:640

T23:694B

T23:910

T24:118

T24:157

T24:369

T24:748

T25:118

T26:175

T29:001

T31:062

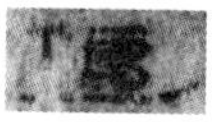
T31:128

T31:160

T31:162A

T33:039

T34:019

T34:048

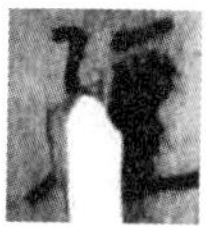
T37:161A

T37:303

T37:535B

T37:571

T37:937

T37:1045

T37:1188

T37:1202

T37:1491

H02:066

H02:066

73EJF3:279

73EJD:218

72EJC:14

72EJC:142

73EJC:335

73EJC:613

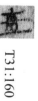

弘

1878

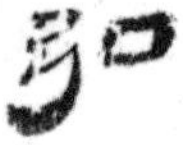
T01:133

T02:035

T04:156

T05:066

T06:081A

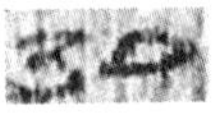
T08:097

T09:020

T09:092A

T09:092B

T09:104

T09:152A

T10:305

T10:305

T10:417

T21:244

T21:265

T21:379

T23:400

T24:241

T24:532A

T24:808

T24:963

T25:234

T28:070

T31:066

T34:001A

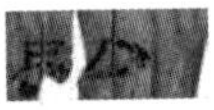
T34:003A

T34:006A

T37:140

T37:524

T37:692

T37:692

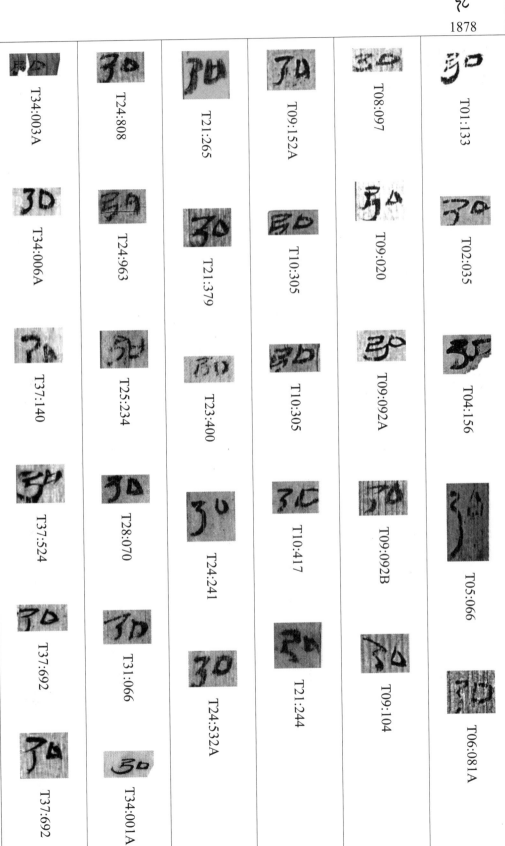

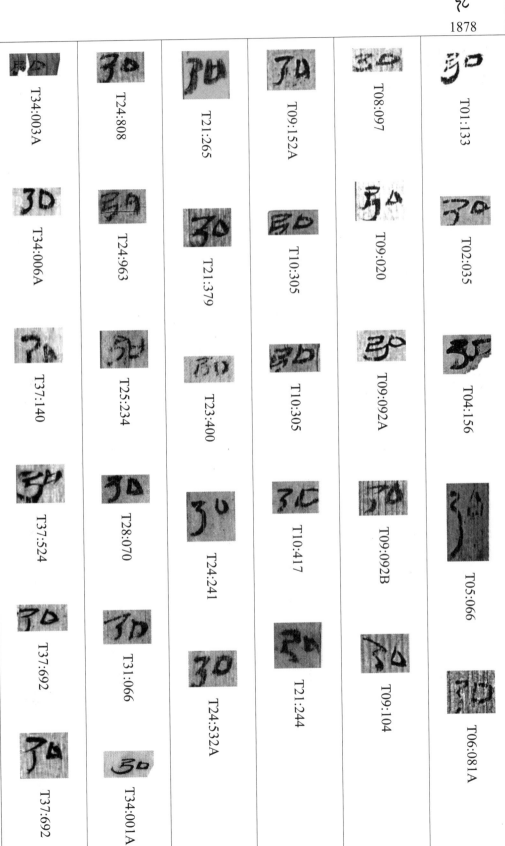

T37:983

T37:986

T37:1176

T37:1395

T37:1454

T37:1493

T37:1584

F01:002

F01:004

73EJF3:473

73EJF3:473

73EJD:28A

73EJD:37A

73EJD:37A

72EJC:114

72EJC:159A

73EJC:300

73EJC:478

72EBS7C:1A

弛

1879

72ECC:53

72ECC:53

弩

1880

T01:148

T01:152

T02:075

T04:038

T04:090

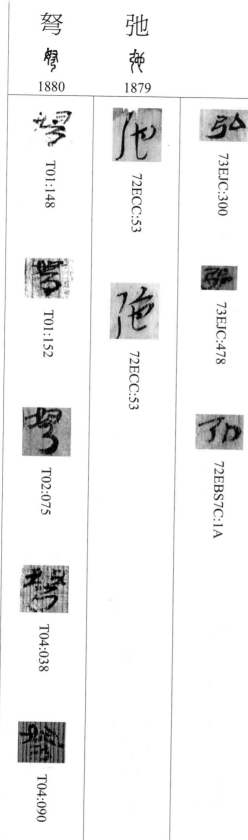

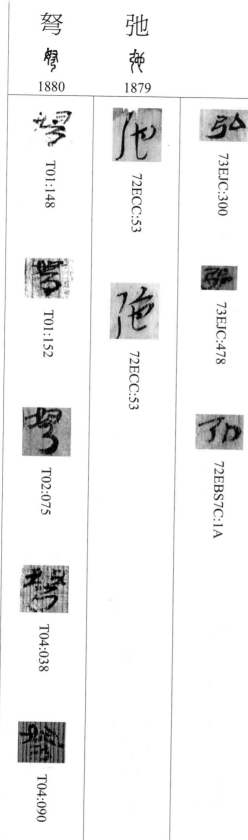

T06:019

T06:020

T07:065

T09:057

T10:131

T10:284

T21:016

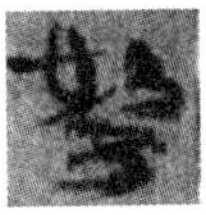
T21:046

T21:046

T21:163

T21:382

T22:024

T22:033

T22:112

T22:112

T22:112

T23:039

T23:145

T23:145

T23:644

T23:645

T23:765

T23:768

T23:768

T23:937

T23:970

T24:051

T24:208

T24:561

T24:565

T24:792

T24:846
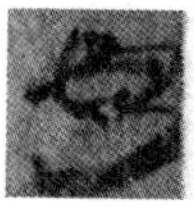
T24:985
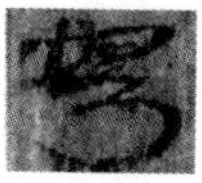
T25:009

T25:048

T25:056

T25:061

T27:019

T27:027

T29:003

T29:126A

T30:009

T30:035A

T30:035A

T30:113

T30:181

T30:248

T31:031

T37:624
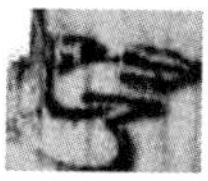
T37:773

T37:1126

T37:1557

T37:1589

H01:026

H01:034

H01:047

H02:008

H02:016
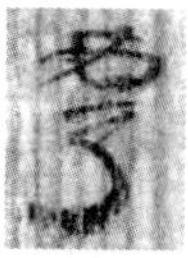
H02:039

F01:023A

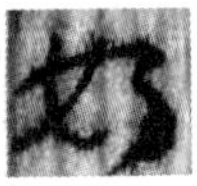
F01:026

73EJF3:268

73EJF3:446

73EJD:303
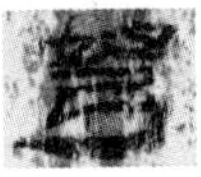
73EJD:309A

73EJD:309B

73EJD:312

73EJD:314A

73EJD:314B

72EJC:115

72EJC:281

73EJC:295

73EJC:509B

發

1881

T01:002

T01:126

T04:050

T04:178

T07:026B
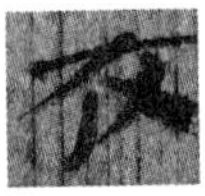
T08:051B

T09:093

T10:206

T21:078

T21:155

T22:101

T23:238

T23:298

T23:311

T23:362

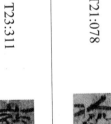

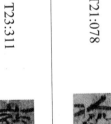

彊

1882

T23:855B

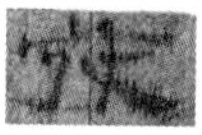
T23:947B

T24:979

T28:008A

T28:037

T30:057B

T31:009

T31:128

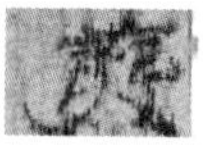
T37:100

T37:150

T37:408

T37:641

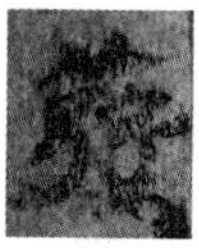
T37:788B

F01:026

F01:035

73EJF3:246

73EJT4H:63B

73EJD:87

73EJD:135A

73EJD:202

72EJC:2B

73EJC:509B

按：所从「癶」或訛作「艹」。

T06:121

彌

1883

T08:017

T26:027

T37:1004

弦

1884

T21:066

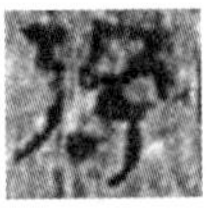
T21:066

T23:145

T23:160

T24:716

73EJD:309A

73EJD:309B

73EJC:306

按：所从「玄」或與「糸」同形。

孫

1885

T01:001

T01:001

T01:007

T01:203

T01:208

T02:012

T03:050

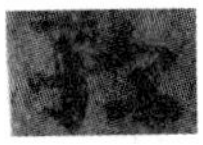
T03:059

T04:110A

T04:111

T05:008B

T06:051

T06:066B

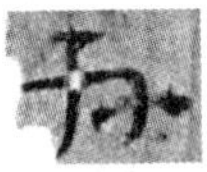
T06:177

T07:005

T07:025

T07:046

T07:090

T09:013

T10:291

T14:005

T15:021

T21:012
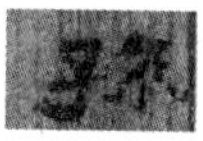
T21:022
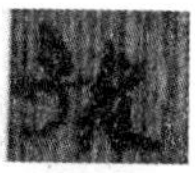
T21:095
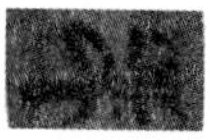
T21:099

T21:130A

T21:176

T21:312A
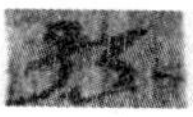
T23:083

T23:341

T23:344
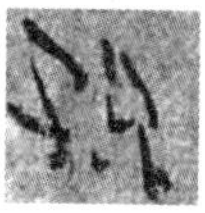
T23:344

T23:382

T23:481B

T23:481B

T23:667

T23:774

T23:808B

T23:878

T23:886

T23:943

T23:969

T24:028

T24:088

T24:149
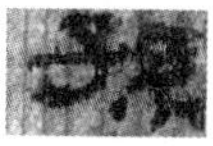
T24:247A

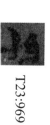

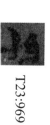

T24:258

T24:269B

T24:507A

T24:706

T24:724

T24:880

T24:924

T24:953

T25:088

T25:105

T26:056

T26:101

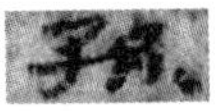
T26:137

T26:301

T28:087

T29:019A

T29:033

T29:070

T30:013

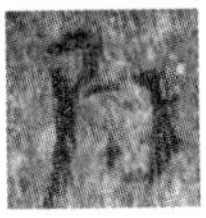
T30:029B

T30:062

T30:259

T31:019B

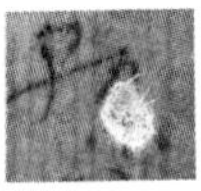
T31:039

T31:123

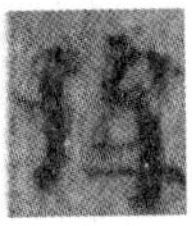
T31:127

T31:167

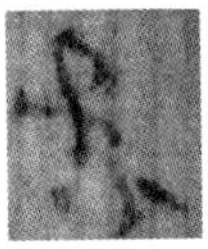
T32:032A

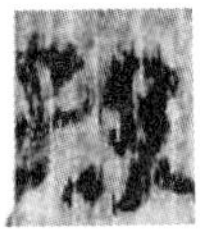
T37:005

T37:179A

T37:206

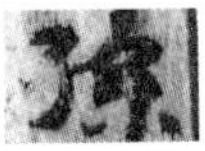
T37:226

T37:295

T37:452

T37:520A

T37:527

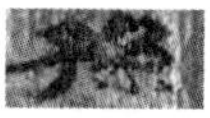
T37:530

T37:675

T37:746

T37:758

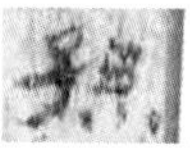
T37:787

T37:814

T37:834

T37:1007

T37:1007

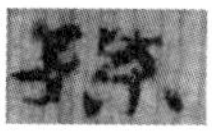
T37:1088

T37:1117

T37:1159

T37:1329

T37:1391

T37:1402

T37:1446

T37:1565

H01:075

H02:010

H02:022

H02:048B

H02:050

73EJF3:119A

73EJF3:138

73EJF3:258

73EJF3:359

73EJF3:361

73EJF3:362

73EJF3:375

73EJF3:427

73EJF3:440

73EJF3:458

73EJF3:505

73EJD:141

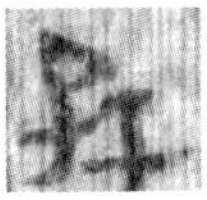
73EJD:201

72EJC:280

73EJC:294

73EJC:450B

繇

1886

T07:164

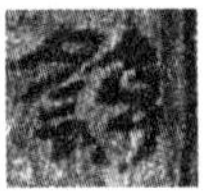
T10:228

T24:134

T24:583

T37:522A

肩水金關漢簡字形編·卷十三上

糸

1887

T31:030

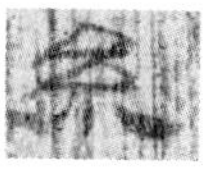
T37:726

73EJF3:433+274

73EJD:309A

73EJD:309B

73EJC:306

緒

1888

T37:1001

T37:1080

純

1889

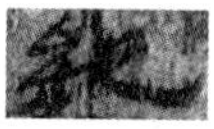
T30:056A

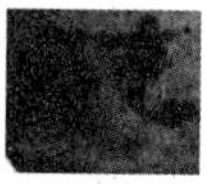
T31:047

經 1890

T24:395

T30:070

73EJF3:237

73EJF3:352

織 1891

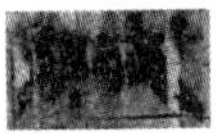
T24:742

T37:455

紝 1892

T24:742

緯 1893

T01:017

T10:428

T24:152

T30:035A

統 1894

T23:767

紀 1895

T10:116

T10:174

T29:076

T37:519A

73EJF3:178A

73EJC:337

73EJC:540

納

1896

T37:1029

絶

1897

T01:001

T05:071

T21:059

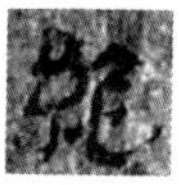
T21:066

T21:198A

T21:213

T23:019B

T23:198

T23:330

T31:023

H01:017

F01:011

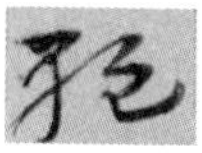
73EJF3:161

73EJT4H:9

續

1898

T03:055

T30:016

縱

1899

T07:016

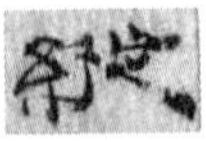
73EJC:302

73EJC:581

紓

1900

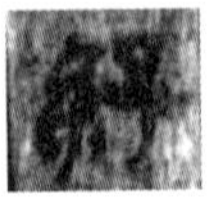
73EJD:26A

細

1901

T29:025A

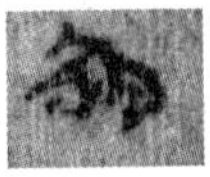
T29:114B

73EJC:599B

級

1902

T23:302B

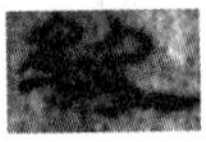
T26:032

T37:779

T37:1168

T37:1549

73EJF3:348A

總

1903

72ECC:3

約

1904

T01:123

T06:069

T21:103

T24:911

T28:013A

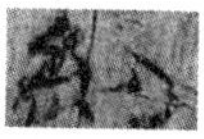

T29:019A

T37:1129

73EJF3:60

73EJC:291

縛

1905

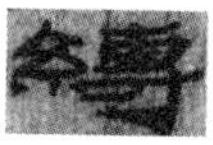

T30:144

給

1906

T03:054B

T03:055

T03:085

T04:005

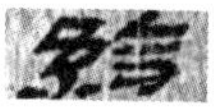

T06:056

T07:055

T07:058

T09:328

T10:222

T21:065

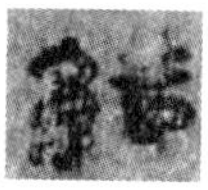

T21:096

T21:125A

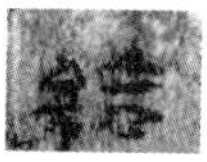

T23:114

T23:684

T23:697

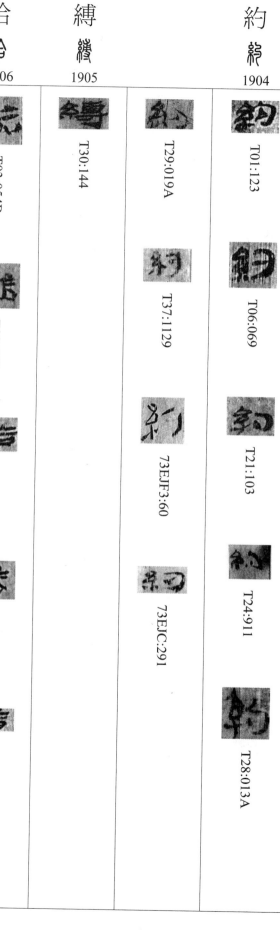

糸部 給

T23:750

T23:815

T23:880A

T23:897A

T24:032

T24:134

T24:235

T24:264A

T24:605

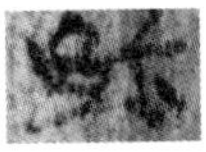
T25:045

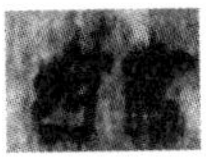
T28:077

T29:046

T30:016

T31:129

T33:040A

T37:120

T37:130

T37:194

T37:485A

T37:523A

T37:836A

T37:960

T37:1073

T37:1121

T37:1266

H02:007

F01:002

F01:004

F01:096

73EJF3:38

73EJF3:94

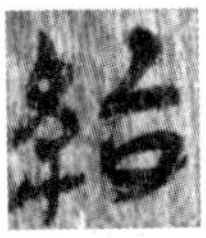
73EJF3:177

73EJF3:349

73EJF3:418

73EJD:36A

73EJC:307

73EJC:461

73EJC:483

73EJC:497

73EJC:522

73EJC:593

終

1907

T08:083

T37:776A

H02:045

H02:048A

H02:048B

繒

1908

T37:1334

縑

1909

T24:389

T27:004

T30:094A

73EJF3:267

73EJF3:267

73EJC:292

綈 1910

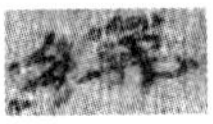
T21:052A

T37:455

練 1911

T05:026

T23:969

T23:975

縵 1912

T04:086

綠 1913

T21:052A

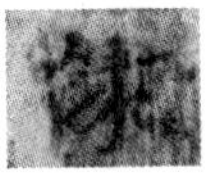
T31:079

T37:521

T37:521

T37:797

縹 1914

T21:387

T23:965

T27:125　按：金關簡从「剽」。第三形右殘。

絳 1915

T21:379

73EJF3:470+564+190+243

綰 1916

T02:088

T21:014

緹 1917

T21:066

T21:318

T21:326

T24:117

H01:018

紺 1918

T21:318

T32:032A

T32:032A

H01:018

綥 1919

T26:038

73EJC:599B

73EJC:599B

按：《說文》，綦「綥或从其」。

紘 1920

T24:255

紳 1921

T28:010

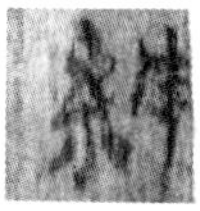
73EJD:40B

1922 綬

T26:194

T26:227A

1923 紐

T30:260

1924 紟

72EJC:119

1925 緣

T06:185

T22:149

1926 絝

T05:008A

T05:026

T21:451

T23:374

T29:060

T29:108

T29:118A

T30:094A

T37:646

T37:1151A

H02:016

綱
綱
1927

T37:852

繕
繕
1928

T29:092

73EJD:11

纍
纍
1929

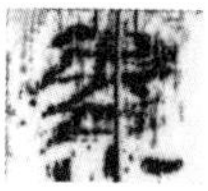
T01:160

T21:208

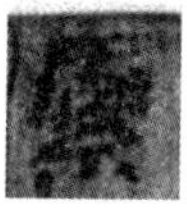
T22:005

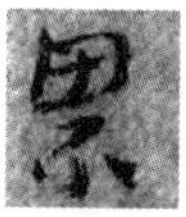
T23:359A

T23:622

T23:763

T23:919A

T24:150

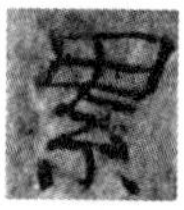
T24:291

T24:339A

T24:711

T24:783

T24:887

T29:042

T29:050

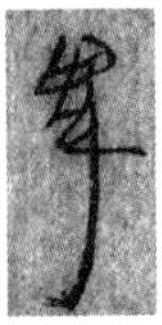
T30:028A

T30:102

T30:213

T30:215+217

T37:024B

T37:708A

T37:757

T37:760

T37:1543

F01:123

73EJF3:19

73EJF3:98

73EJF3:140

73EJF3:280

73EJF3:359

73EJF3:510B

72EJC:137

72EJC:155A

73EJC:599B

72ECC:18

緱

1930

T04:052

T09:040

T11:031B

T23:146

T29:039

T31:038

繩

1931

T37:064

T37:752A

T04:001

T04:086

T06:062A

T21:355

T21:443

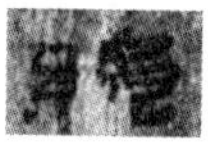

T23:521

T24:416A

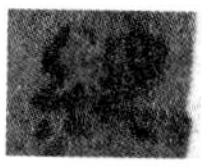

T28:105

73EJD:136

73EJC:324

72ECC:13

絇

1932

T37:132

編

1933

T08:102A

T09:250

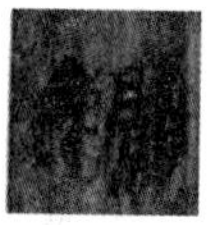

T21:108

T21:173

T22:026

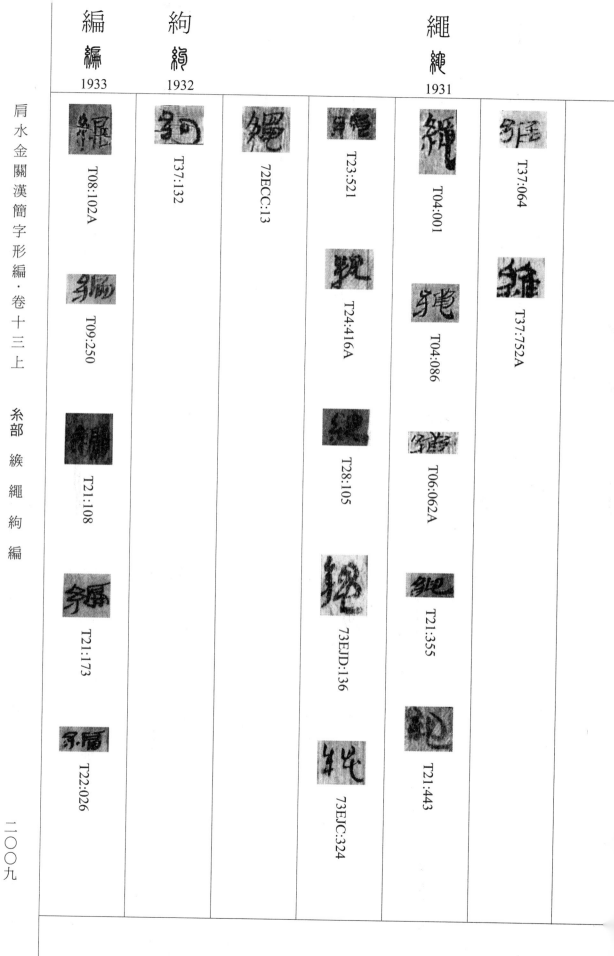

T23:350

T23:573

T23:855A

T24:031A

T24:564

T25:087

T25:169

T28:016

T28:044

T30:034A

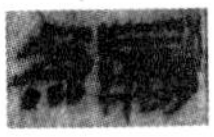
T30:059A

T31:065

T37:001

T37:738A

T37:1537A

H02:028

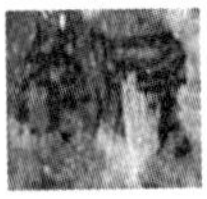
73EJT4H:68

73EJD:22

73EJC:603

維

1934

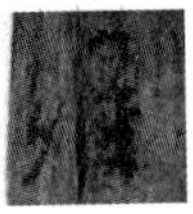
T23:198

T23:412

73EJD:69

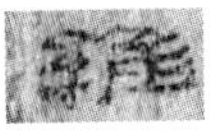
73EJC:291

紑

1935

T05:044A

按：《說文》，「紑或从艸」。

紂

1936

T37:703

絮

1937

T24:006B

T28:073

T31:030

T37:024B

73EJF3:433+274

73EJC:292

纊

1938

T06:092

紨

1939

T08:071

緆

1940

T29:108

絜 1941

T06:059

T08:070

T21:426

T26:238

繆 1942

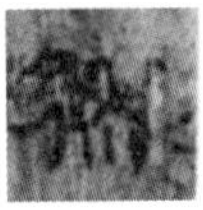
T23:280

絣 1943

73EJC:399

綏 1944

T08:017

T26:027

T31:062

T37:783A

T37:1004

T37:1067A

73EJC:567A

縪 1945

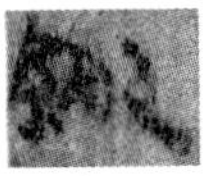
T26:271

繁 1946

73EJD:19A

73EJC:391

73EJC:424

73EJC:575

䌬 1947

T22:149

素 1948

T21:131A

T21:345

T24:322

T29:114B

T30:124+96+123

T37:794

73EJC:616

䋺 1949

T37:792

H01:031A

H01:031A 按：《說文》，緩「䋺或省」。

絲 1950

T05:060

T23:768

率 1951

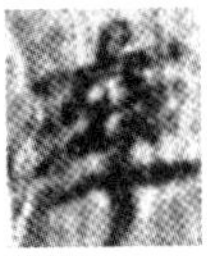
T06:143

T21:010

T21:097

T21:142

T21:150

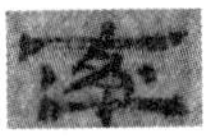
T26:023

T30:018

72EDAC:7

72EDAC:7

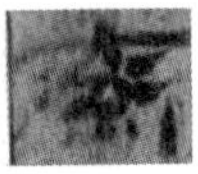
72EDAC:7

虫 1952

T24:710

雖 1953

T23:566

72ECC:1+2A

強 1954

T02:048

T02:053A

T05:013

T05:013

T06:098

T09:040

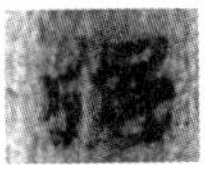
T11:023

T21:294

T21:316

T26:033

T37:224

T37:888

T37:1092

T37:1431

H02:047A

H02:048A

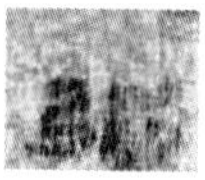
H02:067

73EJF3:124B

73EJF3:127A

73EJF3:514B

73EJD:288

72EJC:115

72EDAC:6

蜀

1955

T30:193

T37:969

蠲

1956

73EJC:291

肩水金關漢簡字形編·卷十三下

蠶

1957

T23:909A

蝨

1958

T03:070

T11:005

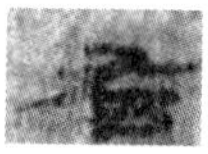
T21:063A

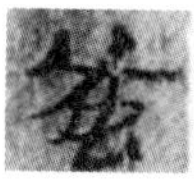
T23:115

T23:196B

T24:026

T31:102A

T37:1052A

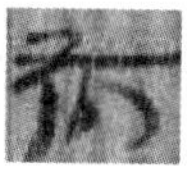
H02:053A

73EJF3:189+421

73EJD:185

72EJC:3

72EJC:158B

73EJC:311

72ECC:13

按：《說文》，「蝨或从虫」。

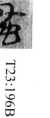

蝨 1959

T01:152

蠭 1960

T07:016

蠹 1961

73EJF3:336+324

按：《說文》，螙「蠹或从虫」。

風 1962

T05:066

T08:064

T09:156

T28:013A

T28:061

T37:741

73EJC:611

它 1963

T06:118A

T07:197

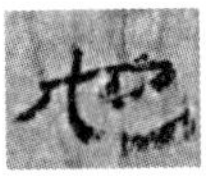
T10:206

T21:047

T21:239

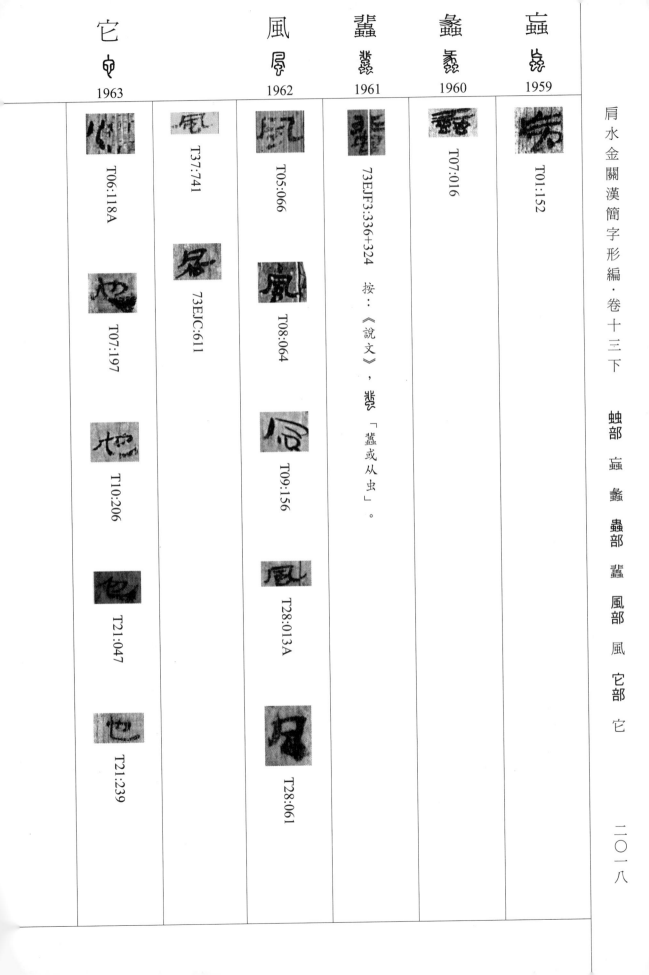

它部　它

T21:345

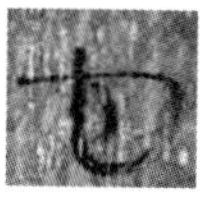
T21:495

T23:141B

T23:359A

T23:359A

T23:360A

T23:620

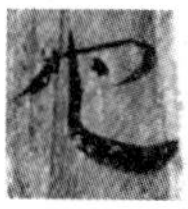
T23:683

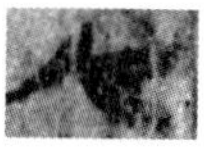
T23:919A

T23:919A

T24:011

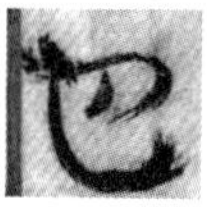
T24:011

T24:015A

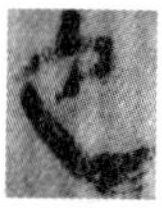
T24:065A

T24:375

T24:378

T24:712

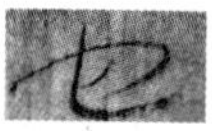
T24:820

T26:002A

T28:013B

T28:107

T30:026

T30:032

T31:105

T31:149

T35:006

T37:776A

T37:1438

T37:1441B

T37:1491

H01:033

73EJF3:182A

73EJF3:329A

73EJF3:633

73EJD:39A

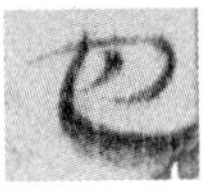
73EJD:285B

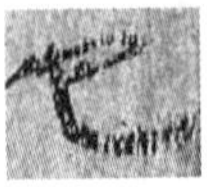
73EJC:599A

二

1964

T01:005

T01:042

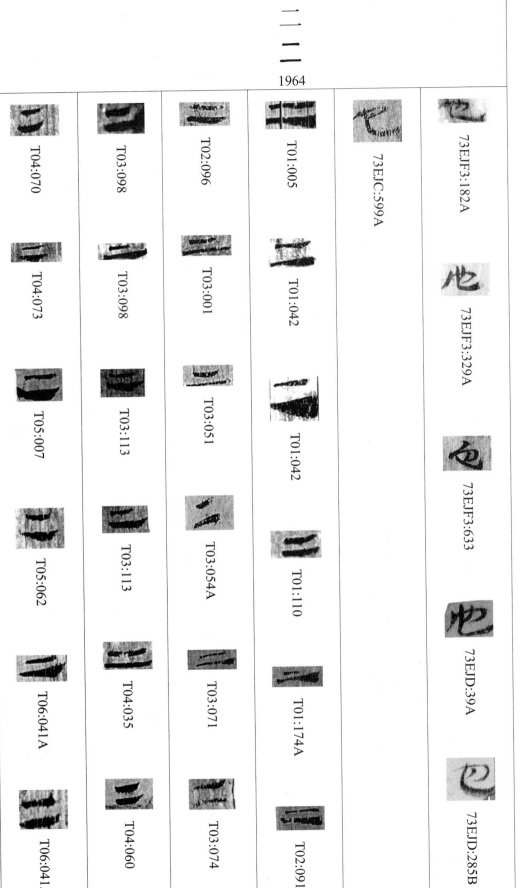

T01:042

T01:110

T01:174A

T02:091

T02:096

T03:001

T03:051

T03:054A

T03:071

T03:074

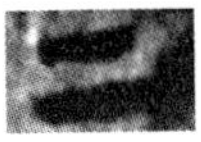
T03:098

T03:098

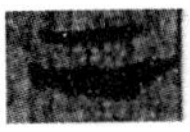
T03:113

T03:113

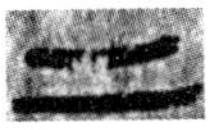
T04:035

T04:060

T04:070

T04:073

T05:007

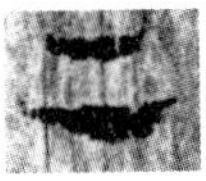
T05:062

T06:041A

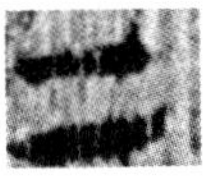
T06:041A

 T06:055	 T06:067A	 T06:135B	 T07:003	 T07:074	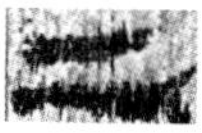 T07:082
 T07:097	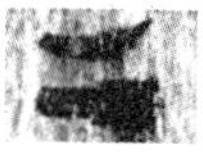 T07:109	 T07:135	 T08:051A	 T09:011	 T09:049
 T09:057	 T09:082	 T09:086	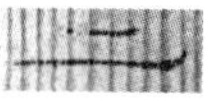 T09:087	 T09:092A	 T09:092A
 T09:122	 T09:228	 T10:067	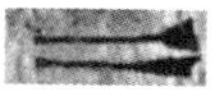 T10:069	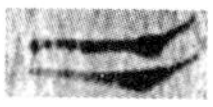 T10:069	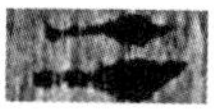 T10:070
 T10:073	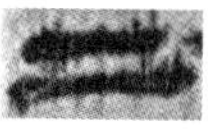 T10:073	 T10:078	 T10:079	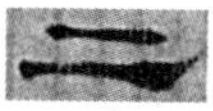 T10:080	 T10:080
 T10:081	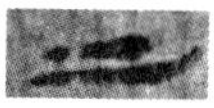 T10:081	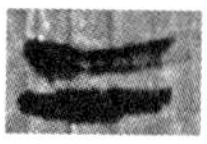 T10:082	 T10:082	 T10:084	 T10:087

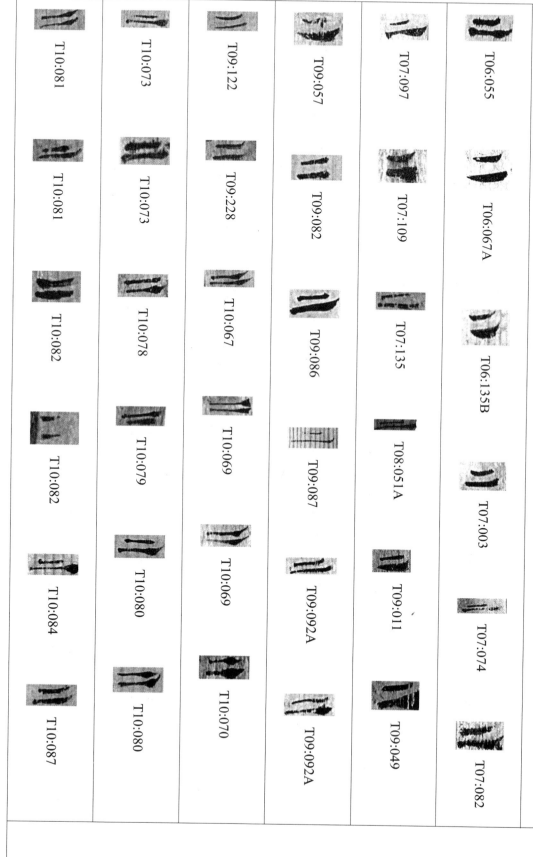

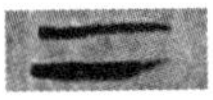 T10:116	 T10:121A	 T10:125	 T10:125	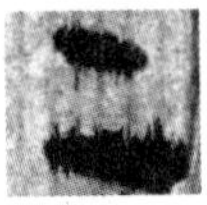 T10:126	 T10:131
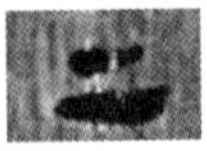 T10:131	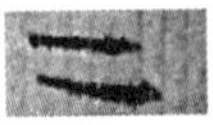 T10:136	 T10:147	 T10:148	 T10:160	 T10:162
 T10:175	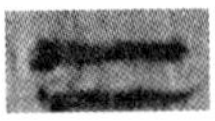 T10:309	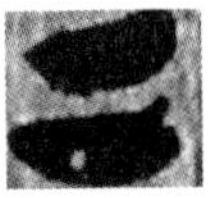 T10:313A	 T10:315A	 T10:315A	 T10:327A
 T10:341	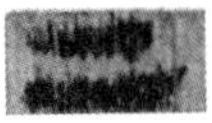 T10:400	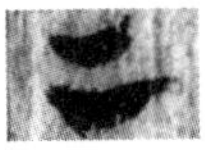 T14:005	 T14:012	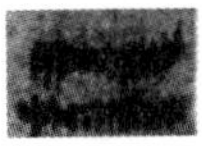 T14:013	 T14:018
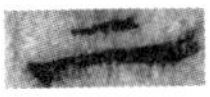 T15:004	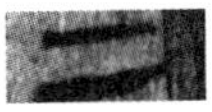 T21:006	 T21:006	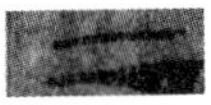 T21:059	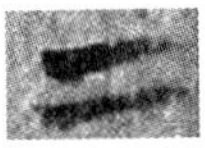 T21:097	 T21:100
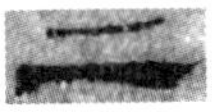 T21:137	 T21:137	 T21:137	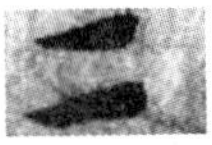 T21:145	 T21:205A	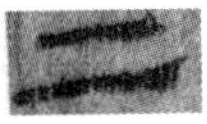 T21:206A

 T21:227B	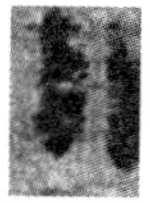 T21:234	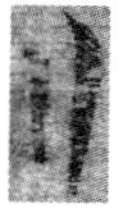 T21:239	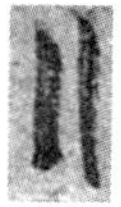 T21:245	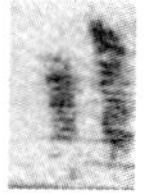 T21:277	 T21:281
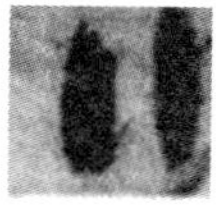 T21:284	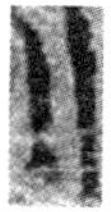 T21:386	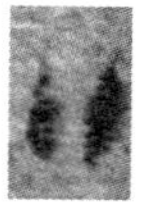 T21:408	 T21:408	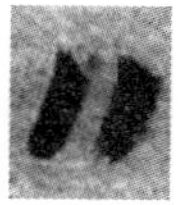 T21:418	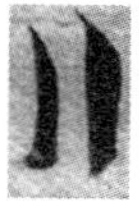 T21:440
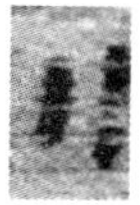 T22:001	 T22:005	 T22:035	 T22:054	 T22:084	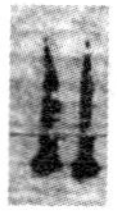 T22:084
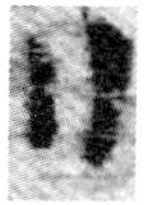 T22:091	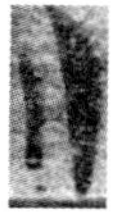 T22:103	 T22:111A	 T23:001A	 T23:003	 T23:004
 T23:018	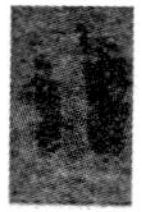 T23:038	 T23:054	 T23:077A	 T23:079A	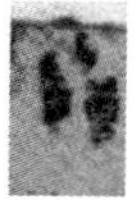 T23:118
 T23:119	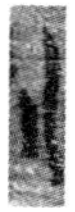 T23:141A	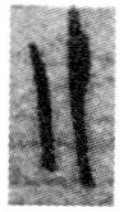 T23:145	 T23:148	 T23:236	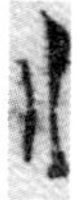 T23:257

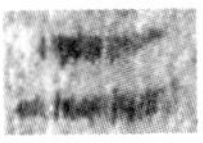
T23:263

T23:271

T23:284
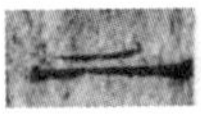
T23:290

T23:305
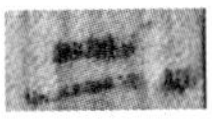
T23:347

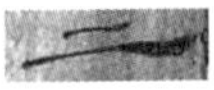
T23:354A
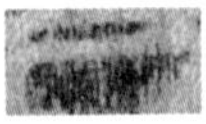
T23:357
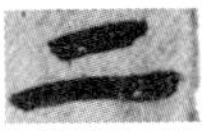
T23:419
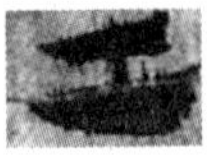
T23:480
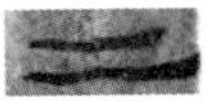
T23:499
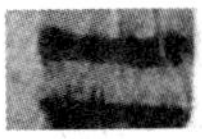
T23:552

T23:560
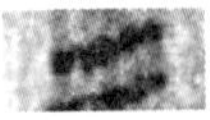
T23:567
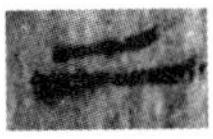
T23:573
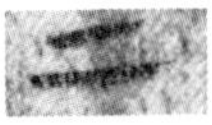
T23:584

T23:620
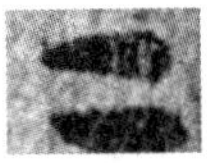
T23:662

T23:678A

T23:684

T23:688
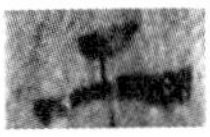
T23:703
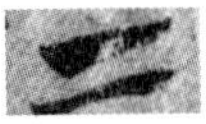
T23:756

T23:897A

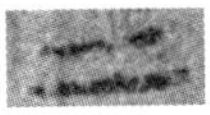
T23:905
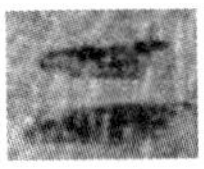
T23:931
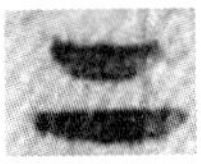
T23:933
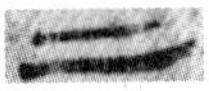
T23:963

T23:964

T24:004

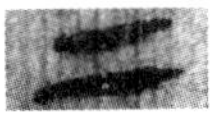
T24:015B
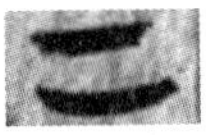
T24:026
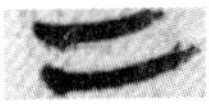
T24:026

T24:028
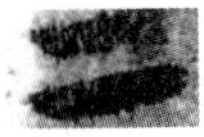
T24:043
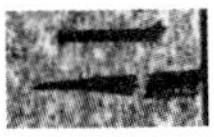
T24:044

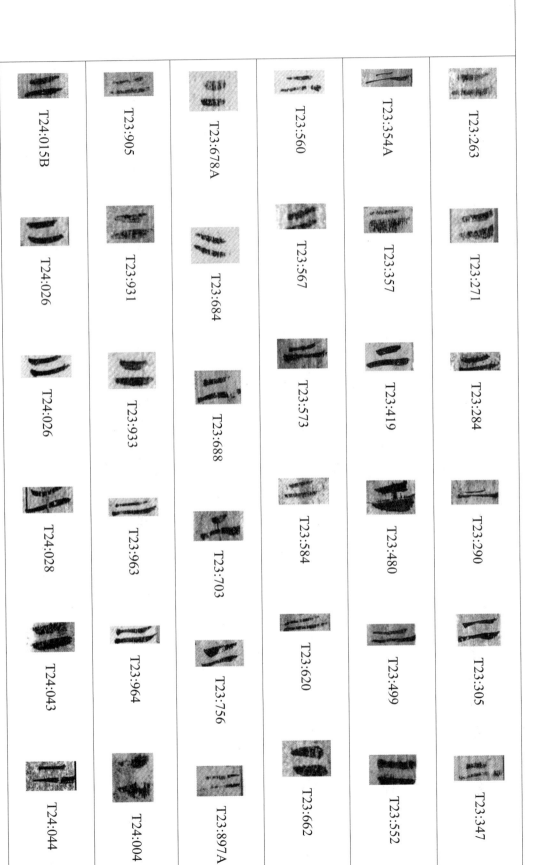

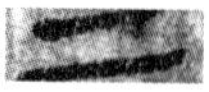
T24:052
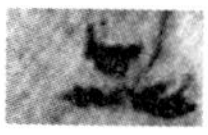
T24:143
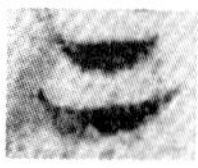
T24:143
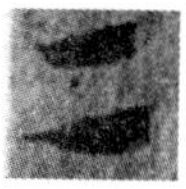
T24:150
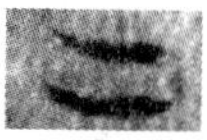
T24:205
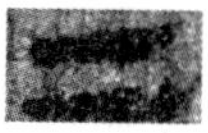
T24:247A

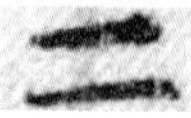
T24:248
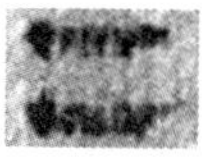
T24:249

T24:259
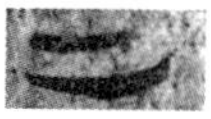
T24:265

T24:300
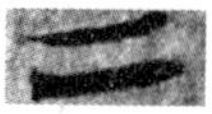
T24:354

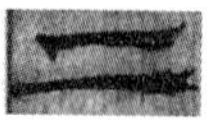
T24:380
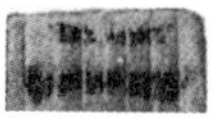
T24:384A
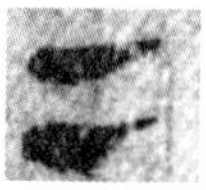
T24:393
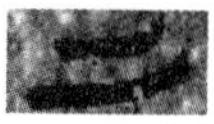
T24:494
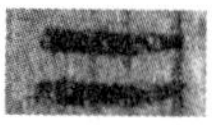
T24:553

T24:590

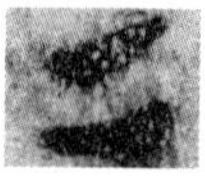
T24:613
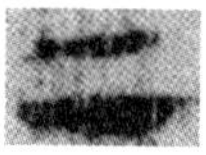
T24:716

T24:723

T24:743
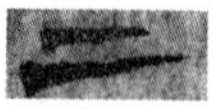
T24:743
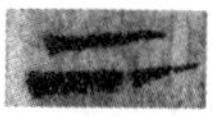
T24:743

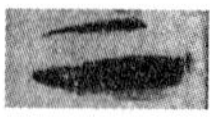
T24:896B
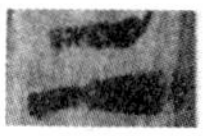
T24:928
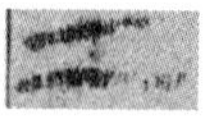
T24:959
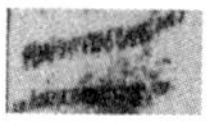
T24:959
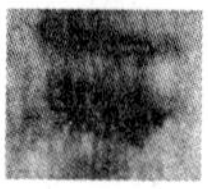
T24:972
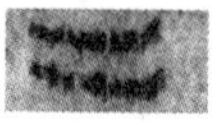
T25:005

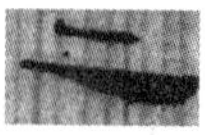
T25:006
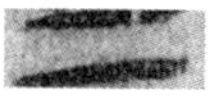
T25:007A

T25:030
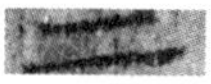
T25:055
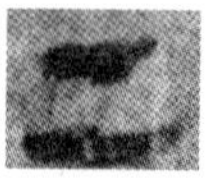
T25:068
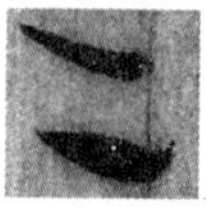
T25:069

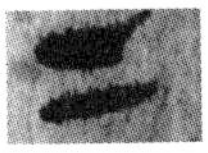
T25:105

T26:016

T26:016

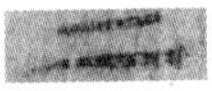
T26:023

T26:023

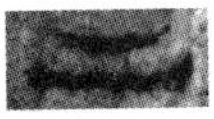
T26:032

T26:033

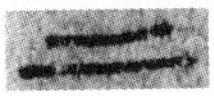
T26:050

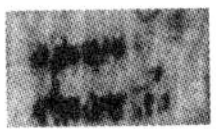
T26:058

T26:089

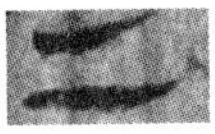
T26:108

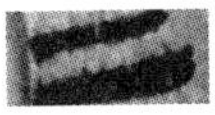
T26:111

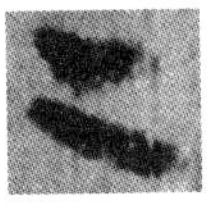
T26:118

T26:122

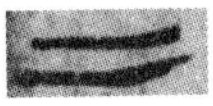
T26:123

T26:153

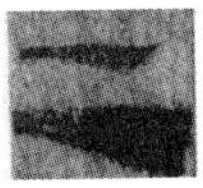
T26:239

T26:305

T27:010

T27:023

T27:029

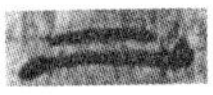
T27:029

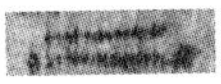
T27:066

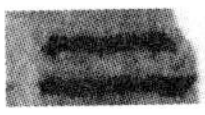
T27:092

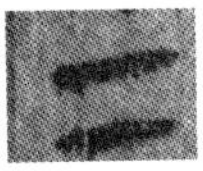
T28:009A

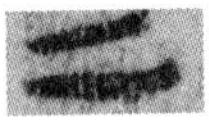
T28:023

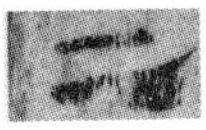
T28:034A

T28:034A

T28:040

T28:054

T28:055

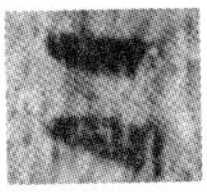
T28:102

T28:103

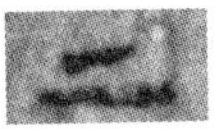
T28:107

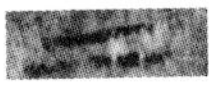
T28:109

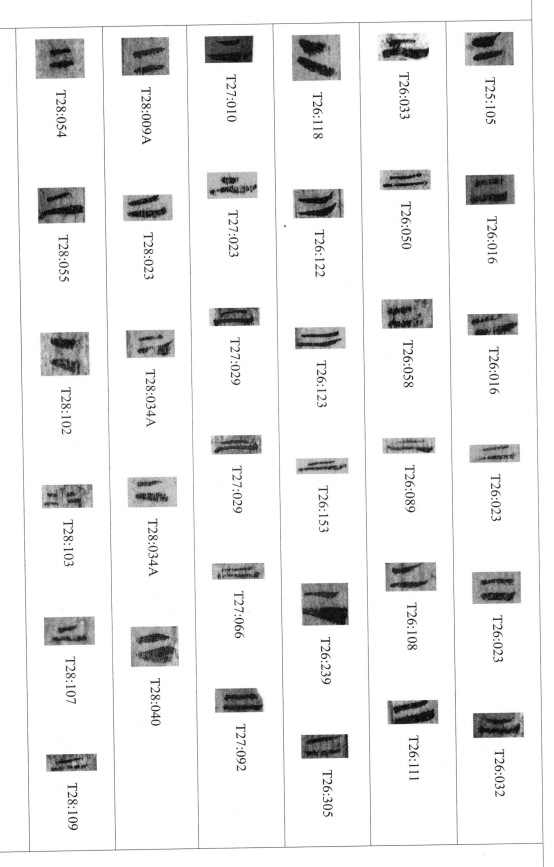

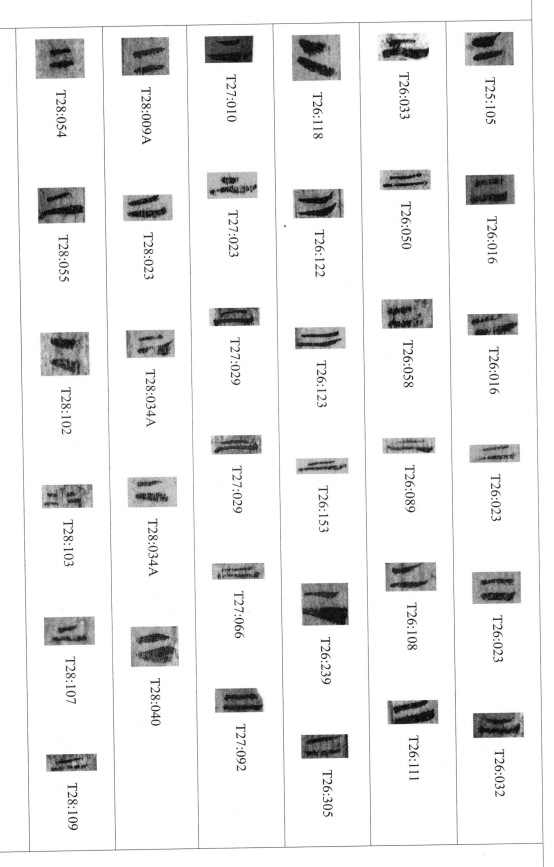

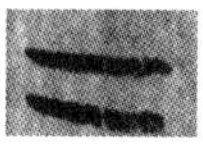
T29:001

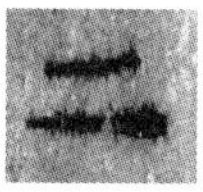
T29:014

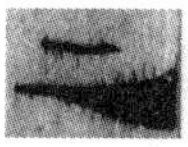
T29:014

T29:017

T29:048

T29:097

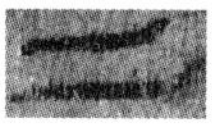
T29:113

T29:115A

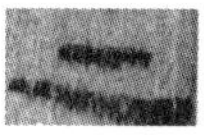
T29:118A

T29:125B

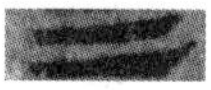
T30:001

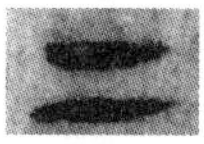
T30:005

T30:010

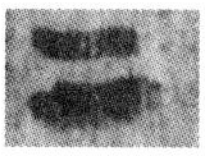
T30:017

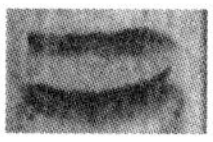
T30:017

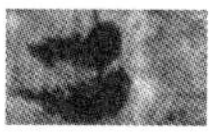
T30:020

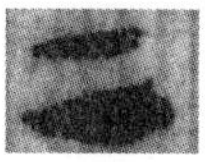
T30:021A

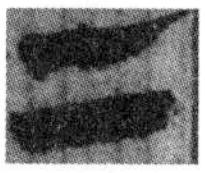
T30:024B

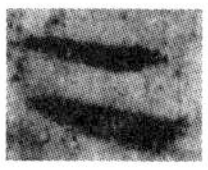
T30:025

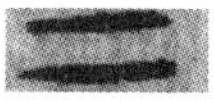
T30:031

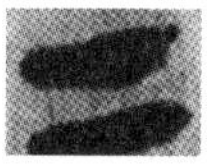
T30:032

T30:032

T30:035A

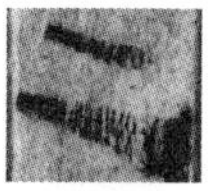
T30:035A

T30:045

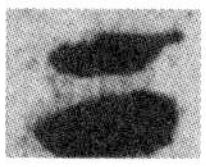
T30:047

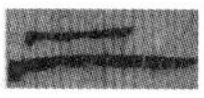
T30:048

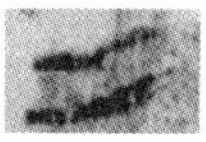
T30:057B

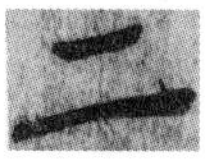
T30:081B

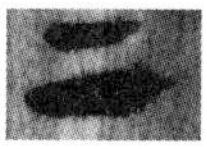
T30:085

T30:094A

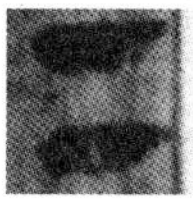
T30:121

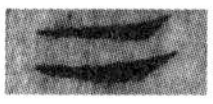
T30:136

T30:136

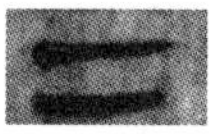
T30:147

T30:186

T30:190

T30:194

T30:202
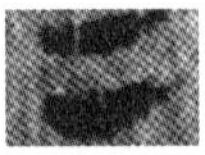
T30:214
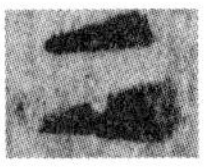
T30:246
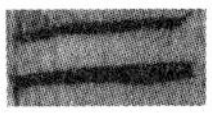
T30:264
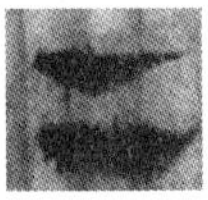
T30:265
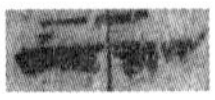
T31:028

T31:060

T31:062
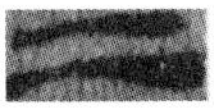
T31:066
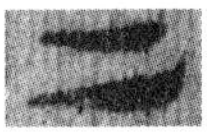
T31:066
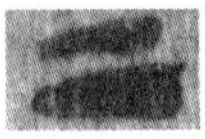
T31:078
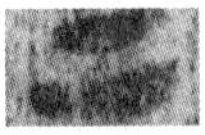
T31:081
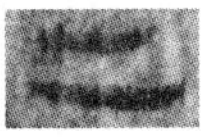
T31:090
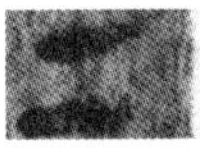
T31:114A
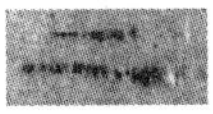
T31:147
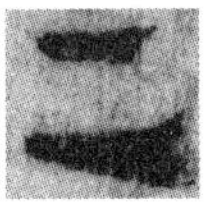
T32:010
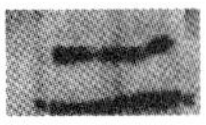
T32:039
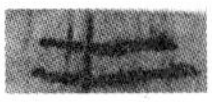
T32:039
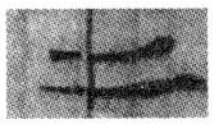
T32:039
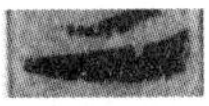
T32:057

T33:014
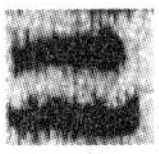
T33:040A
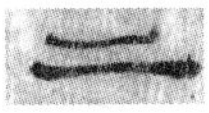
T34:001A
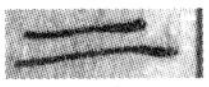
T34:001A

T34:010

T34:013
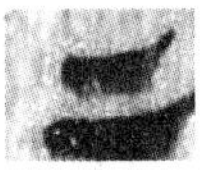
T34:017

T34:021
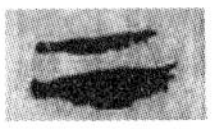
T34:021

T35:002

T35:005
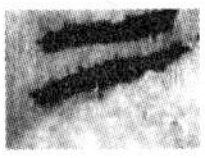
T37:003A
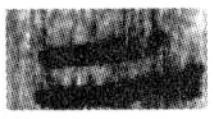
T37:016

T37:017

T37:055

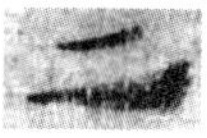
T37:058

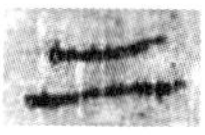
T37:058

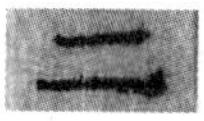
T37:058

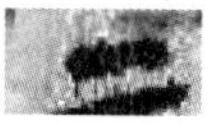
T37:078

T37:085

T37:087

T37:113

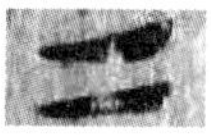
T37:130

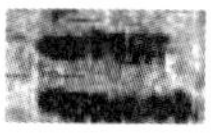
T37:132

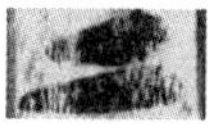
T37:167

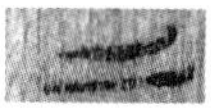
T37:175

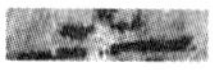
T37:176

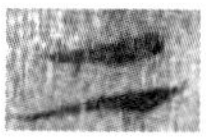
T37:178

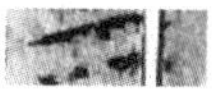
T37:230

T37:245B

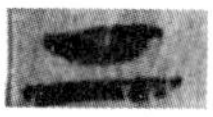
T37:255A

T37:269

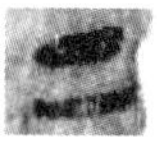
T37:290A

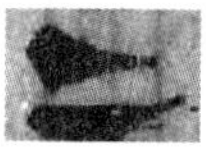
T37:353

T37:365

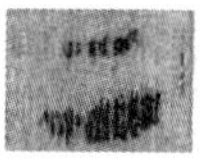
T37:371

T37:414

T37:523A

T37:523A

T37:524

T37:526

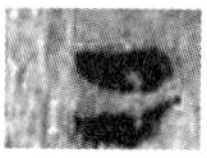
T37:529

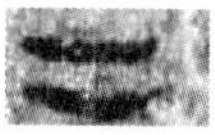
T37:532

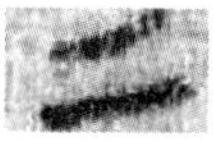
T37:623

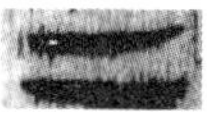
T37:624

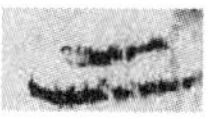
T37:626

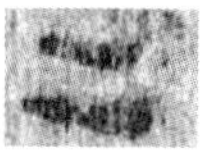
T37:632

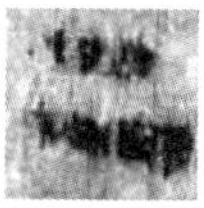
T37:632

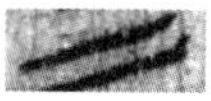
T37:636

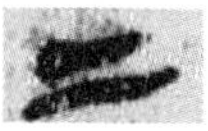
T37:649

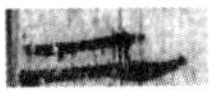
T37:651A
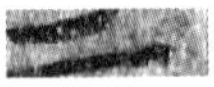
T37:658

T37:669
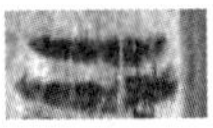
T37:672
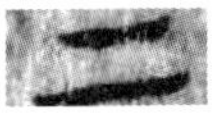
T37:696

T37:702A

T37:713

T37:715

T37:730
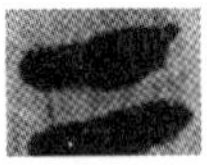
T37:740A
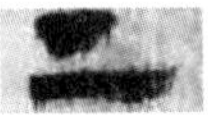
T37:745
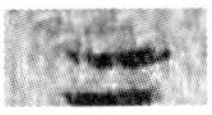
T37:755

T37:755
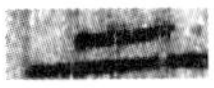
T37:756

T37:758
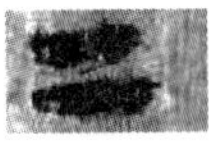
T37:758
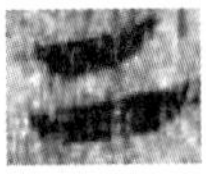
T37:761
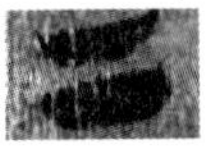
T37:762

T37:763

T37:767
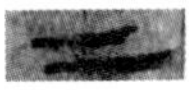
T37:770A
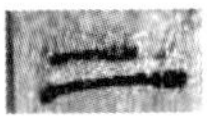
T37:770A
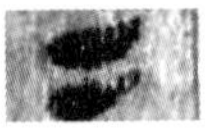
T37:778
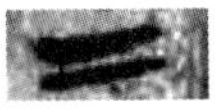
T37:779

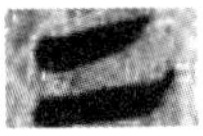
T37:779
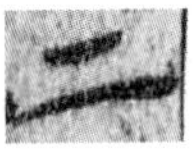
T37:783A

T37:791

T37:796
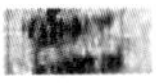
T37:796
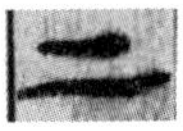
T37:798

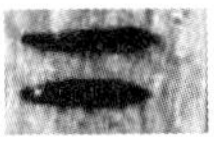
T37:800A

T37:802
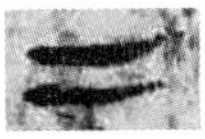
T37:803A
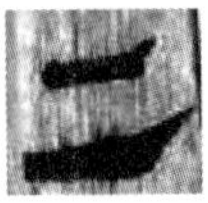
T37:808

T37:836A

T37:841
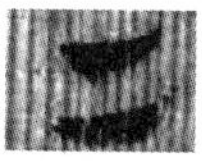
T37:847

T37:871

T37:871
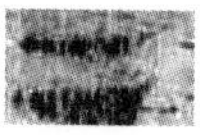
T37:876A
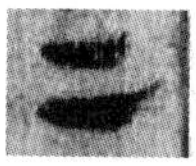
T37:876A

T37:918
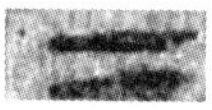
T37:920
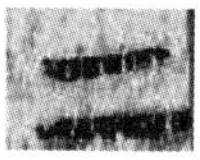
T37:939

T37:962A

T37:963
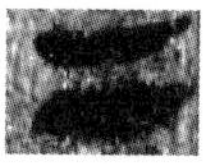
T37:988
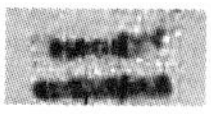
T37:992
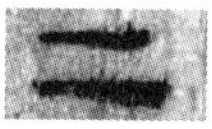
T37:993
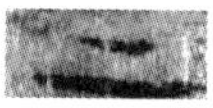
T37:993
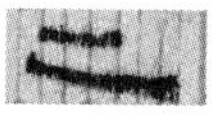
T37:994

T37:995

T37:996
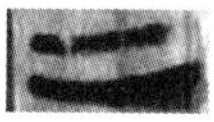
T37:996
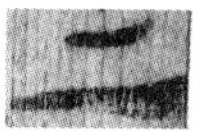
T37:998

T37:999

T37:1006
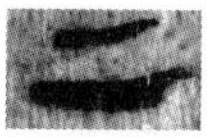
T37:1007

T37:1058

T37:1060

T37:1061A

T37:1067A
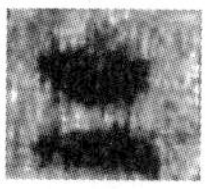
T37:1070
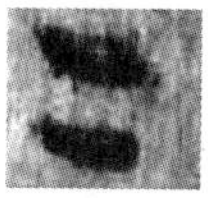
T37:1070

T37:1078

T37:1086

T37:1090

T37:1100

T37:1102

T37:1111

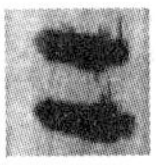
T37:1140

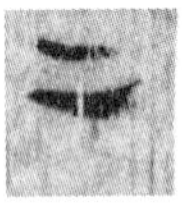
T37:1142

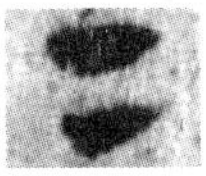
T37:1145

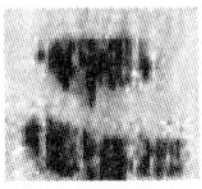
T37:1154

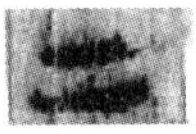
T37:1193

T37:1211

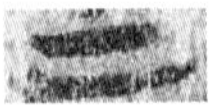
T37:1235

T37:1240

T37:1243

T37:1343

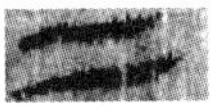
T37:1382

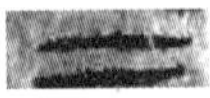
T37:1444

T37:1450

T37:1493

T37:1529

T37:1537A

T37:1538

T37:1540

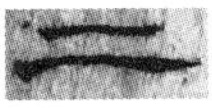
T37:1540

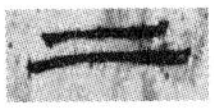
T37:1541

T37:1543

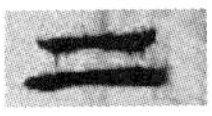
T37:1545

T37:1546

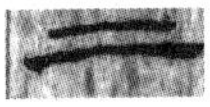
T37:1548

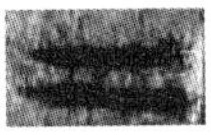
T37:1548

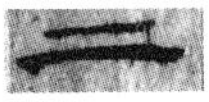
T37:1550

T37:1553

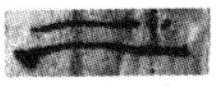
T37:1554

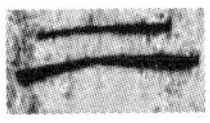
T37:1557

T37:1557

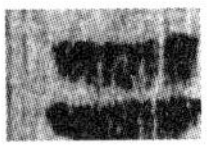
T37:1582

T37:1587

H01:003A

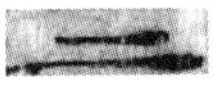
H01:003A

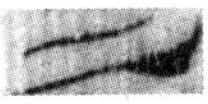
H01:012B

H01:014

H01:014

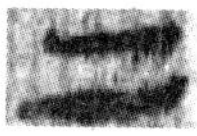
H01:023

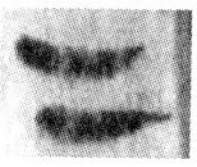
H01:029

H01:034

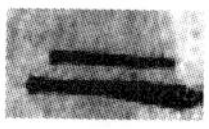
H01:047

H01:062

H02:002

H02:010

H02:011

H02:020

H02:027

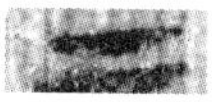
H02:051

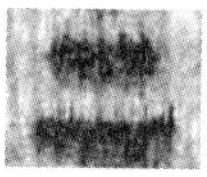
H02:051

F01:012

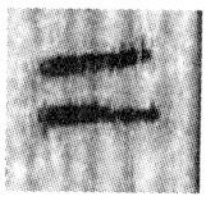
F01:026

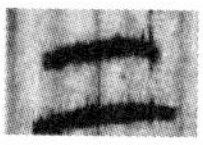
F01:026

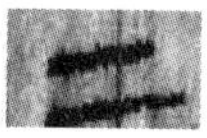
F01:026

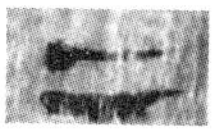
F01:031

F01:031

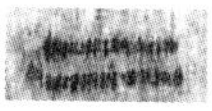
73EJF2:10

73EJF2:14

73EJF2:19

73EJF2:23

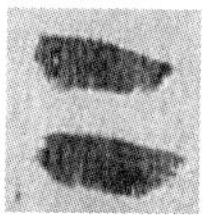
73EJF2:44

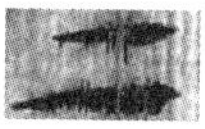
73EJF3:2

73EJF3:39A

73EJF3:39B

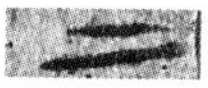
73EJF3:40B

73EJF3:41B

73EJF3:47

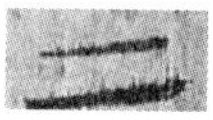
73EJF3:58

73EJF3:86

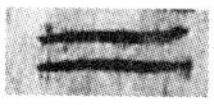
73EJF3:90

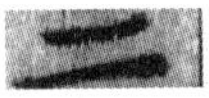
73EJF3:91

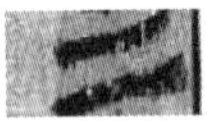
73EJF3:91

73EJF3:92

73EJF3:101

73EJF3:101

73EJF3:106

73EJF3:106

73EJF3:107

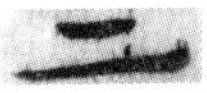
73EJF3:108

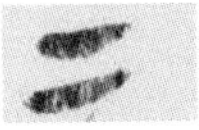
73EJF3:110

73EJF3:110

73EJF3:111

73EJF3:116A

73EJF3:117A

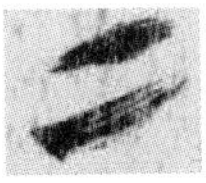
73EJF3:117A

73EJF3:119A

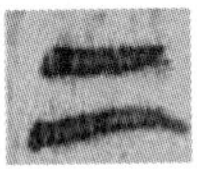
73EJF3:120A

73EJF3:123A

73EJF3:130

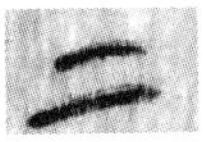
73EJF3:131

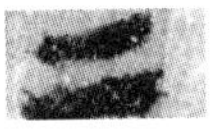
73EJF3:132

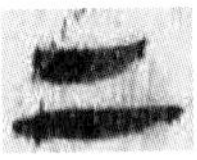
73EJF3:139

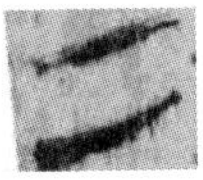
73EJF3:140

73EJF3:141

73EJF3:142

73EJF3:150A

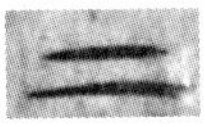
73EJF3:153

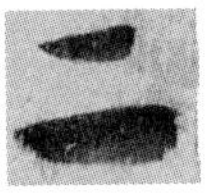
73EJF3:159A

73EJF3:160

73EJF3:172

73EJF3:172

73EJF3:172

73EJF3:178A
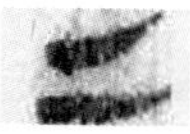
73EJF3:178A

73EJF3:181

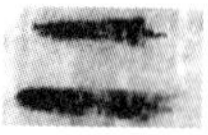
73EJF3:182A

73EJF3:184A
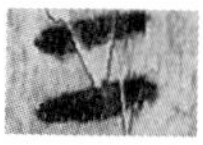
73EJF3:225

73EJF3:238A
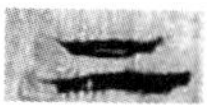
73EJF3:242

73EJF3:242

73EJF3:242

73EJF3:249

73EJF3:264

73EJF3:279

73EJF3:319

73EJF3:326

73EJF3:326

73EJF3:326

73EJF3:326

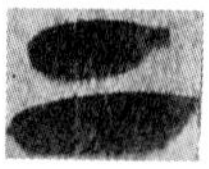
73EJF3:327

73EJF3:368

73EJF3:368

73EJF3:369

73EJF3:370

73EJF3:371
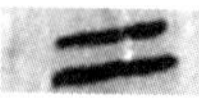
73EJF3:372

73EJF3:372
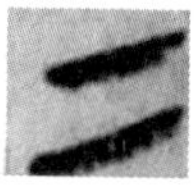
73EJF3:373

73EJF3:396

73EJF3:405

73EJF3:409
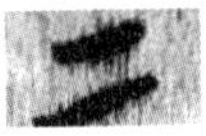
73EJF3:418

73EJF3:419
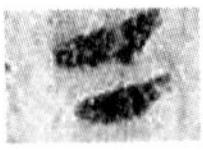
73EJF3:431

73EJF3:477

73EJF3:520
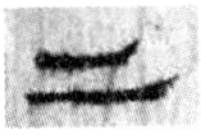
73EJF3:523

73EJF3:545

73EJF3:546

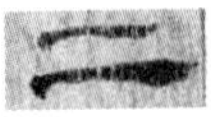
73EJF3:565

73EJF3:588
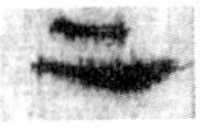
73EJD:1

73EJD:3

73EJD:4

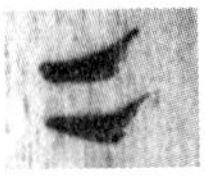
73EJD:4
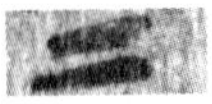
73EJD:5

73EJD:7
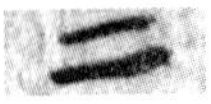
73EJD:9
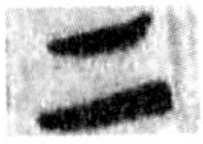
73EJD:9

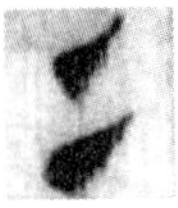
73EJD:34
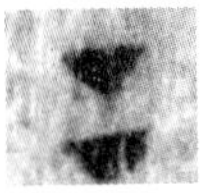
73EJD:3

73EJD:39B
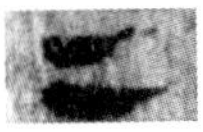
73EJD:40A

73EJD:66

73EJD:71A

73EJD:76

73EJD:82

73EJD:88B

73EJD:131

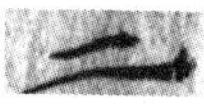
73EJD:154A

73EJD:193

73EJD:198

73EJD:198

73EJD:198

73EJD:211

73EJD:211
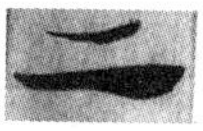
73EJD:225

73EJD:226

73EJD:231

73EJD:235
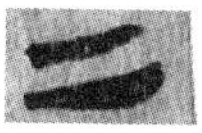
73EJD:247
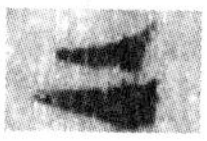
73EJD:249

73EJD:256
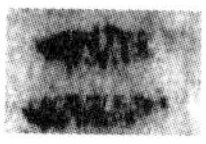
73EJD:289A

73EJD:306A

73EJD:319C

73EJD:353
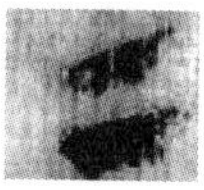
73EJD:372
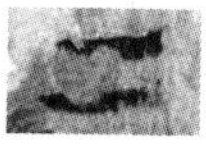
72EJC:1

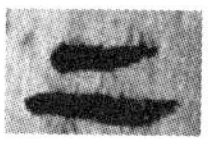
72EJC:2A
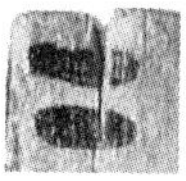
72EJC:2B

72EJC:16

72EJC:19
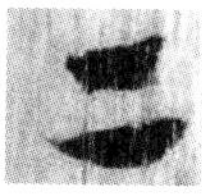
72EJC:28

72EJC:31
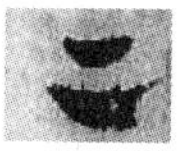
72EJC:42
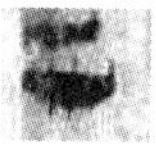
72EJC:96
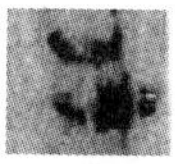
72EJC:96

72EJC:107

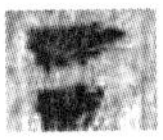
72EJC:119

72EJC:119

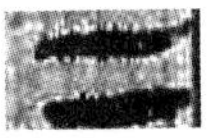
72EJC:145

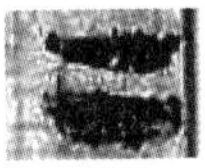
72EJC:145

72EJC:146

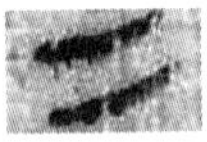
72EJC:149

72EJC:191

72EJC:192

72EJC:194

72EJC:197

72EJC:198

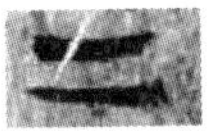
72EJC:278

72EJC:284

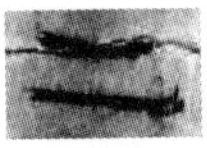
72EJC:290

73EJC:295

73EJC:303

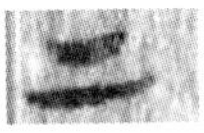
73EJC:306

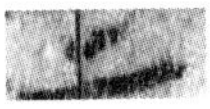
73EJC:316B

73EJC:337

73EJC:338

73EJC:348

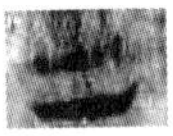
73EJC:348

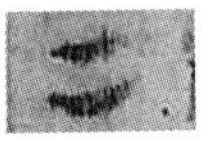
73EJC:398

73EJC:398

73EJC:416

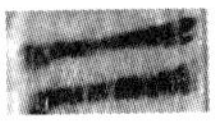
73EJC:417

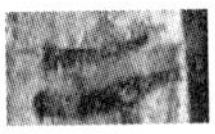
73EJC:452

73EJC:465

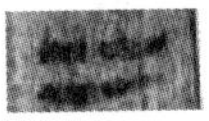
73EJC:492

73EJC:544

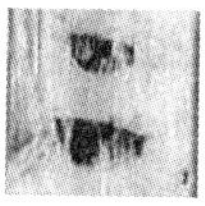
73EJC:587

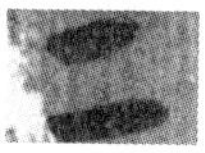
72EDAC:6

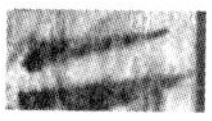
72EDAC:7

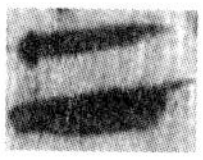
72EDAC:7

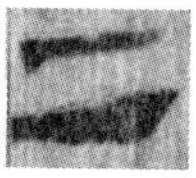
72EDAC:7

72ECC:4

72ECC:33

72ECC:37

72EDIC:3

72EBS7C:1A

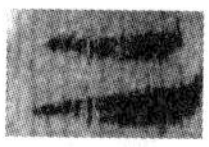
72EBS7C:1A

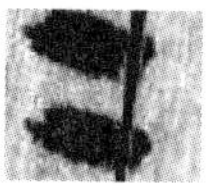
72EBS7C:2A

亟

1965

T07:025

T23:136

73EJD:45

凡

1966

T01:030

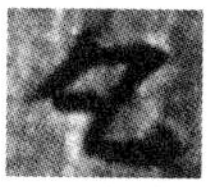
T03:098

T03:100

T04:075

T05:008A

T06:153

T06:159A

T07:066

T07:163

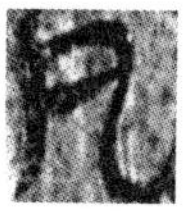
T08:029

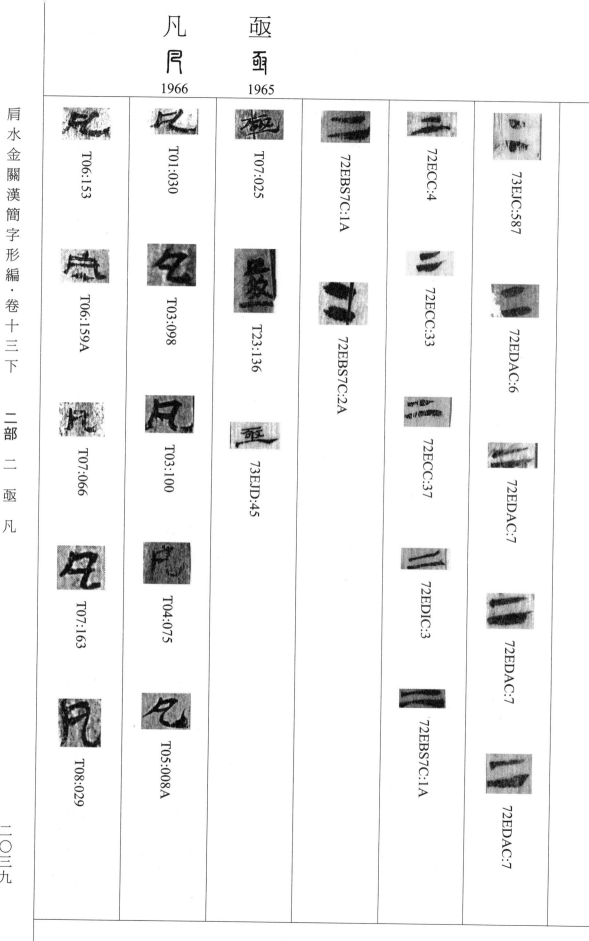

T08:038

T09:032

T09:091

T10:068

T10:071

T10:082
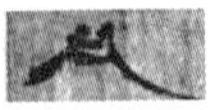
T10:085

T10:099

T10:344

T10:369

T10:414

T21:009
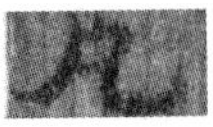
T21:106

T21:172

T21:188
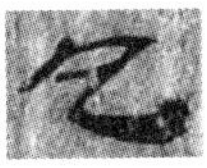
T21:215

T21:288

T21:456
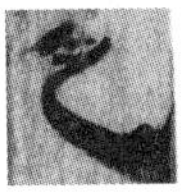
T22:085

T22:147
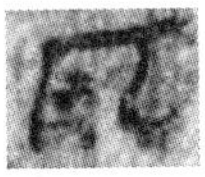
T22:154

T23:071

T23:132

T23:160

T23:263

T23:354B

T23:583

T23:769A
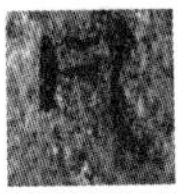
T23:888

T23:963

T23:964
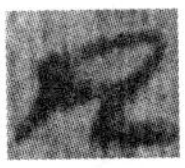
T23:985

T24:169

T24:178

T24:200

T24:247A

T24:520

T24:528

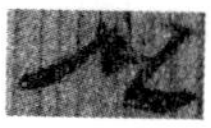
T24:537

T26:088A

T26:229A

T29:080

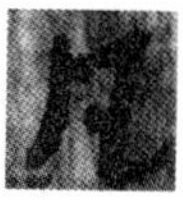
T30:032

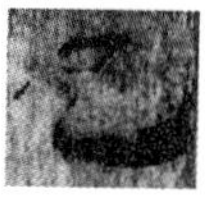
T30:036

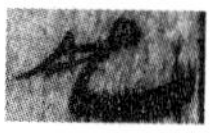
T30:122A

T30:124+96+123

T31:070

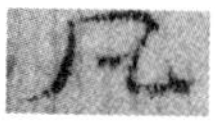
T31:106

T32:010

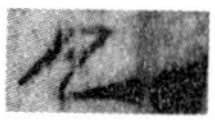
T32:015

T32:039

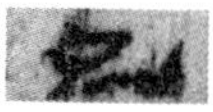
T32:075

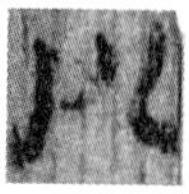
T37:199

T37:739

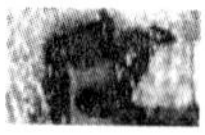
T37:1021

H02:020

73EJF3:91

73EJF3:92

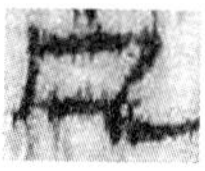
73EJF3:402

73EJF3:491

73EJD:88A

73EJD:226

73EJD:231

72EJC:287

72ECC:81

土 1967

T21:308
T23:919A
T26:142
T28:053A
T31:157
73EJF3:138

地 1968

T01:096
T01:124
T01:174A
T02:055A
T02:096
T04:067
T04:068
T04:110A
T05:095B
T06:041A
T06:041A
T06:178
T08:038
T08:085
T08:088
T09:202A
T09:272A
T09:272A
T10:177A
T10:230B
T10:263
T10:354

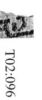

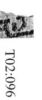

T10:374A

T10:384

T10:399

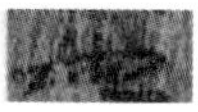
T11:004

T14:021

T14:031A

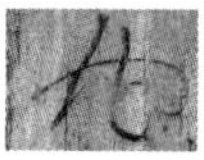
T14:037

T15:001A

T15:001B

T15:014

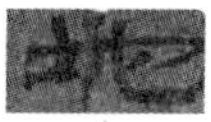
T21:042A

T21:271A

T21:281

T21:282

T21:286A

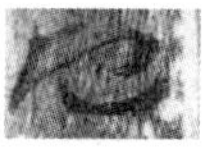
T22:011C

T23:014

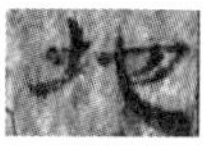
T23:015A

T23:017B

T23:071

T23:200:②

T23:557

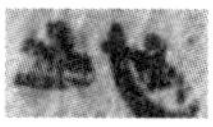
T23:562

T23:620

T23:635

T23:734A

T23:770

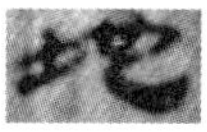
T23:878

T23:938

T23:954A

T23:977

T24:026

T24:026

土部 地

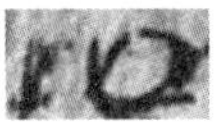
T24:026

T24:077

T24:165

T24:193
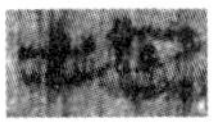
T24:247A
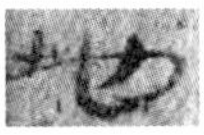
T24:265

T24:267A

T24:269A

T24:291

T24:303A

T24:312

T24:416B

T24:516A

T24:534

T24:543

T24:545A
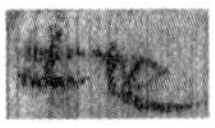
T24:566A
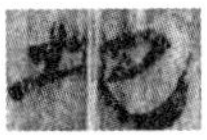
T24:599

T24:723

T24:818

T24:828
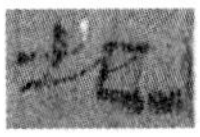
T24:870
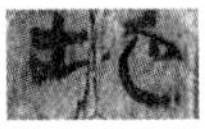
T24:893
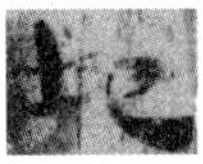
T24:944

T24:955
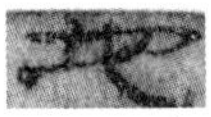
T25:007A

T26:027

T26:137

T26:151A
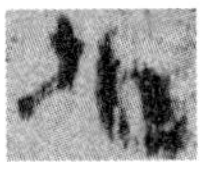
T27:017A

T27:052

T27:089A

T28:053A

T28:055

T28:077

T28:078

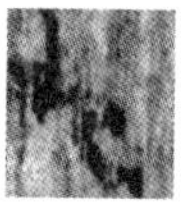
T28:102

T29:025A

T29:043

T29:065A

T29:099

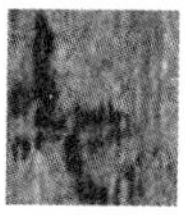
T29:114A

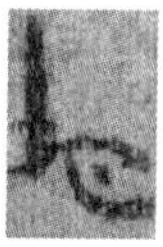
T29:114B

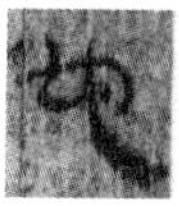
T29:125B

T30:017

T30:028A

T30:033A

T30:041

T30:043

T30:057B

T30:068

T30:109

T30:206

T30:240

T30:244

T31:009

T31:080

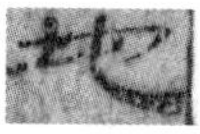
T31:151A

T31:157

T32:022

T33:007B

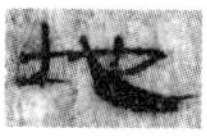
T33:071B

T34:045

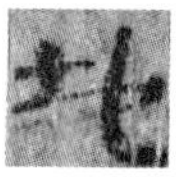
T37:146A

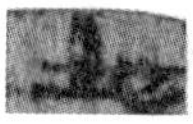
T37:156

T37:243

T37:384

T37:422

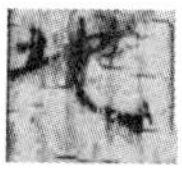
T37:464A

T37:566A

T37:716A

T37:718

T37:757

T37:759

T37:767

T37:775

T37:800A

T37:800B

T37:800B

T37:800B

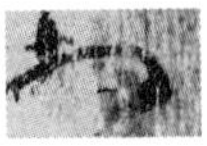
T37:800B

T37:803A

T37:835A

T37:1018

T37:1057A

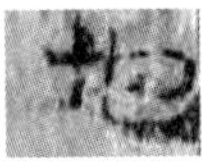
T37:1062A

T37:1100

T37:1124

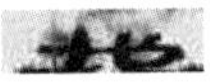
T37:1130

T37:1139

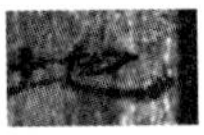
T37:1379A

T37:1502A

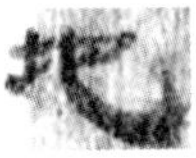
T37:1503A

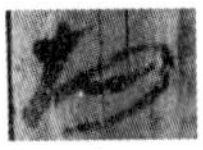
T37:1503B

H01:016B

H01:025

H01:060

H02:043A

H02:044

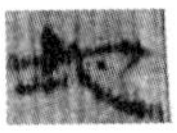
H02:047B

H02:048A

H02:053A

H02:056A

H02:056B

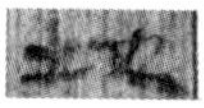
73EJF2:2

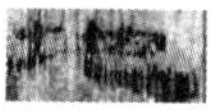
73EJF2:10

73EJF3:41B

73EJF3:123A

73EJF3:123B

73EJF3:125A

73EJF3:295A

73EJF3:316

73EJT4H:57

73EJD:21

73EJD:21

73EJD:33A

73EJD:34

73EJD:34

73EJD:34

73EJD:43A

73EJD:43B

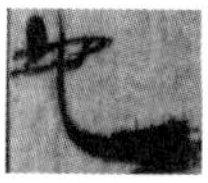
73EJD:46

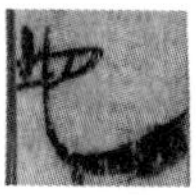
73EJD:46

73EJD:58B

73EJD:73A

73EJD:93

73EJD:154B

72EJC:104

72EJC:137

72EJC:155A

72EJC:211A

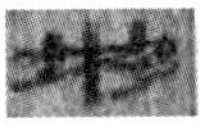
73EJC:492

73EJC:589

73EJC:619A

73EJC:619B

均

1969

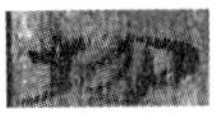
T23:053

甴

1970

T23:287A

T37:077

T37:097

T23:769A

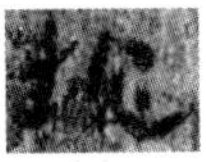
T23:917A

T29:098 按：《說文》，塊「甴或从鬼」。金關簡「䐊」為肉塊之專字。

垣

1971

T01:037

T07:006

T21:177

T21:435

T23:163

T23:765

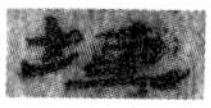

T26:034

73EJC:368

堵 1972

T34:024

堨 1973

T01:163

埒 1974

T29:098

堪 1975

F01:003

堂 1976

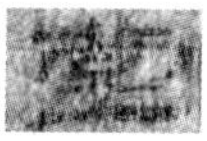

T23:879

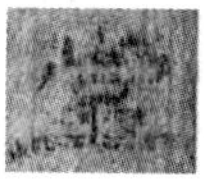

T23:879

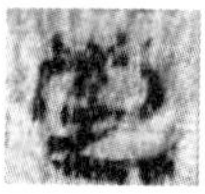

T37:1476

堊

堊

1977

T22:091

T28:037

T28:107

T28:107

T28:107

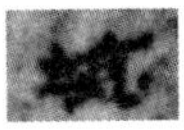
T28:107

73EJF3:236　按：或从「惡」。

墼

墼

1978

T21:150

T21:187

T26:123

在

在

1979

T01:132

T03:105

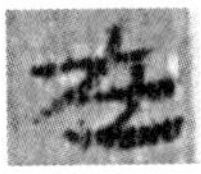
T05:106

T07:017

T10:424

T21:001

T21:162A

T21:244

T21:387

T22:038A

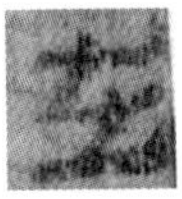
T22:072

T23:295

T23:317

T23:537

T23:609

T23:731B

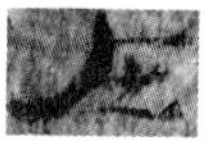
T23:948

T23:969

T23:980

T24:141

T24:194
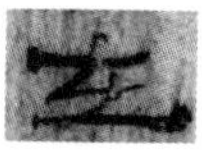
T26:031

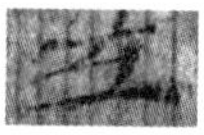
T26:174B

T31:059A
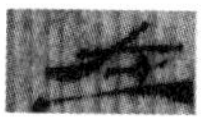
T31:152

T37:055

T37:776A

T37:1151A

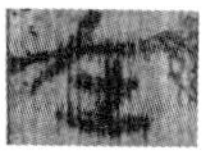
F01:020B

73EJF2:34
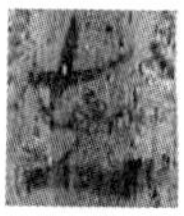
73EJF2:40

73EJF3:267

73EJF3:319

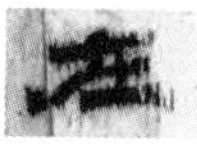
73EJD:361

72EJC:79B

72EJC:152
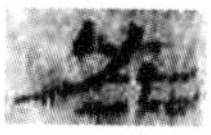
73EJC:308

73EJC:308

73EJC:447B

73EJC:600
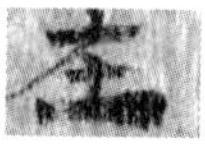
72ECC:40A

望

1980

T01:002

T01:104

T01:176

T01:287

T03:033A

土部 望

T03:033B

T03:053

T04:108A

T07:119

T21:001

T21:047

T21:353

T21:441

T23:047

T23:236

T23:359A

T23:361A

T23:406A

T23:612

T23:776

T23:788A

T23:811B

T23:875

T23:878

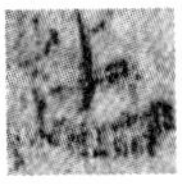
T23:909B

T24:015A

T24:065A

T24:065A

T24:073B

T24:131

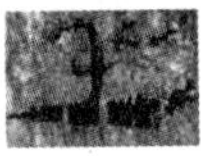
T24:160B

T24:233

T24:365

T24:486B

T24:763

塡

塡

1981

T27:052

T30:150

T30:170

T32:070

T33:069

T34:006A

T37:084

T37:179A

T37:270A

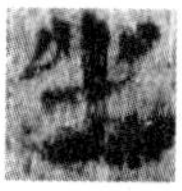
T37:526

T37:684

T37:776A

T37:1299A

H01:003A

73EJF3:182A

73EJF3:295A

73EJF3:315A

73EJF3:316

73EJF3:353

73EJF3:549A

73EJD:34

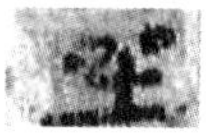
73EJD:93

73EJF3:139

73EJF3:368

73EJC:611

堤

堤

1982

T26:142

封

封

1983

T01:059

T01:124

T01:153

T02:023

T03:004

T03:055

T03:065

T04:110A

T04:110B

T04:157

T06:016

T06:025

T09:251

T10:319

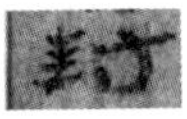

T11:031B

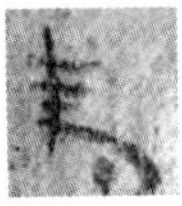

T21:001

T21:201

T21:274

T21:368

T21:409

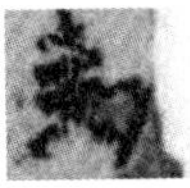

T23:118

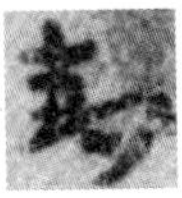

T23:118

T23:131

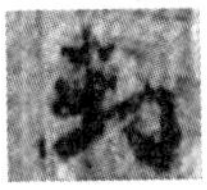

T23:131

T23:131

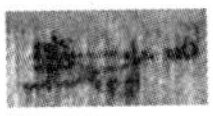

T23:157A

T23:213

T23:357

T23:360B

T23:413

T23:413

T23:496

T23:496

T23:496

T23:496

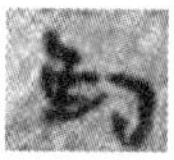
T23:506

T23:506

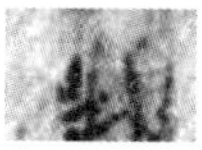
T23:507

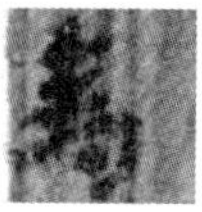
T23:586

T23:623

T23:623

T23:623

T23:634

T23:753

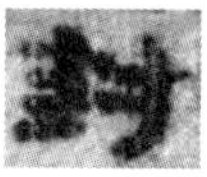
T23:770

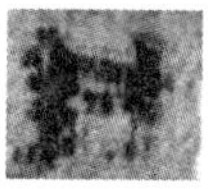
T23:770

T23:873

T23:895

T23:933

T23:933

T23:933

T23:933

T23:933

T23:933

T23:933

T23:933

T23:933

T23:938

T23:978

土部 封

T24:026

T24:026

T24:026

T24:065A

T24:247A

T24:268B

T24:416A

T24:416B

T24:634A

T24:634B

T26:057

T27:006

T28:010

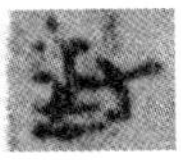
T28:066

T28:128

T29:098

T30:026

T30:134

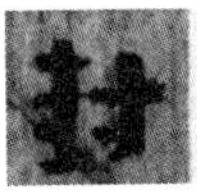
T30:179

T30:206

T30:216

T30:216

T31:029

T31:114A

T31:114A

T31:114A

T31:114B

T33:048

T37:039A

T37:244

T37:255A

T37:715

T37:745

T37:787

T37:787

T37:1060

T37:1109

H01:040

H02:046

73EJF3:41A

73EJF3:42

73EJF3:232

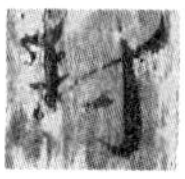
73EJF3:496

73EJF3:523

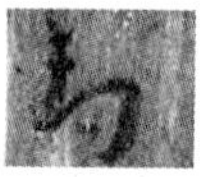
73EJT4H:89B

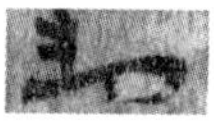
73EJD:2

73EJD:33A

73EJD:33A

73EJD:33A

73EJD:33A

73EJD:33A

73EJD:34

73EJD:34

73EJD:34

73EJD:35

73EJD:35

73EJD:35

73EJD:55B

73EJD:66

73EJD:71A

73EJD:71A

73EJD:73A

73EJD:74

73EJD:76

73EJD:271

73EJD:372

72EJC:4

72EJC:85

72EJC:121

73EJC:311

73EJC:311

73EJC:321

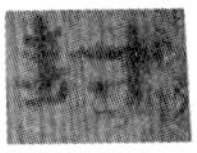
73EJC:458

73EJC:537

72ECC:13

72ECC:13

72ECC:13

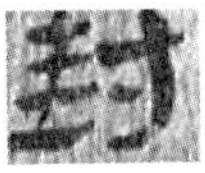
72ECC:13

72ECC:25

72ECC:28A

72ECC:61

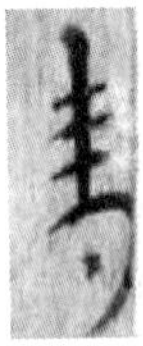
72ECC:70

壐

1984

T21:001

T31:102A

墨

1985

T23:228

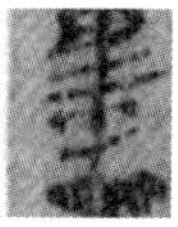
T23:975

T26:235

T37:730

城

1986

T01:031

T03:055

T03:055

T03:109

T06:124

T08:011

T08:021

T09:104

T09:113

T09:136

T21:019

T21:060A

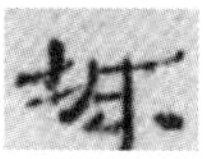
T21:260

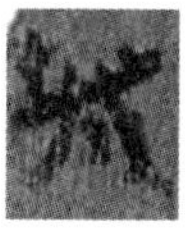
T23:050B

T23:097

T23:295

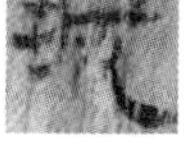
T23:295

T23:488

T23:496

T23:726

T23:786

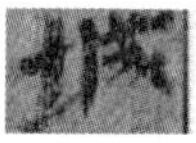
T23:907B

T23:933

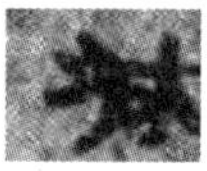
T23:938

T24:014

T24:014

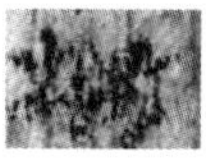
T24:127

T24:148

T24:149

T24:249

T24:277

T24:296
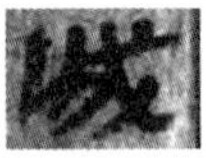
T24:304

T24:510
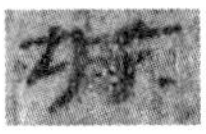
T24:733

T24:945

T24:968

T25:150A

T26:007

T26:087
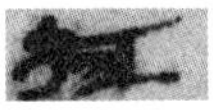
T26:162

T26:176

T26:237A

T26:237B

T27:067
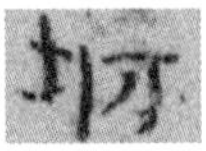
T28:045

T30:003
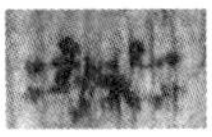
T30:078

T30:163

T30:224
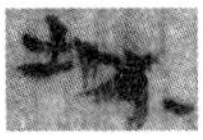
T31:030

T31:066

T33:091

T34:004A

T35:008

T37:155
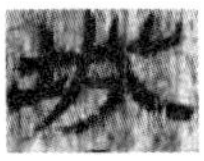
T37:248

T37:524

T37:553

T37:707A
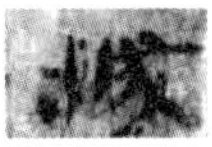
T37:749A

T37:912

T37:958

T37:1020A

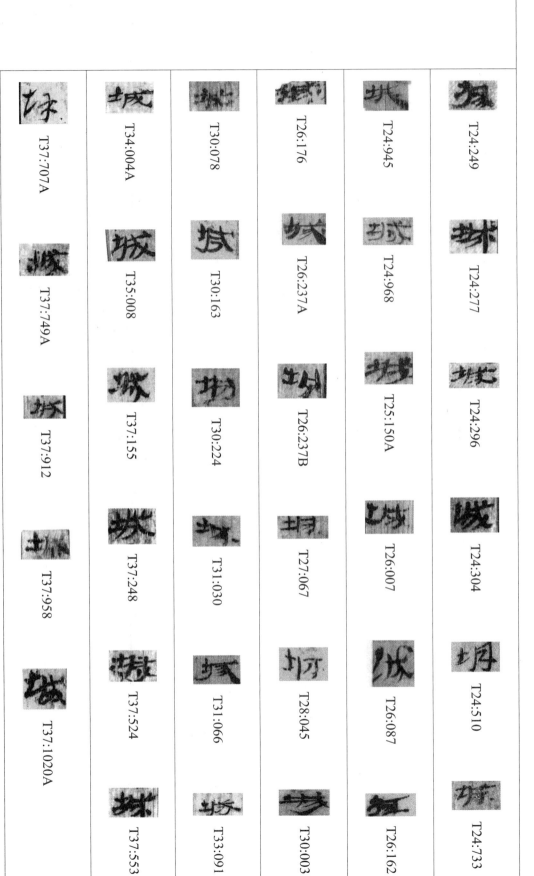

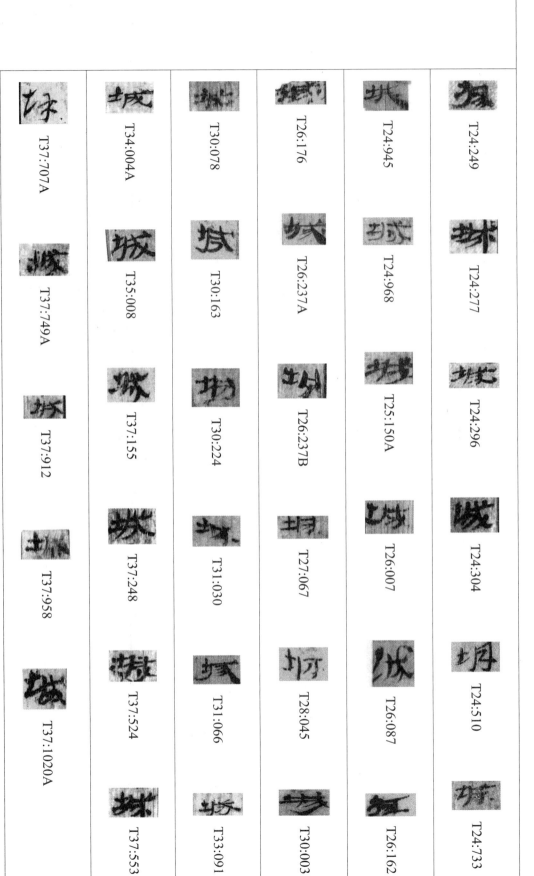

土部　城

T37:1070
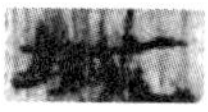
T37:1088

T37:1105

T37:1120

T37:1132

T37:1185

T37:1473

T37:1501
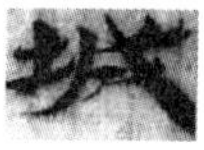
T37:1576

F01:025

73EJF2:7

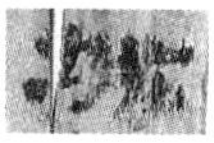
73EJF2:11

73EJF2:42

73EJF3:2

73EJF3:52
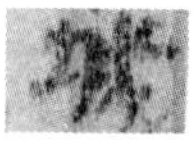
73EJF3:109

73EJF3:122

73EJF3:154

73EJF3:155A
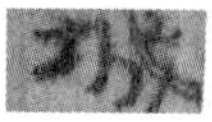
73EJF3:165

73EJF3:167

73EJF3:167

73EJF3:182A

73EJF3:184A

73EJF3:249

73EJF3:327

73EJF3:347
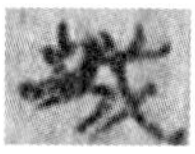
73EJF3:347

73EJF3:350

73EJF3:351

73EJF3:389

73EJF3:394

73EJF3:560

73EJF3:560

73EJD:33A

73EJD:36A

73EJD:211

73EJD:357

72EJC:51

72EJC:161

72EJC:182

72EJC:201

73EJC:530

72EBS7C:1A

72EBS7C:2A

72EBS7C:4

增
增
1987

T05:019

T24:142

T37:035

埤
埤
1988

T29:098

塞

1989

T01:018

T01:107

T04:113B

T05:030

T05:040

T05:071

T05:076

T07:014

T07:093

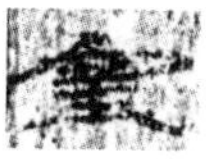
T07:114

T08:008

T09:059A

T09:211

T10:177A

T10:179

T10:350

T10:357

T10:378

T14:033A

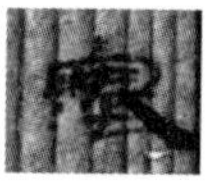
T21:039

T21:042A

T21:043A

T21:062

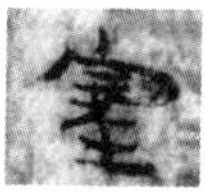
T21:367

T21:427

T22:058

T23:081

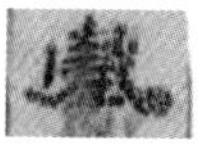
T23:219

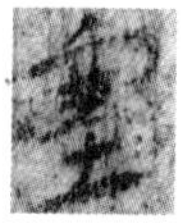
T23:330

T23:339

T23:483

土部 塞

T23:497
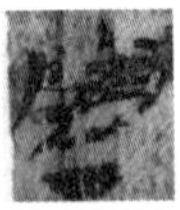
T23:610B

T23:620

T23:804B

T23:873

T23:994B
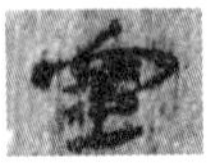
T24:139

T24:140

T24:235
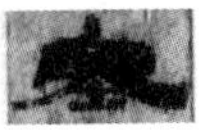
T24:313

T24:434
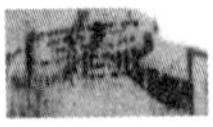
T24:719
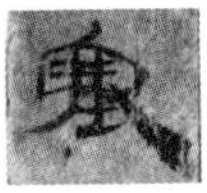
T24:778
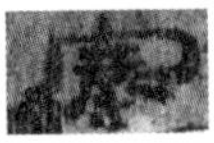
T24:917

T25:030

T25:043

T26:123

T26:219
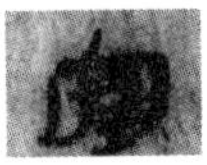
T28:054

T28:107

T29:089

T29:107

T30:017

T30:058

T30:188

T30:204
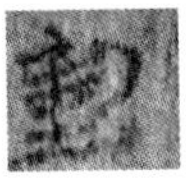
T30:215+217
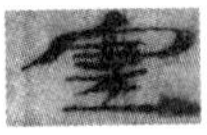
T31:009

T31:041

T31:151B

T32:033

土部 塞

T37:039A

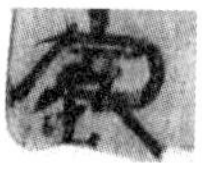
T37:244

T37:529

T37:716A

T37:803A

T37:1061A

T37:1062A

T37:1062B

T37:1149

T37:1168

T37:1396A

T37:1494

73EJF3:55

73EJF3:160

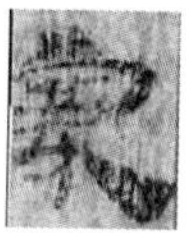
73EJF3:244

73EJF3:523

73EJD:3

73EJD:255

73EJD:285A

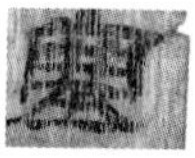
72EJC:76

72EJC:201

72EJC:249

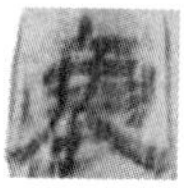
72EJC:281

72EJC:283

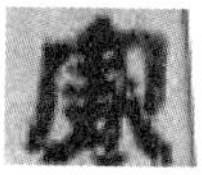
73EJC:295

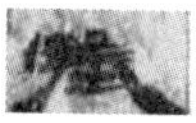
73EJC:488

73EJC:506

73EJC:547

73EJC:590

73EJC:599A

壙

1990

T03:028A

T21:261

T23:726

T24:024A

毀

1991

T31:043

壞

1992

73EJF3:225

壇

1993

T26:182

垂

1994

T23:305

T23:765

73EJF3:522

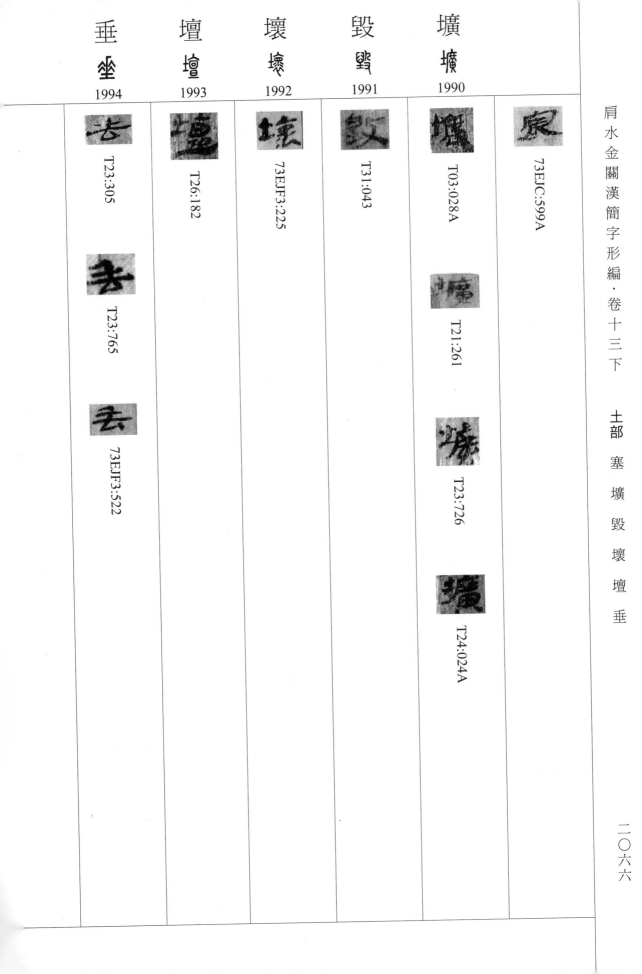

1995 塗

T21:177

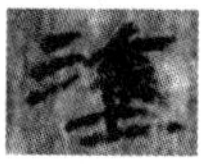
T26:117

73EJF3:236

1996 ⿱巩土

T23:765

T23:765

T23:765

1997 堞

T11:019

1998 堠

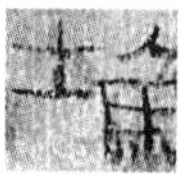
T07:144

T07:144

T07:144

T26:123

T30:261

73EJF3:46

1999 ⿰土焦

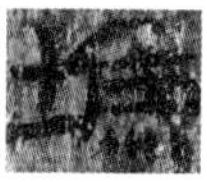
T24:071

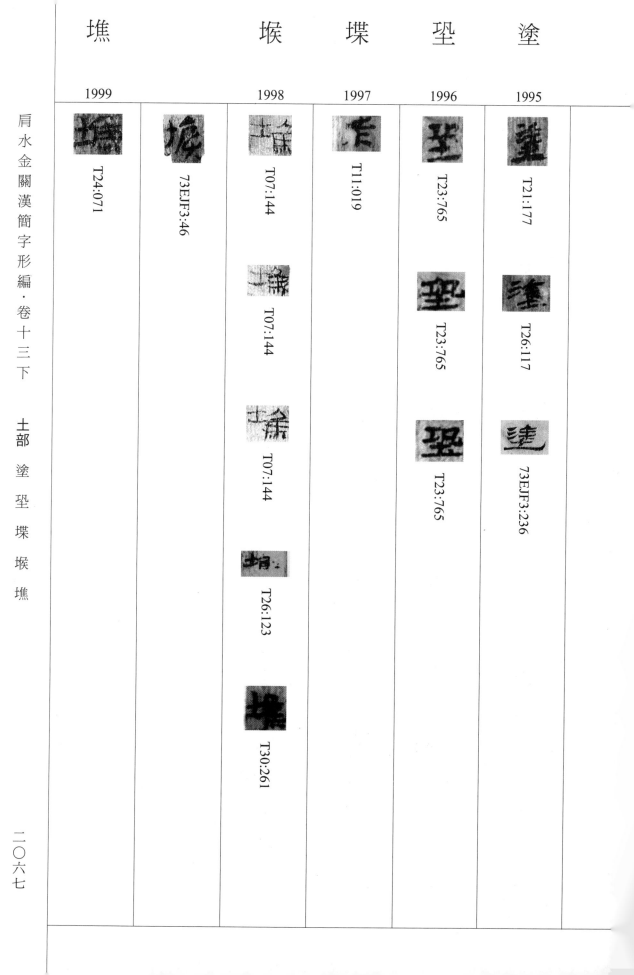

堯

2000

T23:713

堇

2001

T06:134

里

2002

T01:001

T01:001

T01:002

T01:005

T01:006

T01:007

T01:013

T01:019

T01:020

T01:028

T01:033

T01:037

T01:043

T01:050

T01:062

T01:073

T01:073

T01:081

T01:100

T01:114

T01:119

T01:128

T01:137

T01:146

T01:149

T01:151
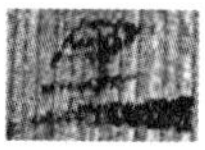
T01:155

T01:157

T01:162

T01:163

T01:164

T01:165
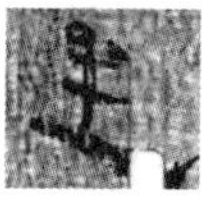
T01:167

T01:175

T01:188

T02:003

T02:005

T02:035

T02:036

T02:042

T02:043

T02:071

T02:072

T02:074

T02:077

T02:082B

T02:099

T02:100

T02:106

T03:035

T03:040

T03:049

T03:050

T03:051

里部　里

T03:052

T03:053

T03:069

T03:075

T03:083

T03:095

T03:104

T03:105

T03:113

T04:004

T04:015
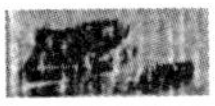
T04:017

T04:019

T04:064

T04:064

T04:076

T04:087

T04:089

T04:095

T04:098A

T04:132

T04:153

T05:007

T05:008A

T05:010

T05:014

T05:015

T05:018

T05:019

T05:023A

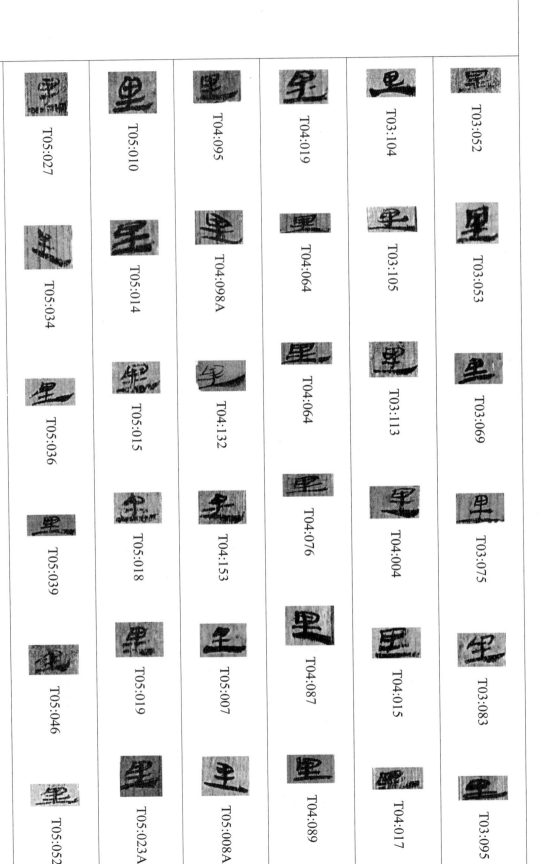

T05:027

T05:034

T05:036

T05:039
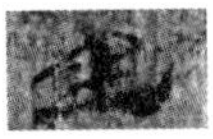
T05:046

T05:052

T05:055A

T05:061

T05:069

T06:028

T06:031

T06:037

T06:038A

T06:041A

T06:041A

T06:042

T06:048

T06:049

T06:050

T06:051

T06:052

T06:083A

T06:093

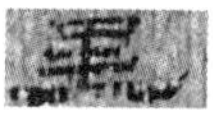
T06:093

T06:094

T06:098

T06:124

T06:135B

T06:138

T06:141

T06:150

T06:151

T06:167

T07:003

T07:004

T07:005

T07:007

T07:008

T07:009

T07:033

T07:037

T07:038

T07:039

T07:040

T07:051

T07:054

T07:097

T07:099

T07:103

T07:104

T07:111

T08:003

T08:004

T08:005

T08:007

T08:010

T08:016

T08:019

T08:024

T08:035

T08:039

T08:041

T08:054A

T08:057

T08:061

T08:081

T08:089A

T09:001

T09:003

T09:007

T09:028

T09:035

T09:040

T09:041

T09:042

里部　里

T09:044 T09:045 T09:050 T09:064 T09:066

T09:069 T09:073 T09:074 T09:081 T09:082 T09:083

T09:086 T09:087 T09:088 T09:092A T09:092A T09:093

T09:099 T09:114 T09:119 T09:120 T09:121

T09:123 T09:125 T09:127 T09:132 T09:143 T09:157

T09:204 T09:206 T09:228 T09:229 T09:235 T09:238

里部

里

T09:246

T10:063

T10:102

T10:118A

T10:120A

T10:121A

T10:122

T10:124A

T10:124A

T10:128

T10:132

T10:134

T10:148

T10:152

T10:153

T10:155

T10:156

T10:157

T10:159

T10:162

T10:181

T10:182

T10:184

T10:212

T10:222

T10:223

T10:287

T10:288

T10:289

T10:290

T10:292
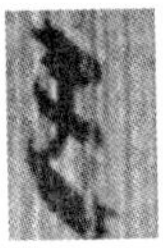
T10:299
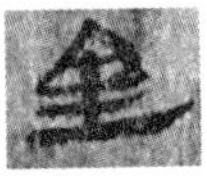
T10:312A

T10:313A

里部　里

T10:332A

T10:340

T10:401

T11:001

T11:009

T11:011

T14:001

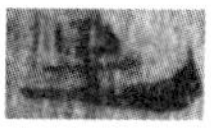
T14:002

T14:005

T14:006

T14:015

T14:017

T15:004

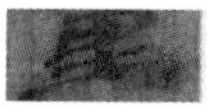
T21:016

T21:021

T21:044

T21:047

T21:049

T21:051

T21:080

T21:095

T21:099

T21:101

T21:107

T21:119

T21:120

T21:126

T21:142

T21:142

T21:153

T21:178

T21:178

T21:195

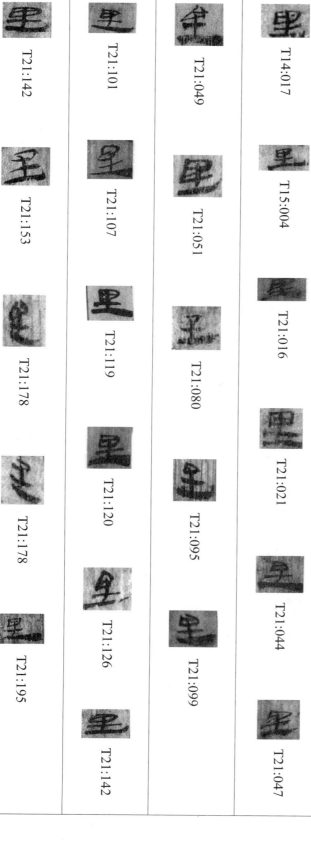

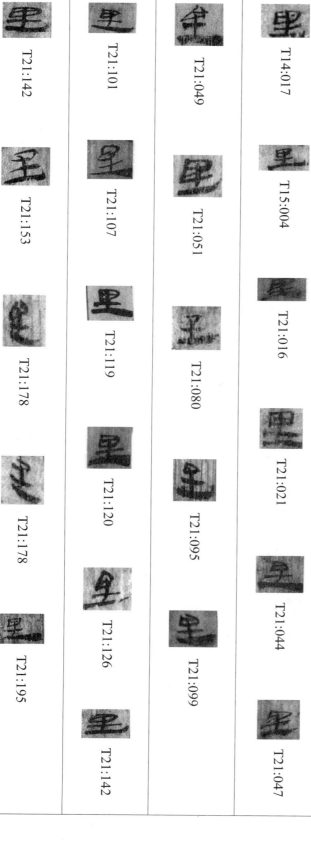

里部 里

T21:202

T21:208

T21:221
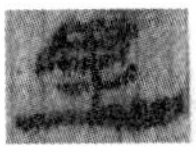
T21:223

T21:229

T21:239

T21:260

T21:262

T21:265

T21:272

T21:310

T21:313
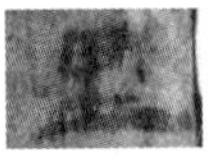
T21:315

T21:372

T21:373

T21:373

T21:389

T21:395
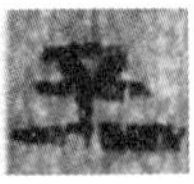
T21:396

T21:417

T21:419

T21:424

T21:425

T21:430

T21:438
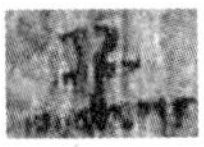
T21:439

T21:441

T21:468

T22:001

T22:005

T22:005

T22:005

T22:016

T22:024

T22:032

T22:047

T22:055

T22:056
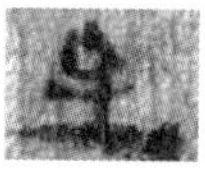
T22:060

T22:061
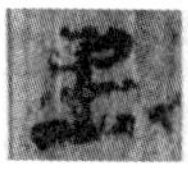
T22:062

T22:080
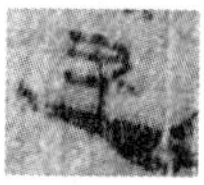
T22:093

T22:098

T22:129
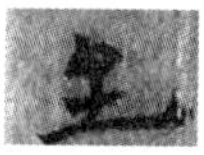
T23:016

T23:033A

T23:055
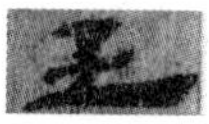
T23:056

T23:089

T23:091

T23:145
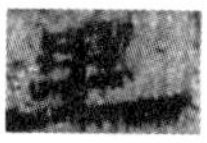
T23:146
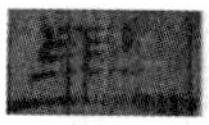
T23:147

T23:174

T23:182

T23:249
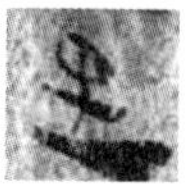
T23:250

T23:260

T23:275

T23:303

T23:341

T23:354A

T23:379

T23:384

T23:385

里部 里

T23:467

T23:509

T23:516

T23:602

T23:603

T23:631

T23:636

T23:657

T23:661

T23:735
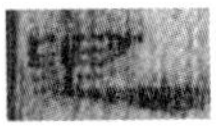
T23:737

T23:764

T23:773

T23:774

T23:778

T23:825

T23:897A

T23:920

T23:921

T23:922

T23:923

T23:924

T23:969

T23:969

T23:970

T23:974

T23:975
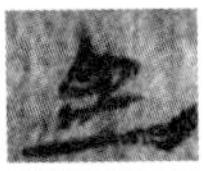
T23:977

T24:016

T24:021

T24:023A

T24:028

T24:038
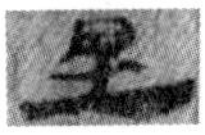
T24:041

T24:046

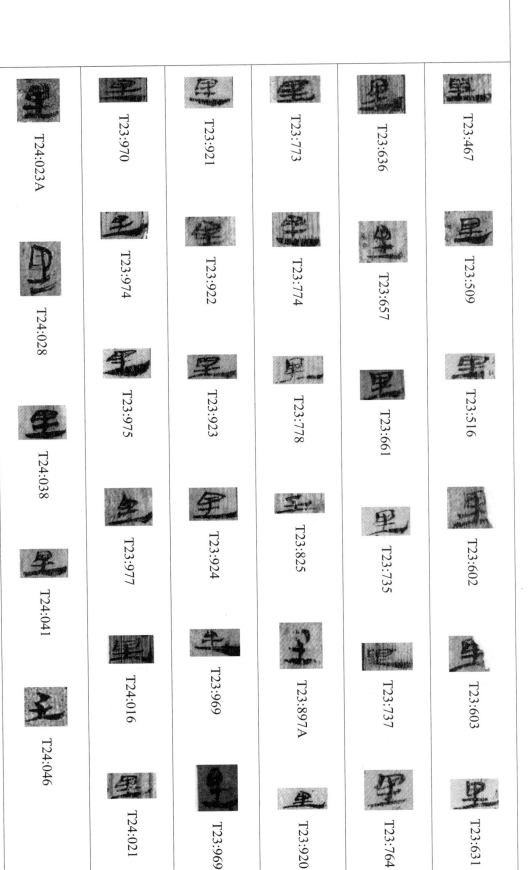

T24:047
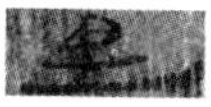
T24:048

T24:048

T24:050

T24:117

T24:121

T24:131

T24:132

T24:150

T24:167
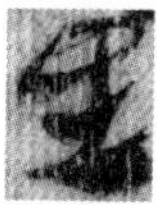
T24:171

T24:238

T24:239

T24:248

T24:248

T24:249

T24:250

T24:250
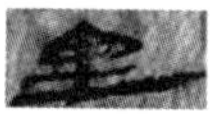
T24:255

T24:256

T24:258

T24:261
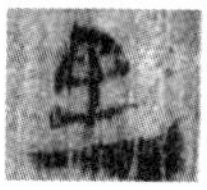
T24:262

T24:267A

T24:270
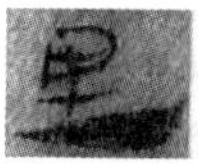
T24:275A

T24:296

T24:304

T24:309
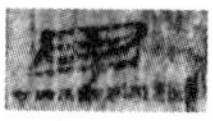
T24:312

T24:321

T24:321

T24:328

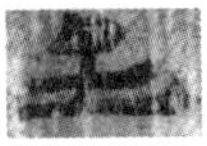
T24:331

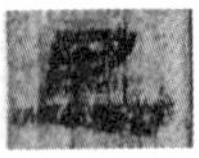
T24:360

T24:374

T24:405

T24:515

T24:520

T24:525

T24:541

T24:542

T24:543

T24:544

T24:550

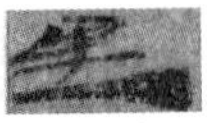
T24:556

T24:557

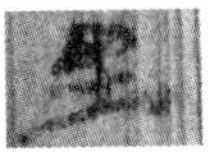
T24:563A

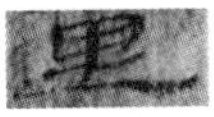
T24:578

T24:706

T24:709

T24:711

T24:715

T24:724

T24:725

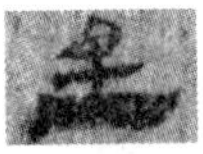
T24:733

T24:740

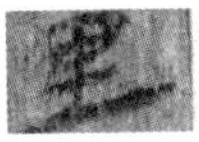
T24:755

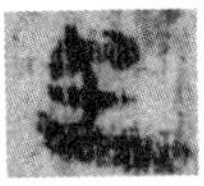
T24:765

T24:775

T24:781

T24:791

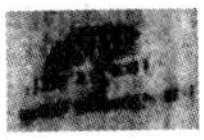
T24:796

T24:815

T24:836

T24:847

T24:850

T24:880

T24:885

T24:902

T24:920

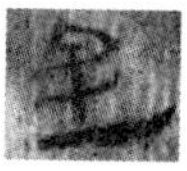
T24:936

T24:941

T24:951

T24:952

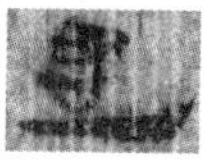
T24:953

T24:954

T24:956

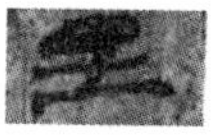
T24:964

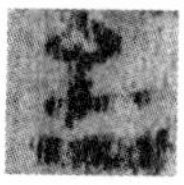
T24:966

T24:967

T24:968

T24:970

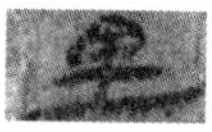
T24:974

T24:987

T24:990

T25:005

T25:007A

T25:007A

T25:009

T25:009

T25:017

T25:020

T25:043

T25:049

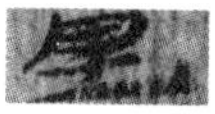
T25:055

T25:062

T25:063

T25:094

T25:097

T25:099

T25:113

T25:133

T25:150A

里部 里

T25:164

T25:171

T26:009

T26:034

T26:035
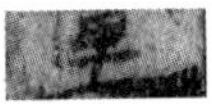
T26:054

T26:056

T26:059
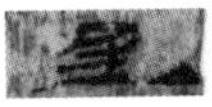
T26:063
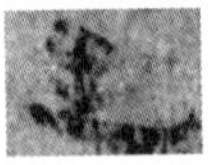
T26:073
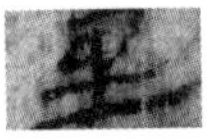
T26:075

T26:087

T26:118

T26:120

T26:133

T26:136

T26:156

T26:172

T26:184

T26:193

T26:217
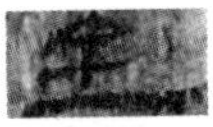
T26:236

T26:261

T26:276

T27:001

T27:007B

T27:009

T27:011
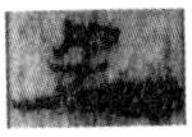
T27:014
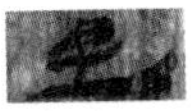
T27:019

T27:020

T27:021

T27:022

T27:026

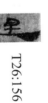

T27:031

T27:048

T27:048

T27:048

T27:056

T27:061

T27:110
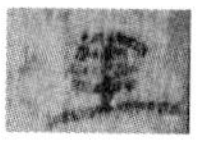
T28:015

T28:028
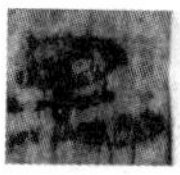
T28:028

T28:030
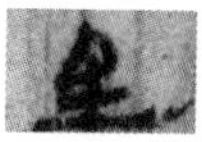
T28:031

T28:036

T28:042

T28:042

T28:043

T28:050

T28:070

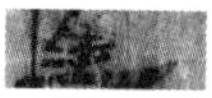
T28:104

T29:002

T29:005
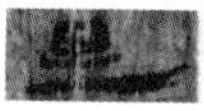
T29:022
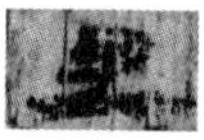
T29:040

T29:054

T29:066

T29:071

T29:072
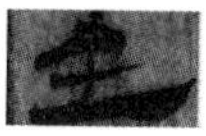
T29:096

T29:100

T29:100

T29:102

T29:135

T30:003

T30:008
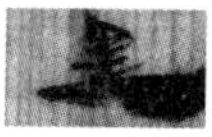
T30:009

T30:010

T30:012

T30:012
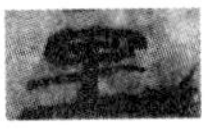
T30:013

T30:013

T30:014
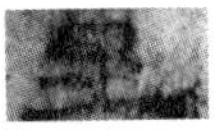
T30:015

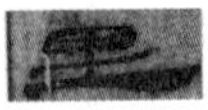
T30:022

T30:023
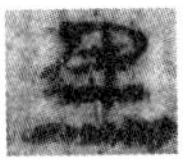
T30:025

T30:037

T30:062

T30:102

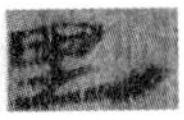
T30:113

T30:118

T30:119
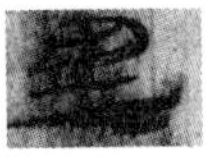
T30:132

T30:133

T30:135

T30:140

T30:141

T30:152

T30:160

T30:165

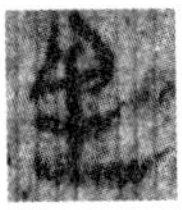
T30:166

T30:168

T30:182

T30:186

T30:189

T30:200

T30:219

T30:247

T30:262
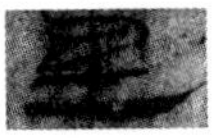
T30:263
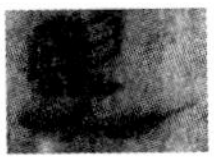
T30:263

里部 里

T30:266

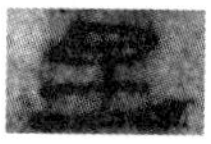
T30:267

T31:026

T31:027

T31:038

T31:066

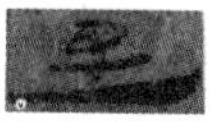
T31:070

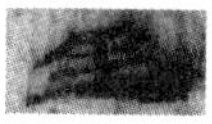
T31:084

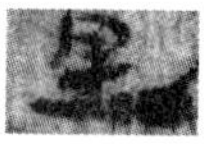
T31:085

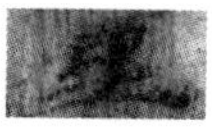
T31:091

T31:092A

T31:093

T31:100

T31:140

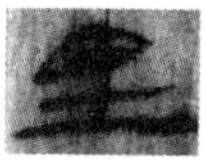
T31:140

T31:140

T31:145

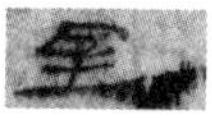
T31:146

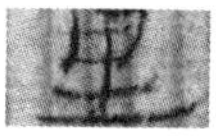
T32:002

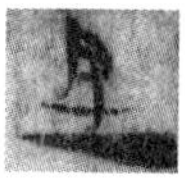
T32:003

T32:004

T32:007

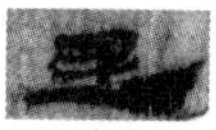
T32:014

T32:021

T32:022

T32:039

T32:058

T32:060

T32:074

T33:027

T33:039

T33:040A

T33:040A

T33:041A

T33:052

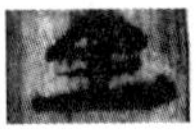
T33:059A

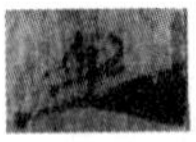
T33:061

T33:083

T33:085

T33:091

T34:006A

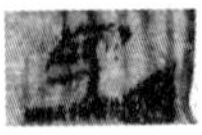
T34:007

T34:008

T34:040

T35:004

T35:011

T37:006

T37:020

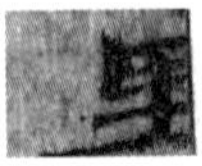
T37:025

T37:028A

T37:043

T37:051

T37:053

T37:055

T37:059

T37:064

T37:076

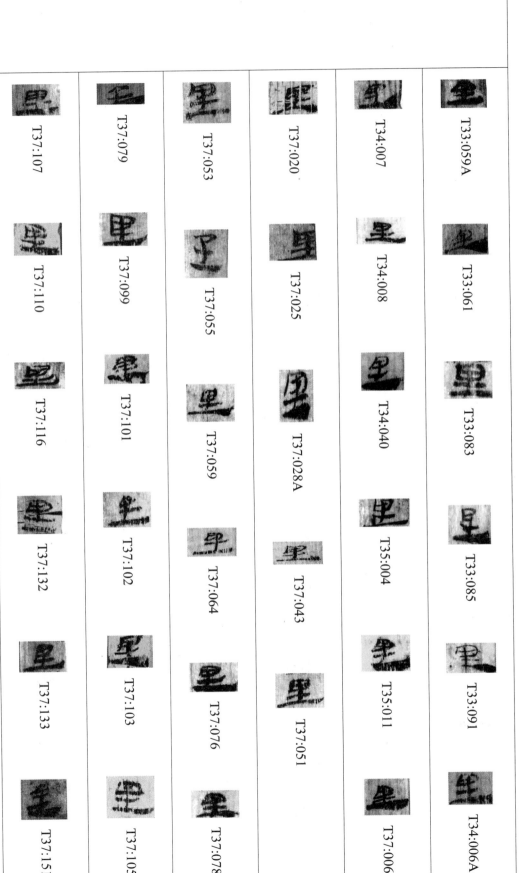

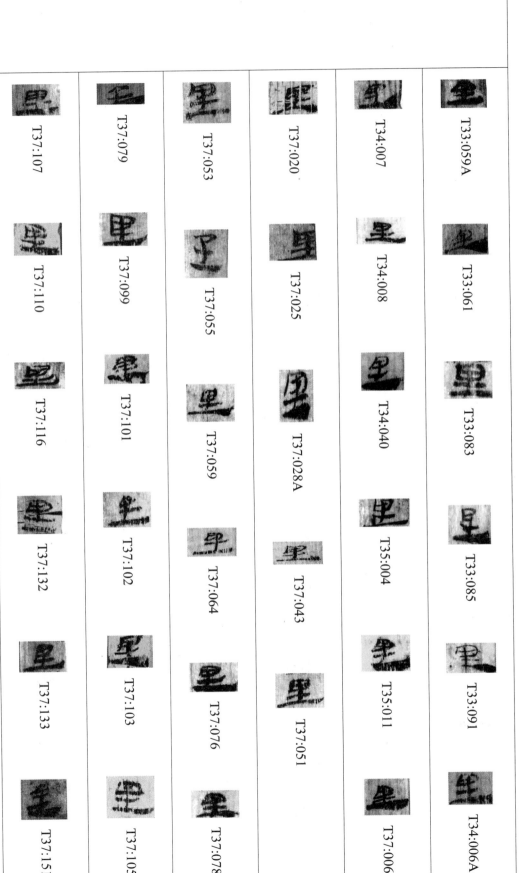

T37:078

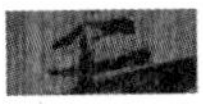
T37:079

T37:099

T37:101

T37:102

T37:103

T37:105

T37:107

T37:110

T37:116

T37:132

T37:133

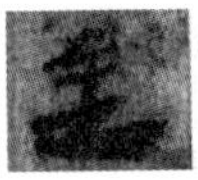
T37:151

T37:155

T37:175
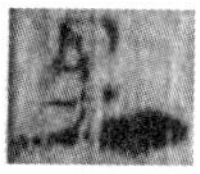
T37:177

T37:178

T37:224

T37:225

T37:231

T37:232

T37:237

T37:241

T37:247

T37:267

T37:339

T37:357

T37:361

T37:384

T37:389

T37:393

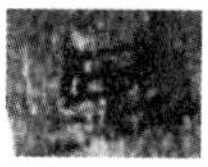
T37:410

T37:418

T37:452

T37:454

T37:456

T37:457

T37:465

T37:468A

T37:470

T37:476

T37:482

T37:496

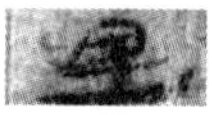
T37:499

T37:519A
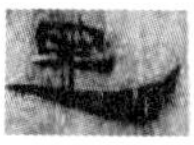
T37:521

T37:522A

T37:522A

T37:522A

里部 里

T37:523A

T37:524

T37:524

T37:525

T37:525

T37:526

T37:529

T37:536

T37:547

T37:548

T37:550

T37:554

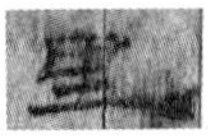
T37:562

T37:564

T37:571

T37:617

T37:621

T37:622

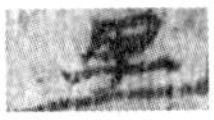
T37:628

T37:631

T37:633

T37:669

T37:670

T37:675

T37:692

T37:695

T37:701

T37:703

T37:704

T37:707A

T37:710

T37:713

T37:727A

T37:741

T37:741

T37:742

T37:745

T37:745

T37:746

T37:748

T37:750

T37:753

T37:754

T37:756

T37:757

T37:758

T37:759

T37:761

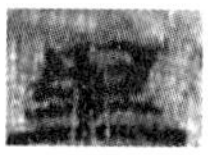
T37:762

T37:764

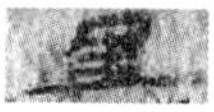
T37:765

T37:766

T37:767

T37:774

T37:779

T37:785

T37:787

T37:800A

T37:802

T37:806+816

T37:813

T37:814

T37:827

T37:829

T37:830

T37:833A

T37:834

里部 里

T37:837

T37:845

T37:846

T37:847

T37:849

T37:856

T37:858

T37:859

T37:860

T37:866
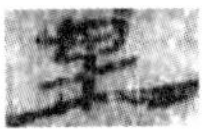
T37:870

T37:871

T37:889

T37:892

T37:899

T37:912

T37:920

T37:924

T37:933

T37:952

T37:964

T37:968A

T37:974

T37:982

T37:983

T37:984

T37:985

T37:985

T37:986

T37:987

T37:988

T37:989

T37:991

T37:992

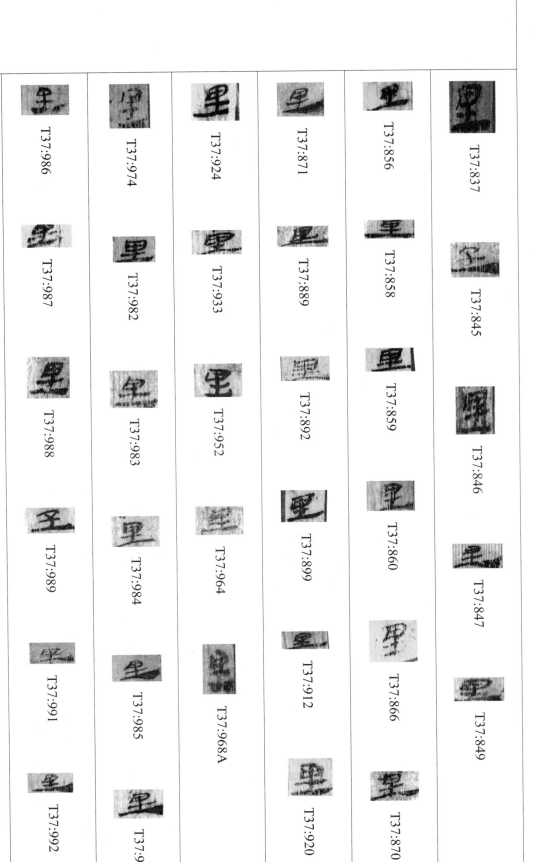

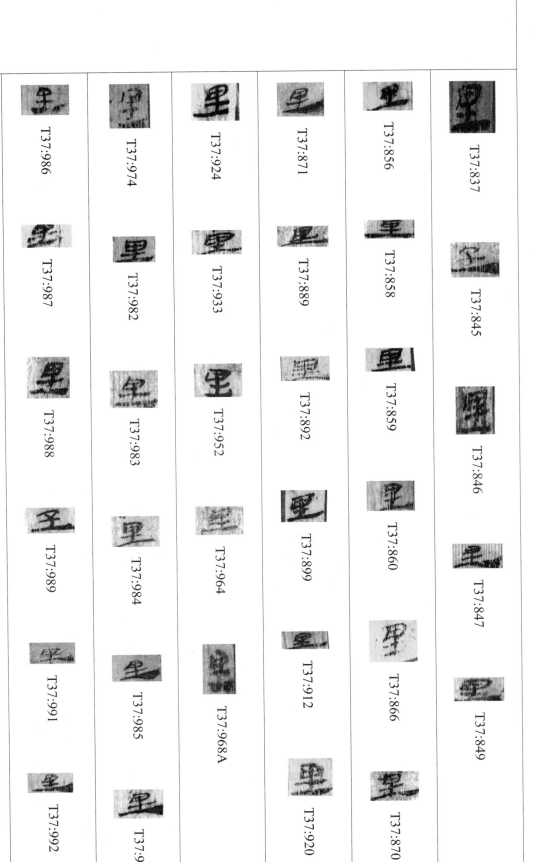

T37:993

T37:993

T37:994

T37:995

T37:996

T37:997

T37:998

T37:1000

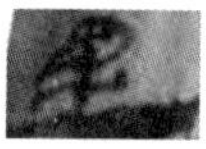
T37:1003

T37:1004

T37:1006

T37:1007

T37:1011

T37:1022

T37:1026

T37:1027

T37:1028

T37:1033

T37:1057A

T37:1058

T37:1061A

T37:1065A

T37:1076A

T37:1077

T37:1078

T37:1079

T37:1081

T37:1084

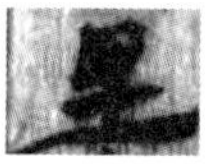
T37:1085

T37:1101

T37:1105

T37:1108

T37:1109

T37:1111

T37:1113
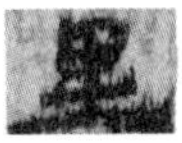
T37:1119

T37:1123

T37:1125

T37:1130

T37:1152

T37:1153

T37:1154

T37:1155

T37:1156
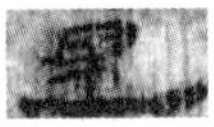
T37:1160

T37:1174
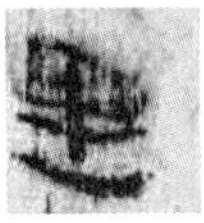
T37:1184

T37:1185

T37:1189

T37:1192

T37:1209

T37:1217
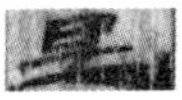
T37:1224

T37:1317

T37:1318

T37:1324

T37:1325

T37:1326

T37:1328

T37:1330
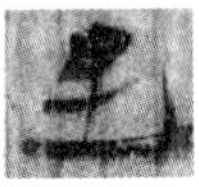
T37:1331

T37:1333

T37:1359

T37:1381

T37:1386

T37:1389
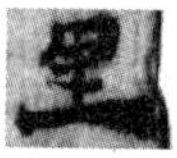
T37:1399A

T37:1414

T37:1415

T37:1418

T37:1431

T37:1444

T37:1447

T37:1453

T37:1459

T37:1465

T37:1476

T37:1491

T37:1492

T37:1493

T37:1495

T37:1496

T37:1502A

T37:1505
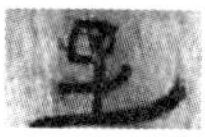
T37:1506

T37:1511

T37:1512

T37:1519

T37:1535B

T37:1581

T37:1582

T37:1584

T37:1585A

T37:1585A
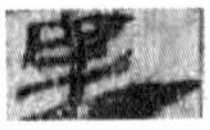
T37:1586

T37:1587

T37:1588

T37:1589

H01:003A

H01:018

H01:019

H01:023

H01:025

H01:038

H01:039

H01:050

H01:052

H01:068
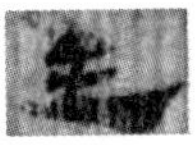
H02:001

H02:002

H02:010
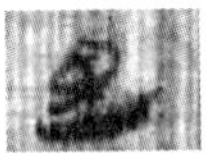
H02:014

H02:016

H02:017
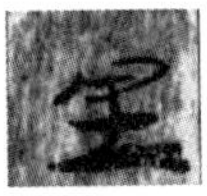
H02:019

H02:022
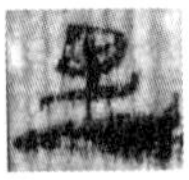
H02:039

H02:041

H02:050

H02:067

H02:094

F01:025

F01:025

F01:026

F01:026

F01:026

F01:036

F01:117

F01:118A

F01:122

F01:123

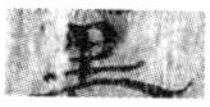
73EJF2:3

73EJF2:6

73EJF2:8

73EJF2:14

73EJF2:17

73EJF2:32

73EJF2:38

73EJF2:42

73EJF3:3

73EJF3:3

73EJF3:3

73EJF3:5

73EJF3:6

73EJF3:8

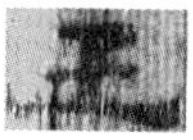
73EJF3:9

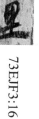

73EJF3:15

73EJF3:16

73EJF3:17

73EJF3:19

73EJF3:20

73EJF3:22

73EJF3:23

73EJF3:24

73EJF3:24

73EJF3:26

73EJF3:27

73EJF3:28

73EJF3:28

73EJF3:29

73EJF3:31

73EJF3:32

73EJF3:34

73EJF3:35

73EJF3:43

73EJF3:47

73EJF3:57A

73EJF3:61

73EJF3:65

73EJF3:95

73EJF3:96

73EJF3:96

73EJF3:96

73EJF3:97

73EJF3:97

73EJF3:97

73EJF3:98

73EJF3:98

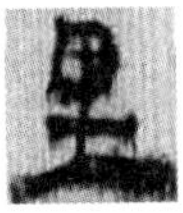
73EJF3:99

73EJF3:100

73EJF3:101

73EJF3:101

73EJF3:102

73EJF3:106

73EJF3:106

73EJF3:107

73EJF3:117A

73EJF3:120A

73EJF3:130

73EJF3:131

73EJF3:132

73EJF3:133

73EJF3:137

73EJF3:138

73EJF3:139

73EJF3:139

73EJF3:140

73EJF3:148

73EJF3:151

73EJF3:154

73EJF3:160

73EJF3:170

73EJF3:170

73EJF3:172

73EJF3:178A

73EJF3:178A

73EJF3:199

73EJF3:230

73EJF3:240

73EJF3:241

73EJF3:248

73EJF3:253

73EJF3:271

73EJF3:272

73EJF3:275

73EJF3:276

73EJF3:278

73EJF3:280

73EJF3:311

73EJF3:314

73EJF3:322A

73EJF3:326

73EJF3:337

73EJF3:344

73EJF3:344

73EJF3:346

73EJF3:351

73EJF3:354

73EJF3:358

73EJF3:359

73EJF3:359

73EJF3:361

73EJF3:361

73EJF3:361

73EJF3:362

73EJF3:362

73EJF3:363

73EJF3:365

73EJF3:366

73EJF3:366

73EJF3:366

73EJF3:367

73EJF3:369

73EJF3:370

73EJF3:370

73EJF3:371

73EJF3:372

73EJF3:373

73EJF3:374

73EJF3:376

73EJF3:385

73EJF3:387

73EJF3:393

73EJF3:398

73EJF3:399

73EJF3:406

73EJF3:413

73EJF3:413

73EJF3:414

73EJF3:414

73EJF3:423

73EJF3:431

73EJF3:431

73EJF3:446

73EJF3:450A

73EJF3:462

73EJF3:467

73EJF3:484

73EJF3:537

73EJF3:538

73EJF3:554

73EJF3:556

73EJF3:558

73EJF3:558

里部

里

73EJF3:559

73EJF3:572

73EJF3:586

73EJT4H:90

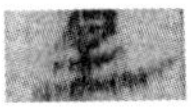
73EJD:1

73EJD:6

73EJD:7

73EJD:8A

73EJD:13

73EJD:23

73EJD:24

73EJD:27

73EJD:37A

73EJD:48

73EJD:52

73EJD:56

73EJD:62

73EJD:70

73EJD:131

73EJD:160

73EJD:169

73EJD:173

73EJD:174

73EJD:178

73EJD:191

73EJD:207

73EJD:210

73EJD:214

73EJD:221

73EJD:232

73EJD:233

73EJD:256

73EJD:276

73EJD:307B

72EJC:2A

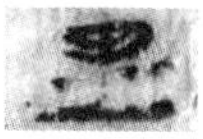
72EJC:5

72EJC:10

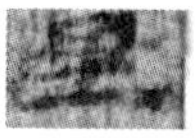
72EJC:11

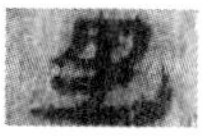
72EJC:14

72EJC:18

72EJC:19

72EJC:26

72EJC:27

72EJC:40

72EJC:42

72EJC:49

72EJC:50

72EJC:51

72EJC:114

72EJC:120

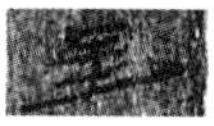
72EJC:121

72EJC:136

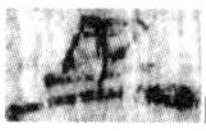
72EJC:141

72EJC:143

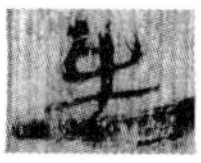
72EJC:154

72EJC:157

72EJC:160

72EJC:161

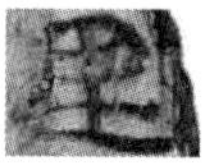
72EJC:214

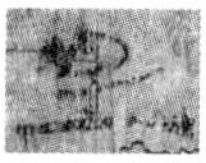
72EJC:235B

 72EJC:236	 72EJC:238	 72EJC:263	 72EJC:274	 73EJC:298
 73EJC:313A	 73EJC:336	 73EJC:338	 73EJC:413	 73EJC:414
 73EJC:415	 73EJC:424	 73EJC:427	 73EJC:428	 73EJC:438
 73EJC:439	 73EJC:440	 73EJC:464	 73EJC:466	 73EJC:478
 73EJC:516	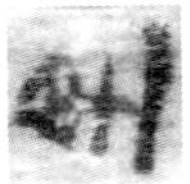 73EJC:529A	 73EJC:529A	 73EJC:530	 73EJC:539
 73EJC:554	 73EJC:556A	 73EJC:560	 73EJC:575	 73EJC:594

野

2003

73EJC:609

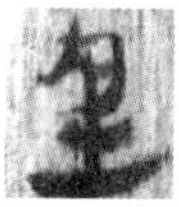
73EJC:610

73EJC:614

73EJC:639

73EJC:642

73EJC:643

73EJC:644

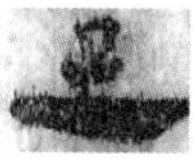
73EJC:652

73EJC:659

72EDIC:1

72EDIC:2

72EDIC:5

T01:182

T03:028A

T04:008

T05:019

T06:035

T06:049

T07:009

T10:071

T10:214

T21:136

T21:261

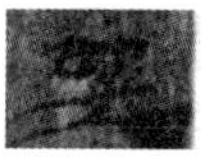
T21:288

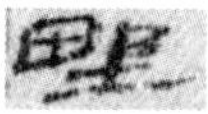
T22:056

T23:482

T23:503

T23:726

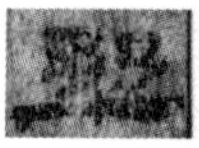
T23:879

田

2004

T23:913

T23:963

T23:965

T23:965
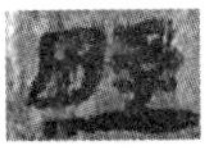
T24:024A

T24:190A

T24:557

T25:013

T26:087

T28:116

T37:846

H01:017

72EJC:235A

72ECC:5A

T01:001

T01:013
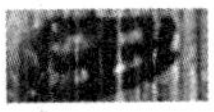
T01:073

T01:118

T01:134

T02:003

T02:059

T03:057

T03:074

T03:096
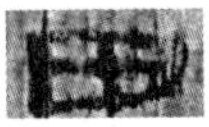
T04:024

T05:019

T08:081

T08:089A

T09:045

T09:065
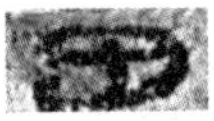
T09:083

T09:207B

T10:070

T10:071

T10:078

T10:083

T10:122

T10:227

T11:003
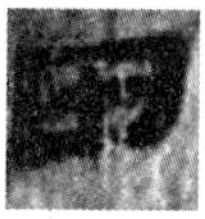
T21:177

T21:202

T21:245

T21:311

T21:349A

T21:373
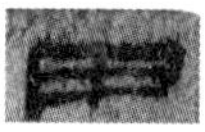
T21:419
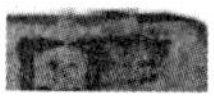
T21:425

T21:427

T21:438
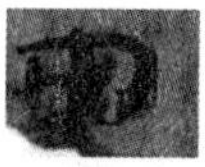
T21:486

T22:114
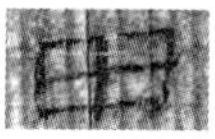
T22:147
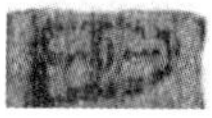
T23:034
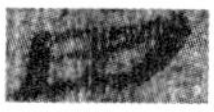
T23:053

T23:142

T23:249

T23:250

T23:304

T23:726

T23:727

T23:842A

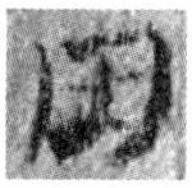
T23:919A
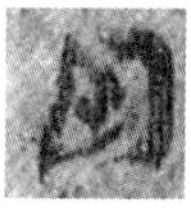
T23:919A

T23:919A

T23:920

T23:922

T23:939

T24:009A

T24:013

T24:140

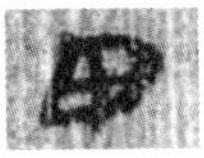
T24:154

T24:269A

T24:299

T24:399

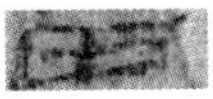
T24:520

T24:541

T24:725

T24:746

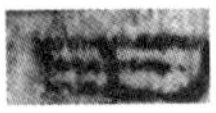
T24:776

T24:787

T25:004

T26:001A

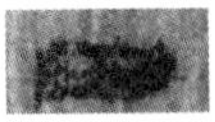
T26:009

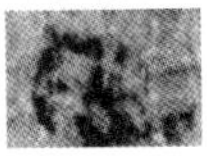
T26:073

T26:181

T26:195A

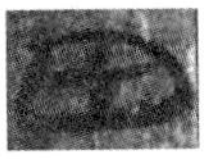
T26:196

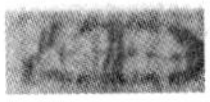
T27:021

T27:022

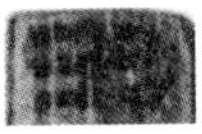
T27:026

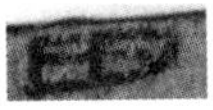
T28:030

T29:100

T29:107

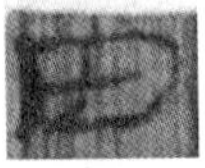
T29:128

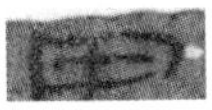
T30:008

T30:133

T30:144

T30:150

T30:263

T30:267

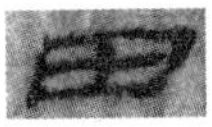
T31:014

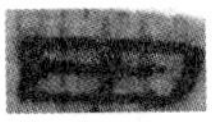
T31:093

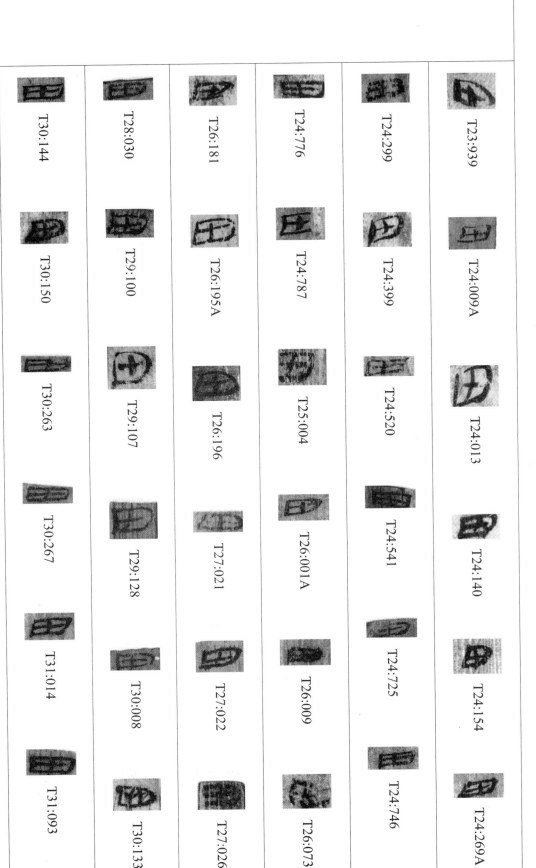

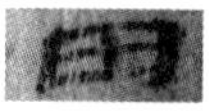
T31:101A

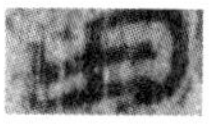
T31:113

T34:011

T37:001

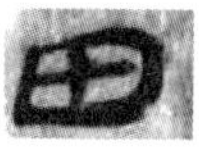
T37:014

T37:025

T37:052

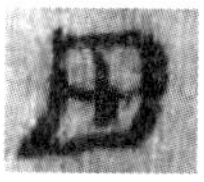
T37:055

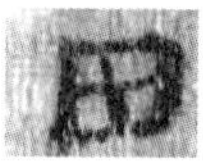
T37:055

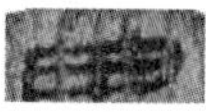
T37:076

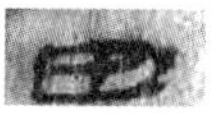
T37:408

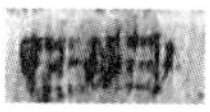
T37:452

T37:523A

T37:524

T37:524

T37:527

T37:550

T37:629

T37:708A

T37:708B

T37:765

T37:766

T37:797

T37:871

T37:974

T37:982

T37:1459

T37:1523

H02:001

F01:003

F01:035

F01:036

F01:110

73EJF2:24

73EJF3:46

73EJF3:119A

73EJF3:160

73EJF3:161

73EJF3:276

73EJF3:316

73EJF3:328A

73EJF3:346

73EJF3:353

73EJF3:371

73EJF3:462

73EJD:7

73EJD:191

73EJD:308

72EJC:27
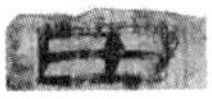
72EJC:40

72EJC:141

72EJC:160
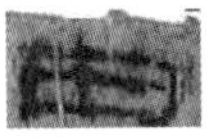
72EJC:238

72EJC:238

72EJC:258
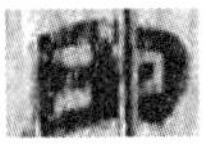
73EJC:362

73EJC:363

73EJC:424
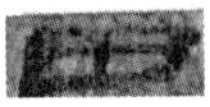
73EJC:427

73EJC:553

73EJC:610

72EDAC:2

72EDAC:7

72EDAC:7
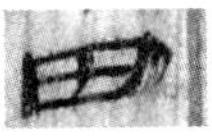
72EDIC:3

72EDIC:3

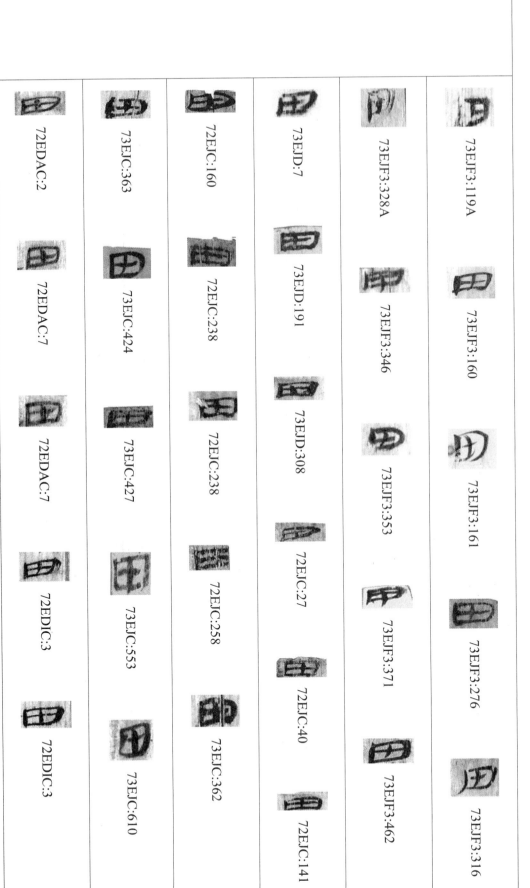

疇 2005

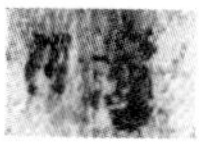

T23:089

72EDIC:3

72EBS7C:5

畸 2006

T25:099

畮 2007

T01:077

T34:011

72EDAC:7

72EDAC:7

72EDAC:7 按：《說文》，「畮或从田、十、久」。

畦 2008

T23:765

畔

畔

2009

T24:543

T31:104A

73EJD:191

畇

畇

2010

T02:023

T05:071

T07:170

T08:028A

T09:068A

T09:101

T09:101

T09:301

T09:310

T09:310

T10:120A

T10:127

T10:312A

T10:315A

T10:318

T15:022

T21:001

T21:002

T21:387

T22:011D

T22:033

T22:058

T23:079A

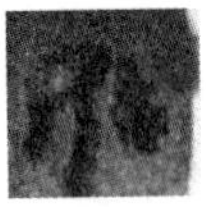
T23:205

T23:295

T23:620

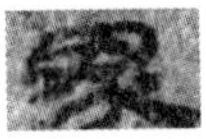
T23:620

T23:764

T23:855A

T23:955

T23:955

T23:991

T24:026

T24:046

T24:141

T24:149

T24:245

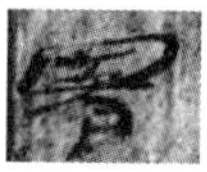
T24:265

T24:313

T24:407

T24:435

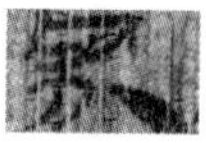
T25:015A

T25:047

T25:053

T27:007A

T30:234

T31:035

T33:089

T34:001A

T37:239

T37:400A

T37:524

T37:527

T37:566A

T37:658

T37:697

T37:779

T37:1076A

T37:1132

T37:1162A

T37:1168

T37:1358

T37:1432

T37:1451A

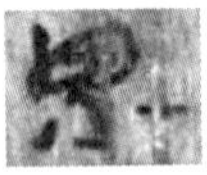
T37:1454

T37:1471A
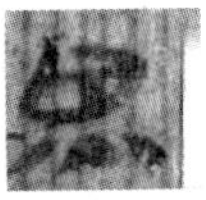
H02:034

F01:033

73EJF2:17

73EJF3:194+198

73EJF3:311

73EJF3:519

73EJD:157

73EJD:260A

72EJC:94

73EJC:389

73EJC:422

73EJC:529A

時

2011

T37:983

略

2012

T24:304

T24:558

T24:719

當

2013

T01:002

T01:002

T01:036

T01:146

T01:255A

T02:023

T02:074

T03:021

T03:034

T03:055

T04:044A

T04:044B

T04:080

T04:102

T05:008A

T05:078

T06:023A

T06:038A

T06:078A

T06:135A

T06:180

T06:192

T07:004

T07:023

T07:060

T07:080A

T07:117

T07:119

T07:119

T08:016

T08:051B

T08:055A

T09:052A

T09:090

T09:092A

T09:127

T09:162A

T09:210

T10:120A

T10:120A

T10:121A

T10:121A

T10:183

T10:212

T10:216

T10:222

T10:226A

T10:227

T10:228

T10:229A

T10:232A

T10:312A

T10:315A

T14:041

T15:003A

T21:027

T21:064

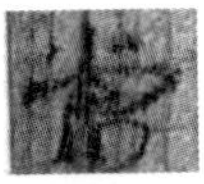
T21:106

T21:114

T21:125A

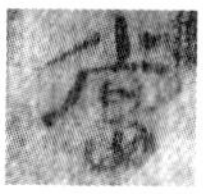
T21:131A

T21:175A

T21:176

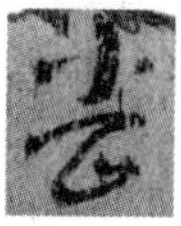
T21:237

T21:406

T23:023

T23:082

T23:118

T23:152

T23:188

T23:196A

T23:236

T23:238

T23:270

T23:279A

T23:291B

T23:302B

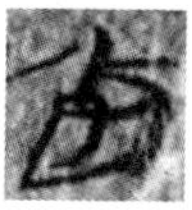
T23:471

T23:496

T23:566

T23:619

T23:624

T23:642

T23:656

T23:726

T23:804B

T23:824

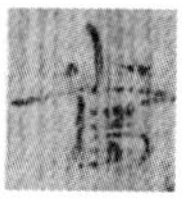
T23:831

T23:873

T23:875

T23:878
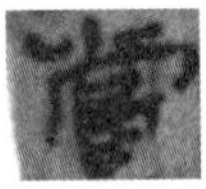
T23:878

T23:897A

T23:909B

T23:933

T23:991

T24:024A

T24:035A

T24:040
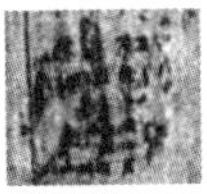
T24:048

T24:081

T24:130

T24:149

T24:245

T24:264A

T24:266A

T24:275A

T24:291

T24:304

T24:374

T24:400

T24:409

T24:421

T24:521

T24:523

T24:532A

T24:550

T24:627A

T24:723

T24:956

T24:977A
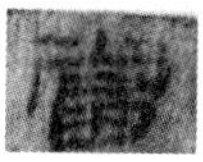
T25:051

T25:178

T26:060

T26:073

T26:077

T26:087

T26:154

T27:025

T27:055
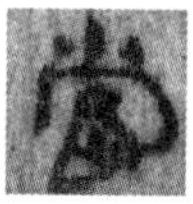
T27:056

T28:023

T28:028

T28:064
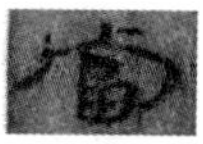
T28:079

T29:068
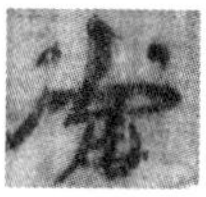
T29:132

T30:011

T30:016

T30:068

T30:144

T30:166

T30:179

T30:180

T30:200

T31:064

T31:093

T31:117
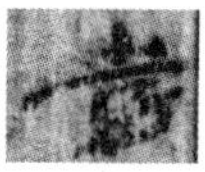
T31:155

T31:168

T32:039

T32:049

T32:072

T33:039

T33:040A

T34:044

T37:052

T37:084

T37:084

T37:109

T37:161A

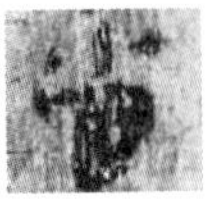
T37:162

T37:233

T37:450

T37:483A

T37:521

T37:527

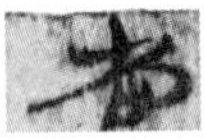
T37:528

T37:530

T37:615

T37:684

T37:690

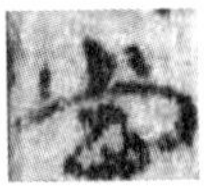
T37:706

T37:722

T37:725

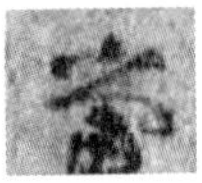
T37:733

T37:738A

T37:786B

T37:794

T37:836A

T37:857A

T37:878A

T37:975

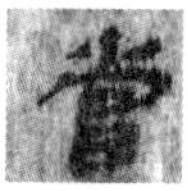
T37:1007

T37:1058

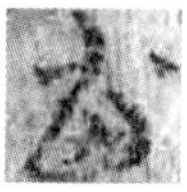
T37:1064

T37:1070

T37:1075A

T37:1076A

T37:1108

T37:1125

T37:1167A

T37:1186A

T37:1309

T37:1444

T37:1450

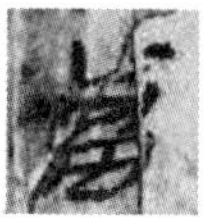
T37:1453

T37:1491

T37:1517

T37:1537A

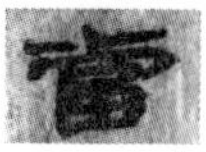
T37:1538

T37:1546

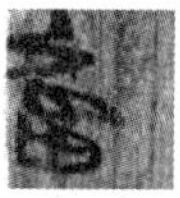
H01:040

H01:073A

H02:024

H02:048B

F01:009

F01:012

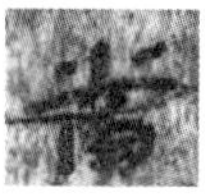
F01:013

F01:014

F01:110

田部 當

73EJF3:9

73EJF3:24

73EJF3:43

73EJF3:92

73EJF3:112

73EJF3:118A

73EJF3:124B

73EJF3:130

73EJF3:163

73EJF3:169

73EJF3:179A

73EJF3:179B

73EJF3:181

73EJF3:272

73EJF3:284B

73EJF3:311

73EJF3:312

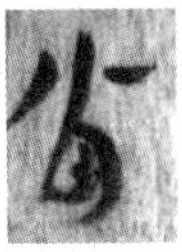
73EJF3:312

73EJF3:328A

73EJF3:331

73EJF3:353

73EJF3:373

73EJD:22

73EJD:24

73EJD:38

73EJD:40A

73EJD:42

73EJD:93

73EJD:125B

73EJD:231

73EJD:246

73EJD:246

73EJD:299A

73EJD:300A

73EJD:303

73EJD:306B

73EJD:307B

73EJD:312
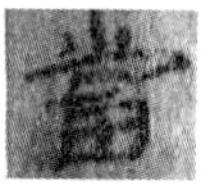
73EJD:319C

73EJD:365

72EJC:3

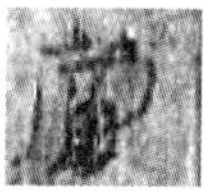
72EJC:25

72EJC:142

72EJC:276

73EJC:316A

73EJC:489

73EJC:591
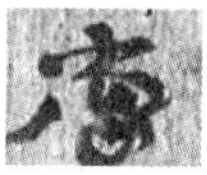
73EJC:611

72ECC:4

T01:002

T01:023

T01:029

T01:132

T03:055

畱

2014

田部 畱

T03:114

T04:071

T06:038A

T06:079

T07:093

T09:022

T09:035

T09:062A

T09:069

T09:104

T09:387

T10:120A

T10:210A

T10:212

T10:218A

T10:221A

T10:238

T10:259

T10:304

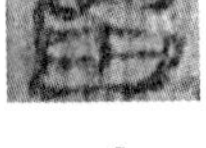
T10:359

T15:019

T21:001

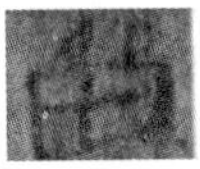
T21:021

T21:031

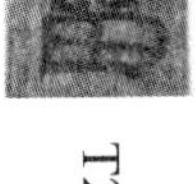
T21:044

T21:065

T21:202

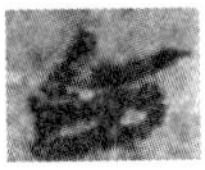
T21:212

T21:243

T22:002

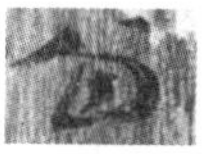
T22:011C

T23:229A

T23:363

T23:457

T23:897A

T23:929

T24:023A

T24:078

T24:240A

T24:245

T24:250

T24:250

T24:266A

T24:266A

T24:382A

T24:595

T24:893

T24:955

T24:977A

T25:060

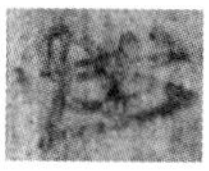
T26:042

T26:210

T27:013

T28:008A

T28:010

T28:011

T28:031

T29:074

T30:016

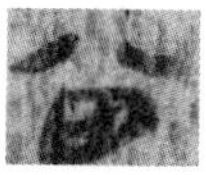
T30:137

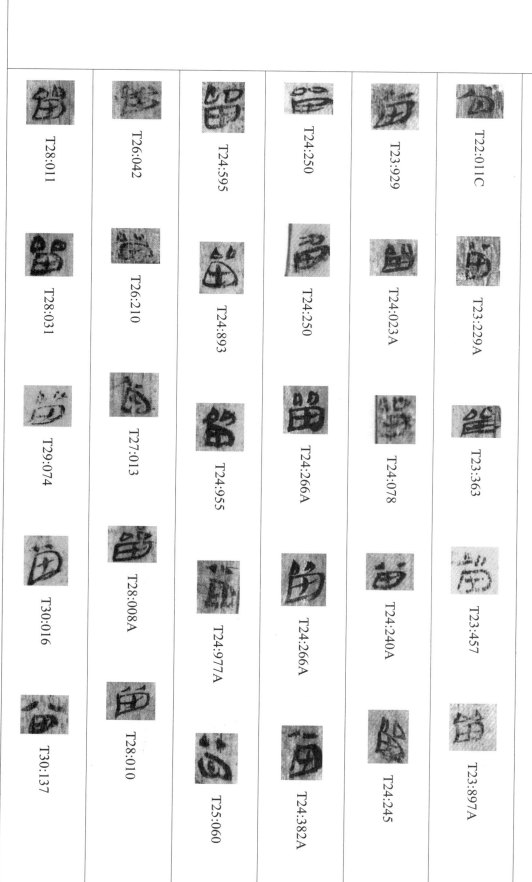

田部 畱

T31:035

T31:066

T33:028

T33:039

T33:040A

T33:041A

T33:077

T34:006A

T34:006A

T34:006A

T34:006A

T34:006A

T37:134

T37:420

T37:519A

T37:521

T37:524

T37:525

T37:526

T37:573

T37:692

T37:720

T37:721

T37:752A

T37:780

T37:786A

T37:792

T37:851A

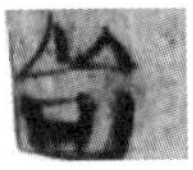
T37:851B

T37:878A

 T37:902	 T37:1076A	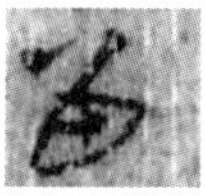 T37:1186A	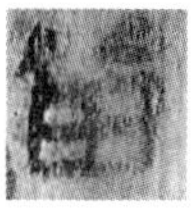 73EJF3:68	 73EJF3:469	 73EJD:87
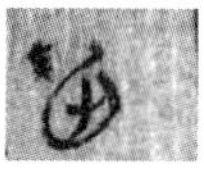 T37:975	 T37:1076A	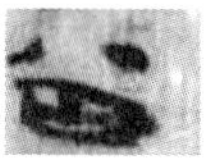 T37:1499A	 73EJF3:181	 73EJF3:513	 73EJD:148A
 T37:1010	 T37:1128	 H02:048B	 73EJF3:261	 73EJD:37A	 73EJD:203
 T37:1073	 T37:1177	 H02:048B	 73EJF3:293	 73EJD:65	 73EJD:260A
 T37:1075A	 T37:1184	 F01:025	 73EJF3:350	 73EJD:75B	 72EJC:15A

72EJC:36

72EJC:54

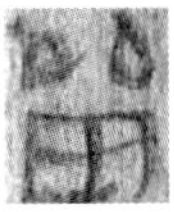
72EJC:226

73EJC:413

73EJC:445A

73EJC:529A

73EJC:555A

72EBS7C:1A

畜

2015

T01:091

T05:064

T24:096

T24:249

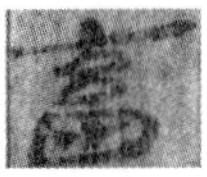
T27:002B

F01:003

73EJC:320

73EJC:320

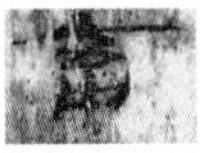
72ECC:5A

由

2016

T10:321

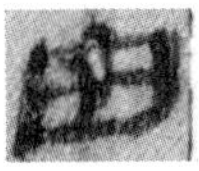
T23:842A

T24:339B

畁

2017

T21:141

畕部 畺 黃部 黃

畺

2018

T21:008

黃

2019

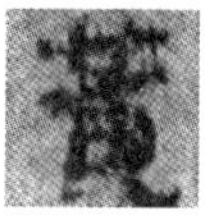
T01:001

T02:020

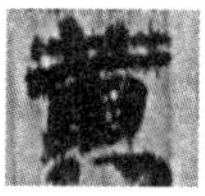
T02:072

T04:015

T04:081

T04:097

T05:061

T06:059

T07:017

T07:024

T07:052

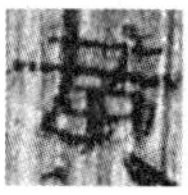
T08:072

T09:003

T09:054

T11:001

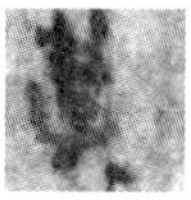
T21:178

T21:221

T21:385

T23:249

T23:250

T23:521

T23:844

T23:933

T23:962

T24:128

黃部

黃

T24:254

T24:255

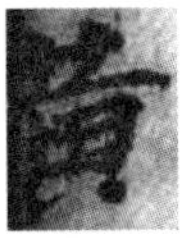
T24:389

T24:553

T24:752

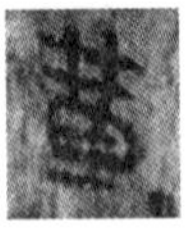
T25:102

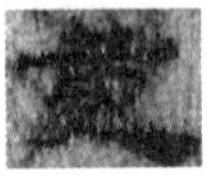
T27:014

T27:058A

T27:104

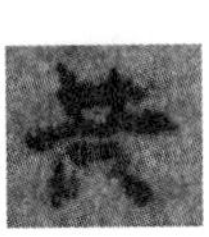
T29:114B

T29:124

T29:128

T30:168

T30:219

T33:041A

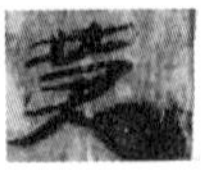
T34:030

T34:040

T37:350

T37:352

T37:448

T37:711

T37:735

T37:993

73EJF3:57A

73EJF3:57A

73EJF3:135

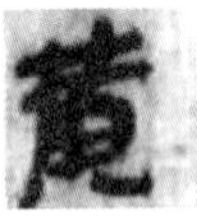
73EJF3:372

73EJF3:446

73EJF3:481

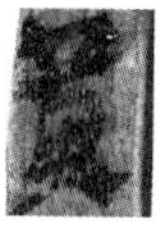
73EJF3:549A

73EJD:38

73EJD:256

72EJC:160

73EJC:398

男

2020

72ECC:7

T01:001

T01:001

T01:001

T01:140

T02:017

T02:082B

T03:003

T03:102

T06:083A

T06:107

T06:175

T07:005

T07:016

T07:037

T09:044

T09:062A

T09:092A

T09:198

T09:230

T09:242

T10:152

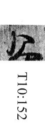

T10:178

T10:222

T10:278

T10:340

T10:370

T11:011
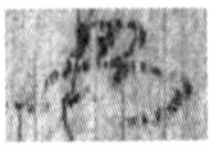
T21:484
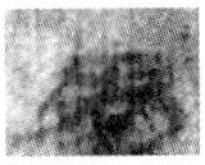
T22:137
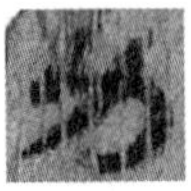
T23:001A

T23:385

T23:897A

T23:924
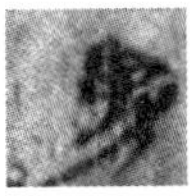
T23:977

T24:131
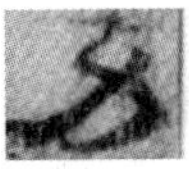
T24:150

T24:259
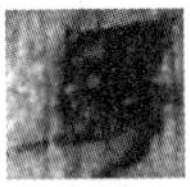
T24:304
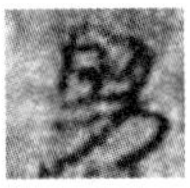
T24:321

T26:087
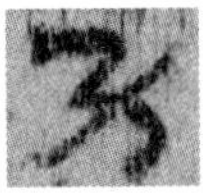
T26:180

T28:009A

T28:009A

T29:052

T29:052

T29:135

T30:062

T30:144
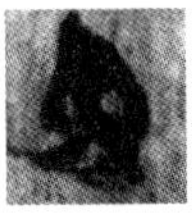
T30:179

T31:104A
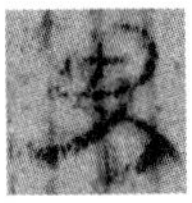
T32:021

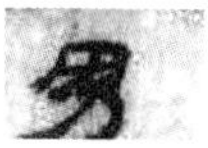
T33:039

T34:006A

T37:037

T37:040

T37:052

T37:059

T37:081

T37:104

T37:151

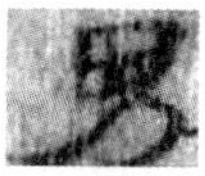
T37:175

T37:237

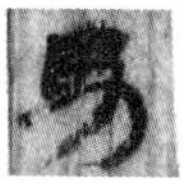
T37:418

T37:521

T37:527

T37:529

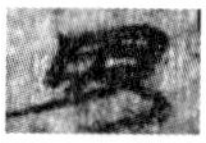
T37:530

T37:553

T37:755

T37:755

T37:756

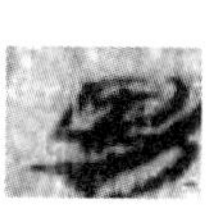
T37:757

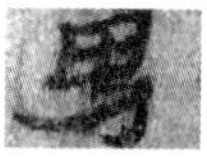
T37:758

T37:762

T37:779

T37:787

T37:797

T37:806+816

T37:855

T37:871

T37:990

T37:1007

T37:1058

T37:1058

T37:1063

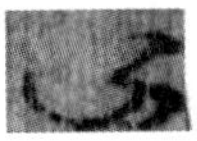
T37:1066

T37:1076A

T37:1086

T37:1120

T37:1135

T37:1185

T37:1189

T37:1347

T37:1391

T37:1453

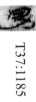

T37:1585A

T37:1588

H01:003A

F01:010

F01:118A

73EJF2:4

73EJF2:32

73EJF3:119A

73EJF3:131

73EJF3:131

73EJF3:255

73EJF3:271

73EJF3:328A

73EJF3:335

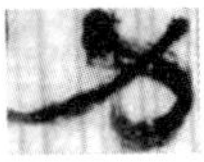
73EJF3:337

73EJD:232

73EJD:307B

72EJC:13

72EJC:142

73EJC:300

73EJC:341
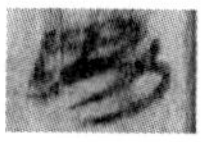
73EJC:419
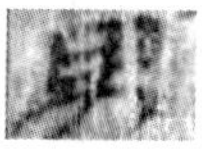
73EJC:531A

73EJC:594

72ECC:12B

力

2021

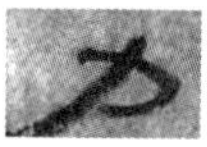
T21:418

T22:003

T23:238

T23:244
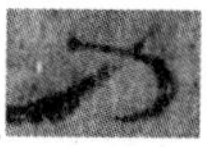
T24:560

T24:792

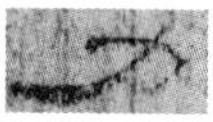
T29:127

T31:162A

73EJF3:404

73EJD:7
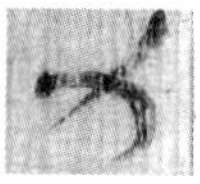
72ECC:75

勳

2022

T01:002

T09:005

T09:175A

T10:155

T10:206

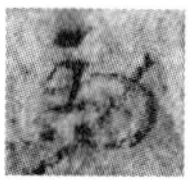
T23:948

T29:132

T37:1290

73EJD:62

73EJD:123

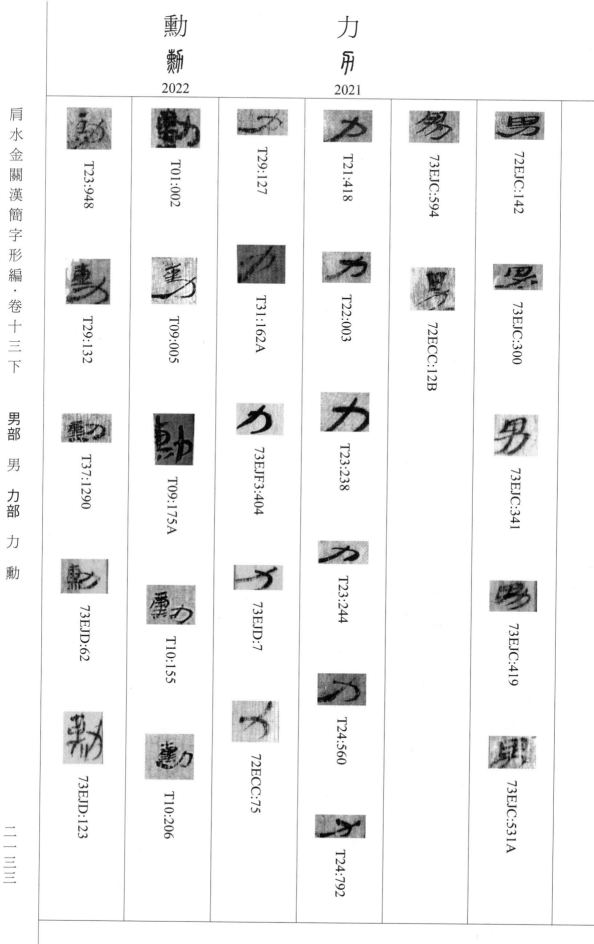

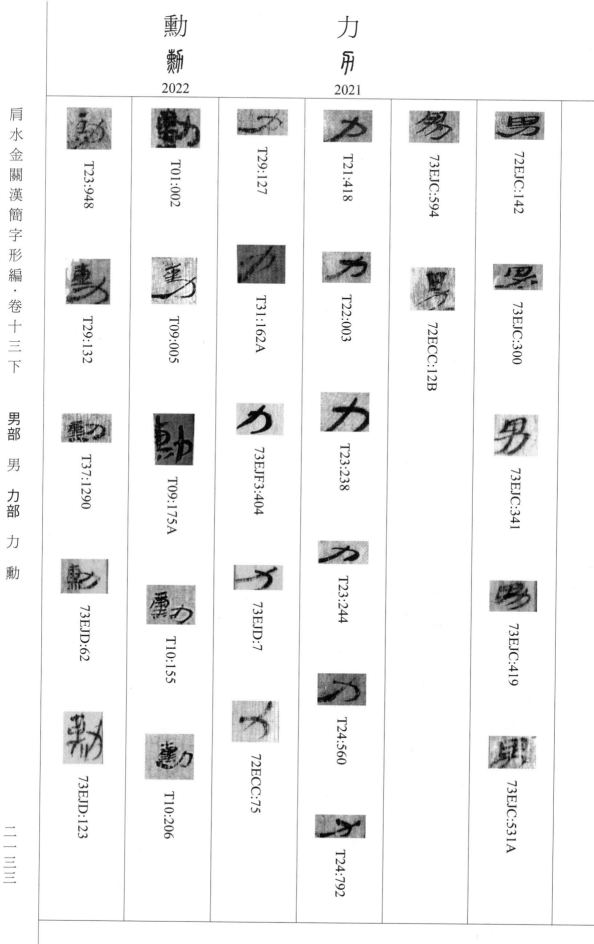

功

2023

T01:130
T02:094
T04:031
T04:098A
T05:071
T05:071

T07:015
T07:051
T07:143
T09:255
T10:179
T21:156

T21:320
T23:025
T23:108
T23:311
T23:784
T23:928

T24:384B
T26:088A
T26:091B
T26:235
T27:066
T29:135

T30:029A
T30:029B
T30:108
T37:675
T37:834

T37:858
T37:1582
H01:012B
H02:028
73EJF3:65

73EJF3:362

73EJD:144

73EJD:332

72EBS7C:4

助

2024

T04:148

T05:076

T10:321

T24:138

T30:205

T37:1507

73EJF3:349

73EJD:64

73EJD:279

72EDIC:11

務

2025

T01:002

T05:076

T09:008

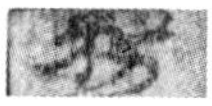
T23:214

T23:301

T24:923

T26:065

F01:011

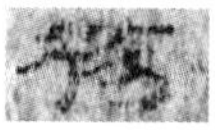
73EJC:291

72ECC:1+2A

勉

2026

T22:003

T31:102A

72ECC:75

勝
2027

T01:042

T04:056

T04:065

T07:123

T07:166A

T10:286

T21:421

T23:692

T23:733B

T24:563A

T24:740

T24:965

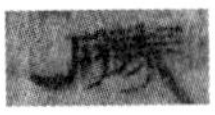
T26:027

T30:139

T32:049

T37:062

T37:780

T37:898

T37:1499A

H02:039

H02:045

73EJC:419

73EJC:516

73EJC:593

72ECC:73

動
2028

T23:877A

勞

2029

T06:059

T07:080A

T08:070

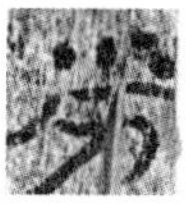

T10:343B

T21:002

T23:301

T23:619

T23:733B

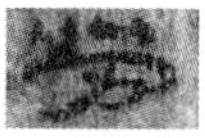

T24:913

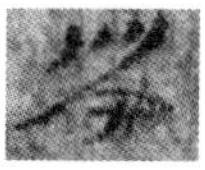

T26:088A

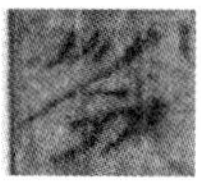

T26:088A

T26:235

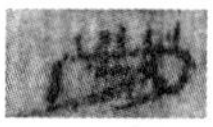

T27:066

T28:022

T29:048

T30:028A

T30:108

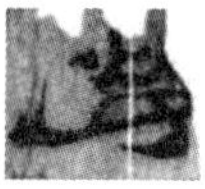

T33:028

H01:012B

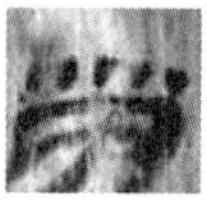

H02:028

73EJF3:178A

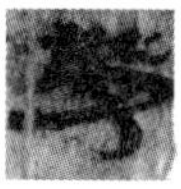

73EJD:337

72ECC:1+2A

勮

2030

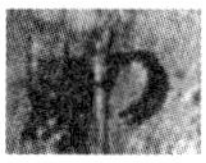

T24:432

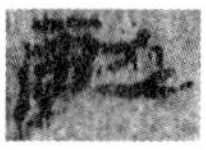

T29:101

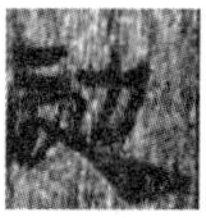

T37:016

勤

2031

T10:243

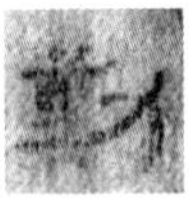
T23:871

73EJF2:4

加

2032

T01:093

T01:093

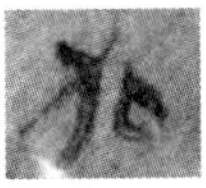
T23:359A

T23:712

73EJF3:152

73EJF3:312

73EJF3:514B

勢

2033

T06:066B

T21:050

T23:782A

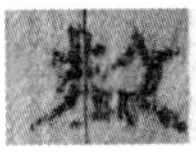
T24:182

T24:296

T24:304

T24:781

T25:055

T27:033

T27:048

T37:1220

73EJF3:96

73EJF3:183B

2034 勇

T06:042

T24:710

T24:777

73EJF3:130

73EJF3:592

按：《説文》，「古文勇。从心」。

2035 勃

T03:053

T25:005

T37:526

T37:630

2036 飭

T01:042

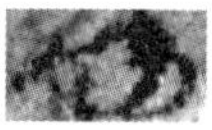
T37:1573

2037 劾

T08:026A

T21:059

T24:363

T24:712

T24:862

T24:908

T24:995

T26:199

T31:149

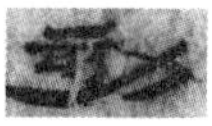
T31:149

T32:051

T34:024

募 

2038

T37:695

辦

2039

T22:001

T23:196A

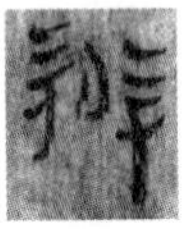

T28:026

T30:139

T37:762

勵

2040

73EJD:42